编委会

普通高等学校"十四五"规划旅游管理类精品教材
教育部旅游管理专业本科综合改革试点项目配套规划教材

总主编

马 勇　教育部高等学校旅游管理类专业教学指导委员会副主任
　　　　中国旅游协会教育分会副会长
　　　　中组部国家"万人计划"教学名师
　　　　湖北大学旅游发展研究院院长，教授、博士生导师

编 委（排名不分先后）

田 里　教育部高等学校旅游管理类专业教学指导委员会主任
　　　　云南大学工商管理与旅游管理学院原院长，教授、博士生导师
高 峻　教育部高等学校旅游管理类专业教学指导委员会副主任
　　　　上海师范大学环境与地理学院院长，教授、博士生导师
韩玉灵　北京第二外国语学院旅游管理学院教授
罗兹柏　中国旅游未来研究会副会长，重庆旅游发展研究中心主任，教授
郑耀星　中国旅游协会理事，福建师范大学旅游学院教授、博士生导师
董观志　暨南大学旅游规划设计研究院副院长，教授、博士生导师
薛兵旺　武汉商学院旅游与酒店管理学院院长，教授
姜 红　上海商学院酒店管理学院院长，教授
舒伯阳　中南财经政法大学工商管理学院教授、博士生导师
朱运海　湖北文理学院资源环境与旅游学院副院长
罗伊玲　昆明学院旅游学院副教授
杨振之　四川大学中国休闲与旅游研究中心主任，四川大学旅游学院教授、博士生导师
黄安民　华侨大学城市建设与经济发展研究院常务副院长，教授
张胜男　首都师范大学资源环境与旅游学院教授
魏 卫　华南理工大学旅游管理系教授、博士生导师
毕斗斗　华南理工大学旅游管理系副教授
蒋 昕　湖北经济学院旅游与酒店管理学院副院长，副教授
窦志萍　昆明学院旅游学院教授，《旅游研究》杂志主编
李 玺　澳门城市大学国际旅游与管理学院执行副院长，教授、博士生导师
王春雷　上海对外经贸大学会展与传播学院院长，教授
朱 伟　天津农学院人文学院副院长，副教授
邓爱民　中南财经政法大学旅游发展研究院院长，教授、博士生导师
程丛喜　武汉轻工大学旅游管理系主任，教授
周 霄　武汉轻工大学旅游研究中心主任，副教授
黄其新　江汉大学商学院副院长，副教授
何 彪　海南大学旅游学院副院长，教授

普通高等学校"十四五"规划旅游管理类精品教材
教育部旅游管理专业本科综合改革试点项目配套规划教材

总主编 ◎ 马 勇

酒店管理信息系统
Hotel Manngement Information Systems

张胜男 何 飞 李 宏 ◎ 编 著

中国·武汉

图书在版编目(CIP)数据

酒店管理信息系统/张胜男,何飞,李宏编著. —武汉:华中科技大学出版社,2019.1(2025.2重印)
 全国普通高等院校旅游管理专业类"十三五"规划教材
 ISBN 978-7-5680-4915-3

Ⅰ.①酒… Ⅱ.①张… ②何… ③李… Ⅲ.①饭店-商业管理-管理信息系统-高等学校-教材 Ⅳ.① F719.2-39

中国版本图书馆 CIP 数据核字(2019)第 016777 号

酒店管理信息系统　　　　　　　　　　　　张胜男　何　飞　李　宏　编著
Jiudian Guanli Xinxi Xitong

策划编辑:李　欢
责任编辑:李家乐
封面设计:原色设计
责任校对:李　琴
责任监印:周治超
出版发行:华中科技大学出版社(中国·武汉)　　电话:(027)81321913
　　　　　武汉市东湖新技术开发区华工科技园　　邮编:430223
录　　排:佳思漫艺术设计中心
印　　刷:武汉市籍缘印刷厂
开　　本:787mm×1092mm　1/16
印　　张:19.25
字　　数:463千字
版　　次:2025年2月第1版第6次印刷
定　　价:59.80元

本书若有印装质量问题,请向出版社营销中心调换
全国免费服务热线:400-6679-118　竭诚为您服务
版权所有　侵权必究

Abstract 内容提要

本教材基于 Opera PMS 系统,阐述酒店管理的业务流程。主要包括客户档案管理、客房预订管理、营销管理、前台管理、客房管理、收银管理、应收账管理、杂项管理等。基于多层面的操作技能,包含酒店管理的基本原理、基本方法及其科学管理思想。在实验教学中,培养具有较高理论素养、合理知识结构、竞争力强的旅游产业创新人才。

This textbook is based on the Opera PMS system and describes the business processes of hotel management. The textbook mainly includes: Document management, Reservation management, Marketing management, Front desk management, Housekeeping management, Cashiering management, Management of account receivable, Miscellaneous management and so on. Based on multi-faceted operational skills, including the basic principles, basic methods and scientific management ideas of hotel management. In the experimental teaching, cultivate innovative talents in the tourism industry with high theoretical literacy, reasonable knowledge structure and competitiveness.

总 序
Introduction

习近平总书记在党的二十大报告中深刻指出,要实施科教兴国战略,强化现代化建设人才支撑。要坚持教育优先发展、科技自立自强、人才引领驱动,开辟发展新领域新赛道,不断塑造发展新动能新优势。这为高等教育在中国式现代化进程中实现新的跨越指明了时代坐标和历史航向。

同时,我国的旅游业在疫情后全面复苏并再次迎来蓬勃发展高潮,客观上对现代化高质量旅游人才提出了更大的需求。因此,出版一套融入党的二十大精神、把握数字化时代新趋势的高水准教材成为我国旅游高等教育和人才培养的迫切需要。

基于此,在教育部高等学校旅游管理类专业教学指导委员会的大力支持和指导下,教育部直属的全国重点大学出版社——华中科技大学出版社,在党的二十大精神的指引下,主动创新出版理念和方式方法,汇聚一大批国内高水平旅游院校的国家教学名师、资深教授及中青年旅游学科带头人,在已成功组编出版的"普通高等院校旅游管理专业类'十三五'规划教材"基础之上,进行升级,编撰出版"普通高等学校'十四五'规划旅游管理类精品教材"。本套教材具有以下特点:

一、深刻融入党的二十大报告精神,落实立德树人根本任务

党的二十大报告中强调:"坚持和加强党的全面领导。"党的领导是我国高等教育最鲜明的特征,是新时代中国特色社会主义教育事业高质量发展的根本保证。因此,本套教材在编写过程中注重提高政治站位,全面贯彻党的教育方针,融入课程思政,融入中华优秀传统文化和现代化发展新成就,将正确政治方向和价值导向作为本套教材的顶层设计并贯彻到具体章节和教学资源中,不仅仅培养学生的专业素养,更注重引导学生坚定理想信念、厚植爱国情怀、加强品德修养,以期落实"立德树人"这一教育的根本任务。

二、基于新国标下精品教材沉淀改版,权威性与时新性兼具

在教育部2018年发布《普通高等学校本科专业类教学质量国家标准》后,华中科技大学出版社特邀教育部高等学校旅游管理类专业教学指导委员会副主任、国家"万人计划"教学名师马勇教授担任总主编,同时邀请了全国近百所高校的知名教授、博导、学科带头人和一线骨干教师,以及旅游行业专家、海外专业师资联合编撰了"普通高等院校旅游管理专业类'十三五'规划教材"。该套教材紧扣新国标要点,融合数字科技新技术,配套立体化教学资

源,于新国标颁布后在全国率先出版,被全国数百所高等学校选用后获得良好反响。其中《旅游规划与开发》《酒店管理概论》《酒店督导管理》等教材已成为教育部授予的首批国家级一流本科课程的配套教材,《节事活动策划与管理》等教材获得省级教学类奖项。

此外,编委会积极研判"双万计划"对旅游管理类专业课程的建设要求,对标国家级一流本科课程,积极收集各院校的一线教学反馈,在此基础上对"十三五"规划系列教材进行更新升级,最终形成"普通高等学校'十四五'规划旅游管理类精品教材"。

三、全面配套教学资源,打造立体化互动教材

华中科技大学出版社为本套教材建设了内容全面的线上教材课程资源服务平台:在横向资源配套上,提供全系列教学计划书、教学课件、习题库、案例库、参考答案、教学视频等配套教学资源;在纵向资源开发上,构建了覆盖课程开发、习题管理、学生评论、班级管理等集开发、使用、管理、评价于一体的教学生态链,打造了线上线下、课内课外的新形态立体化互动教材。

在旅游教育发展的新时代,主编出版一套高质量规划教材是一项重要的教学出版工程,更是一份重要的责任。本套教材在组织策划及编写出版过程中,得到了全国广大院校旅游管理类专家教授、企业精英,以及华中科技大学出版社的大力支持,在此一并致谢!衷心希望本套教材能够为全国高等院校的旅游学界、业界和对旅游知识充满渴望的社会大众带来真正的精神和知识营养,为我国旅游教育教材建设贡献力量。也希望并诚挚邀请更多高等院校旅游管理专业的学者加入我们的编者和读者队伍,为我们共同的事业——我国高等旅游教育高质量发展——而奋斗!

总主编
2023 年 7 月

Preface 前 言

旅游业成为21世纪全球经济的超级服务业之一,处于世界旅游大趋势中的我国旅游业发展尤为迅猛。旅游管理教学应该根据旅游产业的特色与需求,应用建构主义理论,以"产、学、研"三方面互动培养人才。旅游管理的教学方法与模式主要是通过启发式的比较教学方法、案例教学方法等教学手段,运用课堂、实验室和实习基地系统,直观、真实地开展教学实践,以培养学生的学术素养和综合能力。

酒店业是现代旅游业三大支柱产业之一,培养优秀从业人才是旅游业健康发展的关键因素。通过课堂讲授、实验教学及案例教学等教学模式,使学生能够系统了解、掌握各种类型酒店经营管理的基本理论、基本方法和技能,加强基础,拓宽专业,提高综合素养与技能。酒店管理实验教学在学科建设中至关重要,能够有效地丰富、延伸和拓展课堂讲授知识及其旅游模拟客房实验室功能,同时支持酒店管理专业的科学研究。信息化带来的是酒店概念和产品的重塑。酒店销售的不只是客房,关心的不只是房型、房态、房量,而是要把它打造成一个"两面市场"或"多面市场"的平台。酒店信息化对不同市场定位的酒店产生的影响不同。

酒店管理实验教学在学科建设中至关重要,能够有效地丰富、延伸和拓展课堂讲授知识及其旅游模拟客房实验室功能,同时支持酒店管理专业的科研活动开展。在实验教学中,与旅游业界资源共享、互利互惠,在这个过程中培养具有较高理论素养、合理知识结构、具有竞争力的专业化复合型人才。为此,加强旅游学科的建设、加大实验室的开发利用具有重要作用。

旅游业对人才综合素质要求较高,为适应现代旅游专业教学与实践的需要,深化改革旅游管理专业教学方法势在必行。旅游教育应凸显以下特征:厚基础,宽口径;前瞻性与适应性;职业性与实践性。只有在教学实践中体现旅游教育的特征,才能实现旅游专业毕业生的不可替代性,从而避免"中间产品"的出现。在旅游管理专业教学中,应强化旅游产业的综合性特征;建立以多学科交叉为支撑的学科依托发展模式;在教学实践中落实建构主义教学理念;在案例教学中强化教学内容。建立健全旅游管理专业人才培养机制,一是增强学生自主学习能力,二是在实习实验教学中实现"产、学、研"互动。

根据教育部制定并发布的《旅游管理类本科专业教学质量国家标准》最新要求,"酒店管理信息系统"成为旅游管理专业、酒店管理专业的必修课之一,本教材在全面吸收已有教材的基础上,结合酒店产业基本业务流程和需求,较为全面地阐述酒店前台管理系统的原理与方法,教材采取了自上而下的系统工程设计思想,不仅面向旅游管理专业学生,还包括酒店业界管理者和从业人员。

本教材由首都师范大学张胜男副教授担任主编,完成初稿。港中旅原技术总监何飞先生检查每一步流程,首都师范大学李宏副教授给予格式、图表的规范整合,提供课后练习等,张胜男副教授最后定稿。

本教材采用的软件分别为石基 PMS、Sinfonia、畅联(CHINAonline)、Fidelio、Opera、Oracle log 等。石基 PMS、Sinfonia、畅联(CHINAonline)为北京中长石基信息技术股份有限公司(简称石基信息)及其子公司注册商标;Fidelio、Opera 和 Oracle log 是 Oracle 公司的注册商标。

本教材的酝酿与写作经历了十余年的历程。2006 年,在与北京联合大学旅游学院实验中心主任李京颐老师谈论酒店信息化教学的问题时,他强调 Fidelio、Opera 系统的显著优势及对教学的积极作用。之后,历经了申报学校专项及多年的学习、实践和科研探索。张胜男老师、李宏老师曾经带着学生在石基公司教育培训的办公室、联合大学的实验室、昆泰酒店进行 Opera 软件学习,港中旅技术总监何飞先生到我们的学校举办讲座。特别是廖聪丽老师(清华大学经济计算机管理学士,香港大学信息战略与企业转型研究生,前 Opera 产品高级顾问,前万达集团信息管理中心高级项目经理)帮助检查大部分文稿的正误,常常工作到深夜;而且搬兵助力——请来原石基公司刘斌老师来给我们讲授软件操作中的细节,帮助我们共同完成这本教材的写作。北京昆仑瑞祺科技发展有限公司侯斌总经理、梁红波经理、张伟经理和姜斌经理也参与了我们的讨论。我们竭尽全力探索,这个过程已经足够精彩!

由衷感谢教育部旅游管理教学指导委员会的领导,感谢华中科技大学出版社李欢老师、李家乐老师对本教材写作和出版给予的指导和帮助;感谢石基公司吴少勇总经理的培训与指导;感谢瑞通软件公司姜斌经理为酒店信息化应用教学给予的帮助。在本教材的写作过程中,研究生刘梦思、李晓芳、吴琼、丁敏、马朋朋、张艳萍、李欣、车晓君等都参与了部分插图的制图、部分文字的校对工作,付出了很多。在此衷心致谢!

本教材编写过程中,编者力图体现理论综合性、实践指导性,但由于知识水平有限,难免存在不足,希望得到专家、学者们的批评指正。

Contents 目 录

01 第一章 绪论
Chapter 1　Introduction

　　第一节　旅游管理专业实验教学模式探索　　　　　　　　　　　　　/1
　　　❶　Exploration of teaching models of tourism management specialty

　　第二节　Opera 系统概述　　　　　　　　　　　　　　　　　　　　/6
　　　❷　Summary of Opera system

　　第三节　教材主要特色与写作历程　　　　　　　　　　　　　　　　/12
　　　❸　Main features of this book

17 第二章 档案管理
Chapter 2　Document management

　　第一节　档案模块功能简介　　　　　　　　　　　　　　　　　　　/17
　　　❶　Summary of functions of document module

　　第二节　个人档案　　　　　　　　　　　　　　　　　　　　　　　/20
　　　❷　Individual document

　　第三节　团队档案　　　　　　　　　　　　　　　　　　　　　　　/42
　　　❸　Group document

　　第四节　关于档案的思考　　　　　　　　　　　　　　　　　　　　/48
　　　❹　Externality Theory

　　第五节　OPERA PMS 顾客关系管理　　　　　　　　　　　　　　　/51
　　　❺　Customer relationship management of Opera PMS

71 第三章 预订管理
Chapter 3　Reservation management

　　第一节　个人预订　　　　　　　　　　　　　　　　　　　　　　　/72
　　　❶　Individual booking

第二节　团队预订　　　　　　　　　　　　　　　　　　　　/102
❷　Business block

第三节　酒店营销管理　　　　　　　　　　　　　　　　　　/115
❸　Marketing management of hotel

第四章　前台管理
Chapter 4　Frontdesk management

第一节　散客预订　　　　　　　　　　　　　　　　　　　　/131
❶　Reservation of arrivals

第二节　团队分房和入住办理　　　　　　　　　　　　　　　/136
❷　Group room assignment and check in

第三节　预订变更　　　　　　　　　　　　　　　　　　　　/139
❸　Changes of reservation

第四节　对客服务　　　　　　　　　　　　　　　　　　　　/142
❹　Services for guests

第五节　前台功能要素　　　　　　　　　　　　　　　　　　/143
❺　Function factor of frontdesk

第五章　客房管理功能
Chapter 5　Housekeeping management

第一节　房态管理　　　　　　　　　　　　　　　　　　　　/155
❶　Management of room status

第二节　派工管理　　　　　　　　　　　　　　　　　　　　/163
❷　Task Assignment

第三节　客房服务质量探讨　　　　　　　　　　　　　　　　/167
❸　Discuss of quality of room service

第六章　收银管理
Chapter 6　Cashiering management

第一节　收银模块操作介绍　　　　　　　　　　　　　　　　/172
❶　Introductiion of module of cashiering operation

第二节　夜审管理　　　　　　　　　　　　　　　　　　　　/198
❷　Management of night audit

第七章　应收管理
Chapter 7　Management of account receivable

第一节　应收账款管理模块操作　/204
❶ Operation of management module of account receivable

第二节　应收账户处理　/207
❷ Account maintenance

第八章　杂项管理
Chapter 8　Miscellaneous management

第一节　报表　/217
❶ Reports

第二节　其他操作　/219
❷ Other operations

第九章　综合案例操作示范
Chapter 9　Example of operations of integrated case

第一节　国际 Opera PMS 案例操作示范　/231
❶ Operation demonstration of Opera PMS

第二节　国内酒店管理软件案例操作示范　/255
❷ Operation demonstration of domestic hotel management software

参考文献
References

第一章

绪 论

旅游业成为21世纪全球经济的超级服务业之一,处于世界旅游大趋势中的我国旅游业发展尤为迅猛。时代发展、市场形势与旅游学科特点,迫切要求旅游教学必须与旅游产业密切结合,与产业互动培养人才。

酒店业是现代旅游业三大支柱产业之一,培养优秀旅游业从业人才是旅游业健康发展的关键因素。"酒店管理"是旅游管理专业的主干课程之一,具有较强的理论性、操作性和实践性,实验教学、案例教学占有重要地位。通过课堂讲授、实验教学及案例教学等教学模式相结合,使学生能够系统了解、掌握各种类型酒店经营管理的基本理论、基本方法和技能,夯实基础,拓宽专业,提高综合素养与技能。

酒店管理实验教学在学科建设中至关重要,能够有效地丰富、延伸和拓展课堂讲授知识及其旅游模拟客房实验室功能,同时支持酒店管理专业的科研开展。在实验教学中,与旅游业界资源共享、互利互惠,在这个过程中培养具有较高理论素养、合理知识结构、具有竞争力的专业化复合型人才。为此,加强旅游学科的建设,加大实验室的开发、利用具有重要作用。

第一节 旅游管理专业实验教学模式探索

旅游管理教学应该根据旅游产业的特色与需求,应用建构主义理论,以"产、学、研"三方面互动培养人才。旅游管理的教学方法与模式主要是通过启发式的比较教学方法、案例教学方法等教学手段,运用课堂、实验室和实习基地系统,直观、真实地开展教学实践,以培养学生的学术素养和综合能力。

一、关于旅游管理专业综合性特征的思考

(一)旅游教育与旅游需求

旅游业对人才综合素质要求较高,为适应现代旅游专业教学与实践的需要,深化改革旅

游管理专业教学方法势在必行。与中国旅游业的迅猛发展同步,中国旅游教育发展也极为迅猛。从20世纪70年代末开始,在不到30年的时间里,旅游高等院校从最初的8所发展到693所。① 同时,旅游教育也日趋规范化,从最初以专科和职业培训为主,逐步发展为现在的专科、职业教育、本科和硕士研究生、博士研究生层次,形成了比较完整的旅游教育体系,标志着旅游专业高等教育已正式纳入教育部管理与指导范围,并已开始确定旅游管理专业在中国高等教育体系中的地位和专业目录中的位置。

旅游教育在急剧扩展和发展的同时,难免出现新的问题。其中最大的问题是旅游管理专业毕业生供过于求与供不应求的矛盾。导致出现这一现象的原因如下:第一,旅游教育培养定位不准。旅游产业界与学界普遍认为,高等院校应该培养应用型的高级管理人才,而事实上由于师资、设施、课程设计、教材等方面的问题,一般只是加强了多而不实的理论知识,在管理实务与操作技能方面,却不如专科生或中专生的"中间产品"。因而旅游管理专业本科生面临着与中专生较为严峻的就业竞争形势。第二,旅游管理专业特点不突出。旅游管理专业就业率缺乏明显的优势,原因是,在人才市场,相关学科的毕业生能够从事旅游管理专业毕业生的工作,如工商管理、经济学等专业的毕业生比旅游管理专业的毕业生能更好地从事市场营销、策划、计调等岗位的工作;同样,中文、外贸、外语、传播等专业的毕业生,则在公关、文秘等岗位显现其优势;信息技术专业的毕业生则在电子商务、网络设计、更新、维护等技术方面更胜一筹。所以,旅游管理专业本科生面临着与相关学科本科生严峻的就业竞争形势。第三,旅游管理高等教育与旅游产业需求的矛盾。事实上,我国旅游产业供不应求只是相对的,目前旅游产业界就业人员素质偏低,并非旅游管理专业不需要高素质人才,而是人才培养的模式与目标尚未适应旅游产业发展的需要。我国旅游业从业人员技能偏低,而低技能人才被高技能人才替代是时代的趋势。对1999年、2000年两年参加全国旅行社经理资格认证考试的人员情况统计分析,研究生以上学历者占比仅为0.7%,国内旅行社部门经理的学历普遍偏低,中专、高中及其以下学历者占51.8%,本科生学历者仅有7.2%。② 而未来旅游业必将以高科技为依托的空间旅游、休闲文化旅游等为主要发展方向,对高素质人才的需求量增多。

从以上情况可知,旅游管理专业毕业生不但应有的优势没有显现出来,却被诸多相关专业毕业生替代,而旅游专业本科生却缺乏替代其他专业本科生的能力。旅游管理专业本科生择业范围日渐狭窄,尤其是发展后劲不足、专业流失情况更为严重。如何建立、健全和完善旅游管理专业的专业化培养显得日益重要。随着旅游产业的发展与完善、中国旅游业国际化程度的加强,对旅游业从业人员的要求越来越高,其他专业的替代性将越来越小,如何实现这样的跨越,成为未来旅游业国际竞争的关键所在。旅游教育应显现以下特征:厚基础,宽口径,体现旅游产业综合性特征;前瞻性与适应性,体现我国旅游教育与发达国家旅游业接轨,并与中国旅游相适应;职业性与实践性,体现旅游教育与"产、学、研"相结合,并向广度和深度拓展。只有在教学实践中体现旅游教育的特征,才能实现旅游专业毕业生的不可替代性,从而避免"中间产品"的出现。

---

① 中华人民共和国国家旅游局:《中国旅游年鉴》,中国旅游出版社,1996版。
② 田里,马勇,杜江:《中国旅游管理专业教育教学改革与发展战略研究》,高等教育出版社,2007年版。

(二)综合性、国际化、产业化相结合

旅游管理专业在教学中,应强化旅游产业的综合性特征,主要表现为以下几个方面。

1.建立以多学科交叉为支撑的学科依托发展模式

旅游管理专业的边缘性、交叉性、综合性和应用性特点,决定了该专业所涉及的知识领域、学科领域更具特色。随着旅游学科的研究对象日趋复杂以及自身的发展要求,需要不断地吸取其他学科诸如经济学、历史学、地理学、文化学、心理学、社会学、统计学、会计学等多学科的知识,且随着其他相关学科的发展而促使自身进一步完善,这在旅游管理专业教材更新上体现得非常明显,而且随着高等院校培养适应市场的旅游人才,这种多学科相互交叉、共同发展的模式将日益凸显。

事实上,我们需要的是专业性很强和具有不可替代性的高素养、高技能人才。旅游专业既综合而又有特色,要求学生不仅对相关学科都要通,而且对相关学科、相关领域还要精,而这正是其他专业学生所不能替代的。旅游管理专业的学生能替代相关专业的学生,但是相关专业的学生不能替代旅游管理专业的学生,这才是旅游教育的成功。

2.在教学实践中落实建构主义教学理念

传统的教学模式通常"以课堂为中心,以教师为中心,以知识为中心",而这种单纯的以传授知识为中心的教学方式,因忽视学生的参与而阻碍比传授知识更为重要的学习方法的传授,同时也限制学生潜能的发挥。美国教育学家杜威主张将教学、学习和研究中的直接经验置于高度优先的地位,整合社会的、情感的、理智的和道德的多维度的教育,真正地尊重学习者、学习过程和在实践中获得的智慧。我们把意义和真理看作建构性的,是在学习社区的背景下,通过研究、交谈、思考、写作和批判而逐步建设起来的。[①]

融会贯通授课内容。教学授课"面面俱到",势必"面面不到"。旅游管理专业的特点是"宽口径,厚基础",将专题讲座深入到课程教学中,每节是一个汇集具体知识点的小主题。每章则是融会贯通相关知识点的讲座。而一门课就是由若干相互关联和影响的若干讲座所组成,从而妥善把握深讲、略讲与学生自学的关系。通过比较研究方法,进行多层次、多角度、多维度的分析,开阔学生的视野,全面深入地理解所学知识点,用科学方法分析问题和解决问题。

3.在案例教学中强化教学内容

案例教学是对所学知识的运用和强化过程,早在20世纪初就被哈佛大学商学院引入教学中,产生了很好的教学效果,并得到学界广泛的认可。案例教学的成功取决于师生的互动,辅助于案例分析的这种与实际社会相联系的教学方式,始终贯穿"以学生为中心",在教学中广泛使用酒店管理领域的有关案例,深入浅出,增强学生对知识的理解和升华。比如在酒店管理课程的教学中,以酒店业真实发生的具体事件为教学资料,经过师生的互动与讨论,共同探讨企业行为与决策原因,并提出解决方案。在课堂上随时与学生交流,捕捉学生

[①] 杨小微:《世纪之交的历史回声——略论约翰·杜威教育理论对今日美国教育的影响》,载《教育研究与实验》,2002年第2期。

发言中精彩的"闪光点",并适时进行总结、归纳、提炼和升华。这种体验型、参与型的案例教学方式,有助于构建学院与外部案例环境的网络组织状态。

二、旅游管理专业人才培养机制探索

(一)增强学生自主学习能力

建构主义主张支架式教学,即"预热""探索""独立探索"。在这样的过程中,由教师的引导,进入学生自主的探索,教与学的地位发生显著变化,旅游教育的综合性特征,更要求学生进行大量的自主学习,即建构主义所广泛重视的合作学习。① 旅游人才的知识结构应该是"T"字形结构,"T"字形的"|"主要是指纵向知识,指旅游专业的理论和技术应用,而"T"字形的"—"主要是指与旅游专业理论和应用技术相关的社会科学、人文科学、自然科学及外语等。尽管这些学科不是旅游专业本身,但它们的许多理论、应用技巧与旅游专业的联系极为紧密,对从事旅游工作的人做好旅游工作起着启迪和指导的作用。改革以课堂教学为中心、以教师课堂讲授为主的传统教学模式,教师与学生同样处于主导地位,一方面能够有效督促学生自主学习并进行深入思考,另一方面能够加强师生的交流并及时了解学生状况,便于教师因材施教。在学生的参与中提升学生的科研能力,应注意以下几个方面。

第一,丰富参考阅读书目,拓展教材内容。教材仅仅作为授课重要的依据与参考,不是全部,而授课在内容和结构上都要有较大突破,尤其是作为新兴学科的旅游,相对于较为厚重的传统学科而言更是如此。以教材为基本依据,兼顾基础知识、重点知识和学科前沿知识。一定比例的课程内容采用国际同领域前沿英文原文教材及参考资料,促进旅游酒店管理的教学与国际接轨。同时,要求学生广泛阅读和预习,做到温故知新。配合以学生大量的课外阅读,以补充相当比例的教材内容。教师开出包含50~100本有学术影响的、涉及相关研究领域的中外参考书书目,参考书目分为三个层次:教材的必要补充;拓展专业知识广度和深度的专著;拓展学术范围、学术价值重要的相关学科的学术著作。大量的阅读对提升学生的学术素养具有重要作用。

第二,指导学生针对不同专著采取不同阅读方式进行阅读。如选取2本学术价值高的专著,要求学生必须精读,并做读书笔记;选取10~20本专著重点阅读;另外,选取1本英文专著部分章节精读,其余参考书作为一般性阅读。通过读书和做读书笔记,融会贯通相关知识点,将阅读与所学知识相结合,使其有所感悟。在此基础上,要求学生认真思考,能够用自己的话表达自己的思想,以此实现注重培养学生包括旅游活动在内的各种事物更深层次的认知能力、人文精神、理论优势和发展潜力,②逐渐向双语教学过渡。

第三,学生进行科研尝试活动。通过采取课堂演讲和讨论的形式,增进学生对讲授内容的理解,从而提升其分析和解决酒店经营管理问题的能力。学生演讲活动有助于加强学生的参与性和自主性学习以及创新能力,演讲需要四个层面的工作:第一个层面为论文答辩的形式,学生在规定时间内阐明论文的精彩部分;第二个层面为老师讲评,老师指出优点和缺

---

① 张建伟,陈琦:《从认知主义到建构主义》,载《北京师范大学学报》,1996年第4期。
② 田里,马勇,杜江:《中国旅游管理专业教育教学改革与发展战略研究》,高等教育出版社,2007年版,第27页。

陷,提出修改意见;第三个层面要求学生根据老师的修改意见,完成一篇小论文;第四个层面为学生在老师的指导下反复修改论文,一稿、二稿乃至三稿。

课堂的讲演促进了教学。首先,能有效激发和调动学生的学习热情。为了准备演讲,取得好成绩,学生不仅要温习所学知识,用一种全新的角度重新审视自己的知识结构,还要阅读相关中外文献资料,正是在这样大量阅读的过程中,学生更深切地体会到学海无涯,从而不断求索。

同时,在查阅资料和写作的过程中,培养学生严谨求实的治学态度,为学位论文答辩做积累和准备。课堂的讲演能够增强团队协作精神。每个小组根据同学的特长进行分工,派一名同学作为代表讲演,在分工协作中充分发挥个人长处,取得1+1>2的效果。加强同学间、师生间的互动。在这样的过程中,学生的写作能力、思辨能力、应变能力、心理素质、语言表达能力、礼仪修养等方面都得到锻炼。也正是在这样的过程中,培养了学生的创新精神、创新思维、创新能力和科学研究的方法。事实上,早在13世纪的欧洲,就已经形成"辩论"方式,这样的方式对后来学术的发展、科学的进步都起到了重要的作用。① 正是在这样的过程中,学生的科研能力得到不断提高。

(二)在实习实验教学中实现"产、学、研"互动

实行实验教学活动,使学生能够更加直观地感受和理解教学内容。《国家教委关于加强高等学校实训室工作的意见》(教备〔1992〕44号)指出:"实训室建设是办好高校、培养合格人才的一项基础性工作。实验室在育人方面有其独特作用,不仅可以授人以知识和技术,培养学生动手能力与分析问题、解决问题的能力,而且影响人的世界观、思维方法和作风。"著名实验心理学家赤瑞特拉(Treicher)在人对知识保持记忆持久性的实验中发现:"一般人能记忆自己阅读内容的10%,自己听到内容的20%,自己看到内容的30%,自己听到和看到内容的50%,在交流中自己所说内容的70%。"② 可见,实验教学在提高学生的能力方面具有重要的作用。学生通过实验室相应教学软件进行操作模拟与学习,不但巩固了课堂上所学的知识,有利于到企业去实习,还将管理实践中发现的问题再反馈到教学过程中,这种不同层面的反复学习,大大提高了学生的学习兴趣和求知欲,从而实现了教学目的。旅游专业实践性很强,因而深化办学体制,将实践引入课堂,与产业结合培养人才十分必要。在与校外旅游企业结合的过程中,建立资源共享、互利互惠的合作办学机制。比如请酒店业界有实战经验的经营管理者,结合旅游产业特征和课程内容,开出系列讲座,使其更具针对性和适应性,从而达到较好的教学效果。实践表明,比较成功的国内外旅游院校大都有自己的校内外实习基地,美国得克萨斯州休斯敦大学希尔顿酒店学院,由希尔顿酒店集团创始人康拉德·希尔顿捐资创办,以特许经营形式隶属于希尔顿酒店集团的希尔顿酒店,与休斯敦大学的酒店学院成为一体,教师和学生同处在酒店运营的环境中进行教学和学习。③ 西安交通大学、武汉大学、浙江大学等院校已经开办了自己的旅行社。1994年暨南大学与中旅集团、香港中

---

① 雅克·勒戈夫著,张弘译:《中世纪的知识分子》,商务印书馆1996年版。
② 全国高等学校教育技术协作委员会:《教育技术理论导读——信息时代的教学与实践》,高等教育出版社,2001年版。
③ 谷慧敏:《世界旅游酒店教育名校之美国篇》,载《酒店现代化》,2005年第3期。

旅集团、深圳华侨城集团联合主办暨南大学中旅学院。之后,又有东北财经大学与渤海集团联合成立旅游学院。[①]"产、学、研"的互动带来了旅游教育的良性运行与发展。

外因通过内因起作用,老师的作用最终要落实到学生的自主与自立。通过采用多种教学方法与手段,构建独立的教学体系,激发学生的参与热情,力争从三个层面提高教学效果,即第一个层次的"知识";第二个层次的"方法";第三个层次的"视野"。这三个层面依次递进,把学生视为教学活动的主体,培养学生自主学习的兴趣、习惯和能力,最大限度地激发学生的探索精神和创造热情,以培养我国具有创新能力的优秀旅游管理人才。

第二节 Opera 系统概述

一、饭店管理信息系统的发展历程

Fidelio 及 Opera 是酒店管理软件及酒店信息化的工具,反映了酒店的一般管理思想。Hilton 用的是自己研发的云架构的 PMS"OnQ",香格里拉、万豪、洲际、凯悦等集团使用 Opera 系统。即使不同的酒店管理集团使用同一个系统,但其管理思想是否一致?各酒店管理集团有不同的管理思想。可见酒店信息化的工具并不体现任何管理思想,不同酒店集团管理思想不同,但录入的数据、使用的工具可能是一样的。正如不同的加工企业都引进了同一厂家生产的数字精密机床,用于加工制造自己公司的产品。数字精密机床是精密机床制造企业的科技成果,不同企业采购这种设备后可能极大地提高了劳动效率,增加了经济效益;有的企业采购这些设备后,劳动生产效率可能并无明显提高。在这里,数字精密机床只是一个加工工具,并不影响不同加工企业文化内涵或者采取什么类型的管理风格,也无法增加企业员工对组织的忠诚度。再比如,一只设计精良的手枪反映的是设计者及所在公司的设计理念,与使用者的社会属性、文化背景并无直接联系。酒店或酒店集团选择什么样的信息系统,应用什么样的信息系统架构与酒店本身的发展战略、经营理念、管理思想紧密相关。

(1)从酒店的发展战略考虑,IT 战略是企业战略的子战略,IT 战略的制定一定会遵循企业发展战略,为达成组织目标服务。例如,企业的目标是发展中低端有限服务产品,以快速扩张形成规模化为主线,那么就需要信息系统具备结构简单且能够快速复制的能力,以 PMS 为例,这时云架构的 PMS 就是一个合适的选择;如果企业的目标是打造高端精品,希望以品质和全服务为客人带来全方位的入住体验的话,这时对信息系统快速复制的需求就会降低,更着重关心系统的稳定性和功能是否齐备。

(2)从经营理念考虑,每个酒店或酒店管理集团的价值主张是不同的,其希望传递给客人的价值也就不同。正因为如此,在信息系统的选型和应用、部署上也存在不同的着重点。这些着重点体现在内控及运营流程和对客服务的展现形式上面。例如,有些酒店注重智能客房给客人带来的高科技的惊喜体验,有些酒店则更注重客人入住的舒适性。

---

① 田里,马勇,杜江:《中国旅游管理专业教育教学改革与发展战略研究》,高等教育出版社,2007年版。

（3）从管理思想考虑，无论哪种管理思想都需要借助管理工具去落实，关键是管理工具是否适合管理需求。例如，一家酒店采用的是多元化定价策略，并且要求价格随入住率实时自动调整。这就要求 PMS 具有强大的价格体系管控能力，甚至在 PMS 能力不及的时候就要借助 RMS（收益管理系统）。而相对于一个价格固定且单一化的酒店，其更关心房态变化的及时性和准确性，以及客房服务员的自动排班和派工功能，这时除了 PMS 自身的功能可能还需要有专门客房管理系统支持。另外，酒店的收入是以"餐"为主还是以"房"为主？是以"直销"为主还是以"分销"为主？定价的依据是什么？……这些因素都会影响酒店对信息系统的选型。

信息化带来的是酒店概念和产品的重塑。酒店不只是一个睡觉、吃饭、娱乐的场所，因而酒店销售的不只是客房，关心的不只是房型、房态、房量，而是把它打造成一个"两面市场"或"多面市场"的平台。在这个平台上，酒店居于中间的位置，起到连接的作用。一面连接的是住店客人，一面连接的是广阔的市场资源。其目的是为供求双方提供一个廉价的触点，降低双方的搜索成本，从而给客人提供更加贴心、舒适和便利的服务，为市场提供更精准的客源定位。例如，酒店与出租公司联合，客人可以以低于市场的价格叫到车，且司机受过专业技能训练，不但用车更及时，也不用担心安全和沟通问题，出租公司也降低了成本；与航空公司联合，客人可以用航空里程积分直接在酒店消费，节省了客人兑换积分的成本，提升了航空里程积分的价值。这些都需要强大的信息系统提供支持。

顾客在参与酒店住宿、购物产生的所有积分都可以在酒店消费，用于换取免费的房晚，再在酒店购物，这也就形成了一个循环。在酒店住宿、购物越多，换取的积分就越多，积分越多，换取的房晚、购物也越多；房晚、购物越多，又产生更多的积分，这是一个正循环，也是一个死结，顾客自身的消费方式被酒店巧妙地利用。哪怕没有一个人在酒店入住，或者完全免费让顾客入住，只要其衍生产品能够给酒店带来巨大的经济效益，就还是一个酒店。只不过是实现产品多样化的酒店，客房和服务只是它产品的一部分，而且是最核心的部分。如果没有酒店，它就和个体在淘宝上开的网店完全一样。酒店通常用客房来"钩鱼"，吸引顾客，房费只是很少的一部分收入，大部分的收入在于多样化的产品，如公司给酒店免费提供的床、毛巾、售货机等许多多样化的产品和服务。

从理论上来说，在商业场所，从客人进入开始，通过手机就可以了解客人所在的位置，客人在哪些地点停留，停留多长时间，从而明确哪些是赢利的商品，哪些是不赢利的、必须清除的商品。但在酒店中，大堂目前的利用率很低，如果将大堂变成一个具有人情味的咖啡吧，会员或者刚加入的会员就可以用积分换取咖啡，并且在这里自助完成 check in 或 check out 的过程，领取电子门锁，或者结账离厅。目前必须上传给公安局备份的相关资料，可以通过计算机自动拍摄、成像，或者是通过眼睛虹膜识别技术来实现。

酒店信息化给酒店哪些部门或人员产生影响？酒店信息化对不同市场定位的酒店产生的影响不同。对于以年轻人为目标市场的酒店，仓库、采购等部门就面临着精减，销售渠道可能只剩下直销部门，没有营销部门。客房部可能取消客房经理岗位，只剩下房务总监。前台人员由通常的 3～5 人减为 1 人。在餐饮部，基于信息化，可以减少高成本服务员数量，从而降低人力成本的支出。人力资源、采购部门人员也可以大量削减。工程部门可以削减。以顶尖客户为目标市场的酒店，酒店信息化带来的组织机构人员精简是有限的。因为这种

酒店服务的是一些高端人群,其中包括一些上了年纪、喜欢与人接触、享受传统服务方式的顾客。对于中年人,信息化给他们的酒店决策多了一个选择。中档与高档之间的酒店,职位并岗,一专多能。

二、Opera PMS 管理系统界面

(一)Opera 主程序运行

Opera 是美国 Micros 公司在 Micros-Fidelio 系统的基础上开发的最新产品,作为企业级软件解决方案(Opera Enterprise Solution),包含了 Opera 前台管理系统(Opera PMS)、Opera 销售宴会系统(Opera S&C)、Opera 物业业主管理系统(OVOS)、Opera 工程管理系统,以及 Opera 中央预订系统(Opera Centre Reservation System)、Opera 中央客户信息管理系统(Opera Customer Information Management System)和 Opera 收益管理系统(Opera Revenue Management System)等,Opera 前台管理系统是其核心,可以根据不同酒店的不同运营方式所带来的需求多样性合理设置系统,以贴合酒店的实际运作。除单体酒店外,Opera PMS 还提供多酒店模式,即通过一个共享的数据库,为多个酒店进行数据存取甚至相互访问。[①]

Opera PMS(Property Management System),直译为物业管理系统,对于酒店行业来讲,就是能够协助酒店进行业务管理及控制的计算机管理系统。Opera PMS 基于 B/S 架构的集中式网络协同的工作模式,融合了互联网技术、管理信息系统和业务流程重组等技术,充分发挥了信息化管理模式在酒店管理中的优势。Opera PMS 将客人从查询产品到预订酒店、办理入住、客房服务、账务管理、办理离店、客史管理、报表分析的整个客服生命周期的管理过程放置在独立的功能模块中进行管理,各功能模块之间通过系统内置的关联程序有机地结合成一个整体。

Opera PMS 管理系统是由 Micros-Fidelio 公司研发的一款 PMS(Property Management System)产品,在 Opera 企业级软件解决方案中,Opera 前台管理系统乃其核心部分。该产品线已经成为石基数字酒店信息管理系统(IP-Hotel)的组成部分,并通过石基信息与 Micros-Fidelio 公司在 OXI 标准的基础上开展的技术合作与研发,具备了连接畅联和银行 PGS 的能力。Opera PMS 的多物业功能设计使多个物业运营只通过单一数据库存取数据。这大大减少了用户在硬件、软件及劳动成本各方面的投入。使用者可以通过一个中心数据库来安装多个物业的管理系统。集中软件及硬件的设计方式,方便了系统支持及升级,因为可以在一个地方解决所有问题。同时,酒店通过分享各部门之间的管理功能,包括预订、财务、销售及电话程控交换技术,还可以实现人员的高工作效率。Opera 前台管理系统的主要功能如下。

客户资料。Opera PMS 同样提供客户资料记录功能,全面记录统计包括个体顾客、公司客户、联系人、团体、旅行社以及预订源等基本档案资料。客户资料包括地址、电话、会员信息、会员申请、住店历史信息及收入详情分析、客户喜好,以及其他相关数据,使预订及其他

---

① 穆林:《酒店信息系统实务》,上海交通大学出版社,2011年版。

操作的完成更快捷、更精确。这些数据可用来帮助酒店客户关系部改善服务质量；帮助酒店市场部制定具有竞争力的销售策略；帮助酒店高层管理人员分析业务利润来源。

客房预订。Opera PMS房间预订将客户档案管理、出纳以及抵押金管理等多种功能融为一体。此模块为建立、查询、更新客人预订、团队订房以及商务团体预订等操作提供完善的功能，并提供了用房量控制、取消预订、确认预订、等候名单、房间分配、抵押金收取以及房间共享等功能。此模块是对客人个性化服务的好帮手。

前台功能。Opera PMS中的前台服务功能用于为到达的和已入住的客户提供服务。此模块不仅可以处理个人客户、集团客户以及未预约客户的入住服务，还设有房间分配、客户留言管理、叫醒服务、电话簿信息以及部门间内部沟通跟进服务等功能。

出纳功能。Opera PMS的出纳功能包括过账、调账、预付抵押金管理、费用结算、退房以及账单打印。出纳功能可以支持多种支付方式，包括现金、支票、信用卡以及应收账。在多酒店模式环境下，可以支持各营业场所跨酒店相互入账。出纳员班次结算时可以打印出多种交易流水报表。支持客账、挂账、抵押金、包价等分类账。

客房功能。Opera PMS中的房间管理功能能够有效监督房态，包括可用房、清洁房、维修房，以及房间设施的管理。可以在系统中对客房打扫人员的区域分配、用工统计以及客房用品进行管理。排队房功能可有效协调前台和客房清洁工作，针对已分配给客人的特殊房间，通过系统通知，安排优先打扫次序。

应收账功能。Opera PMS集成了应收账款功能，包括直接挂账、账单管理、账龄分析、支付账单、催账函及周期结算对账单以及账户查询等功能。并可在系统切换时，按账龄输入原有系统的余额。

佣金管理功能。Opera PMS同时支持佣金管理功能，用于计算、处理、追踪旅行社及其他形式的佣金数据收集、计算以及支付管理。可以支持支票打印或电子文本传递的方式支付佣金。

价格管理。Opera PMS中的价格管理模块为价格设置、控制提供了便捷的工具，可以对房价以及不同房间类型的销售进行管理、实时监控和策略调整，并在系统中提供收入的预测以及统计分析等功能，成为行业内同类产品中最全面、最强大、最有效的房价管理系统。

Opera PMS可以和Opera Revenue Management System等实现无缝连接，并向其他主流收益管理应用软件（Yield Management System）提供接口。

报表功能。Opera PMS提供了超过360个标准报表。可根据酒店的需求调整报表设置。并在系统中提供内置报表模块，依据客户要求，创建全新格式的报表。

设置功能。Opera PMS可以根据酒店需求，对系统作出功能选择，参数设置以及缺省代码。严谨的用户权限设置可以对系统中的用户组甚至用户的操作权限进行限制。并且可根据客户的要求更改系统屏幕布局。

后台接口功能。Opera PMS可非常方便地按照相应的格式将收入、市场分析、每日分析、应收账等数据输出，传输至酒店后台财务系统。

系统接口。Opera PMS与上百个第三方系统设有接口，例如收益管理、电话、房控系统、电视及音响娱乐、电子锁、酒店POS、活动行程、迷你酒吧以及叫醒服务等系统。目前是全球唯一通过信用卡加密国际认证的PMS产品，并实际具备连接银行PGS的能力。

Opera PMS 支持多货币及多种语言功能,以满足全球运营商的需求。房价和收益可由当地货币按照酒店需求换算成任何货币。可依据客户中的语言代码选择,控制打印相应语言的账单、登记卡等。支持多国地址输入,多种文字的输入、保存、打印。并提供多种语言的屏幕显示和信息提示,已经成为主流国际酒店连锁集团(Marriott,Shangri-La,InterContinental,Hyatt,Starwood,Accor 等)指定采用的前台与财务应收账管理系统,适用于各种规模的独立运营酒店和连锁集团分店。其设计思想紧扣主流的国际酒店管理和物业管理理论前沿。

在生产环境中,Opera 运行环境的建议配置是使用三台服务器搭建 Oracle 的 DataGuard 模式。这个模式是数据库和应用服务器双活的模式。在提高系统运行效率的同时,以低硬件成本实现系统的高可用性。图 1-1 所示为三台服务器搭建 Oracle 的 DataGuard 模式。

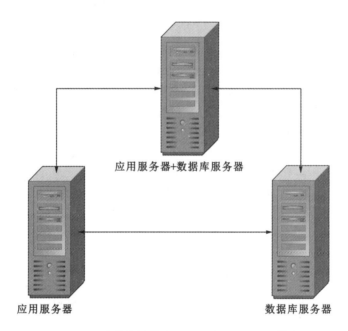

图 1-1　三台服务器搭建 Oracle 的 DataGuard 模式

(二)Opera 系统登录(Log In)

系统登录有严格的用户安全要求。用户名(User Name)以及密码(Password)在 Opera 系统初始化是需要提前配置的,Opera 的密码要求必须是数字字母的组合,且不能低于 7 位。密码要求每 3 个月更改一次,且 4 次内的修改密码不能重复。

用户权限指允许或限制用户在 Opera PMS 可执行的任务范围。在酒店,前台、财务、房务、销售等不同部门的员工工作职责和权限是不同的,因此,不同部门员工在 PMS 中的每个模块可用权限也有很大差异。在 Opera 首次安装时,必须分别对每个部门员工的权限进行设置,当酒店需要调整时,可以由酒店的 IT 部门使用系统设置功能进行修改。[1]

---

[1] 穆林:《酒店信息系统实务》,上海交通大学出版社,2011 年版。

从计算机桌面上点击 IE 图标,在左上角的 Opera Log In 中输入用户名和密码后,在 Scheme(数据库实例)下拉菜单中选择相对应的数据库实例,通常用"Production"或"酒店名称代码"命名生产数据库,即酒店真实生产环境中使用的数据库,用"Training"命名练习数据库。图 1-2 所示为 Opera Log In 界面。

输入正确的用户名和密码,选择好 Scheme 后,进入功能选择界面。Opera 丰富的功能适用于酒店不同的业务需求,每一个功能模块都可以独立成为一个系统,每个功能模块(如 CRS,中央预订系统;Sales & Catering,宴会销售系统;RMS,收益管理系统等)之间都有着紧密的关联。本书仅对 Opera PMS(前台管理系统)进行介绍。图 1-3 所示为 Opera Full Service 界面。

特别提示

用户首次登录系统会要求更改初始密码以保证用户操作数据安全,密码规则需遵循标准,这个标准因各集团或者酒店要求不同,可能会不一样。

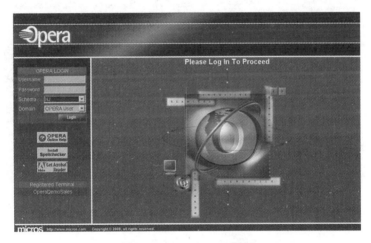

图 1-2　Opera Log In 界面

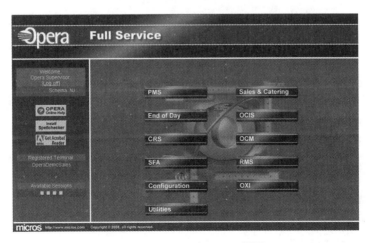

图 1-3　Opera Full Service 界面

(三)Opera PMS 系统主界面(Main Screen)

选择"PMS"标签进入 PMS 操作主界面,菜单显示区横向图标依次为 Reservation(预订)、Front Desk(前台)、Cashing(收银)、Room Management(客房管理或房务)、AR(应收账款管理)、Set Up(设置)、End of Day(夜审)、Miscellaneous(杂项)、Help(帮助)等基本模块(部分酒店购买更多的系统服务时,还可以看到 Commission(授权)等模块)。菜单显示区包括左侧纵向图标和上方菜单栏。

左侧纵向图标:点击功能组时出现对应的该功能组功能图标。

上方菜单栏:主功能按键,与横向图标内容相同。图 1-4 所示为 Opera PMS 界面。

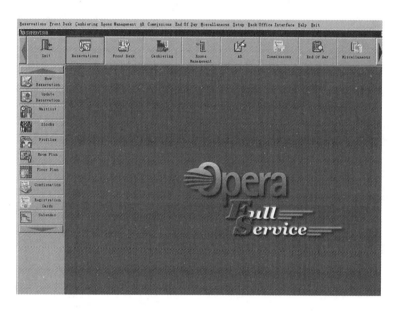

图 1-4　Opera PMS 界面

1.进入功能方法介绍

方法一:鼠标左键单击横向对应边框上的图标,在左边出现的对应图标中选择并以鼠标左键单击。

方法二:鼠标左键单击顶部菜单栏,并在下拉菜单中选择。

方法三:Alt+下划线字母。操作时,左上角的 Window 可以点击并选择最下面的窗口(只有最后打开的窗口才可进行操作)。

方法四:快捷键(Quick Keys)。利用不同功能键的组合可以快速调用一些常用功能,在实际工作中管理者和操作员会频繁使用该方法,该方法是提高工作效率的好工具(见图 1-5)。

用户权限:酒店不同员工的工作职责不同,其使用权限也不同。如客房部的普通员工登录,预订菜单中只有预订一项功能可用,即档案(Profiles),其他功能键都呈现灰色,处于不可点击状态,表示不能操作。

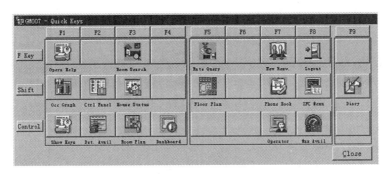

图 1-5　快捷键界面

2.变更用户与系统退出(Log Out)

Opera 系统在使用结束后,用户应该退出当前登录状态,以保证数据操作的安全性,尤其是登录收银模块更要特别注意。

退出系统也有多种方式:

(1)点击菜单显示区左上角"Exit"(退出)按钮。

(2)Shift＋F8 功能键。

值得注意的是,如果只是切换用户登录,点击 Shift＋F8 后,从出现的登录页面直接录入新的用户名和密码即可;如果是本人要退出系统,还需要点击"Exit"按钮。

3.系统日期与实际日期(Business Date)

Opera PMS 主界面右上角部分为 Opera 系统日期显示区域,与 Windows 显示的系统时间(物理时间)并非时刻一致。在酒店经营中,一天经营的结束并非以晚 24:00 作为标志,而是以夜审(Night Audit)作为标志,只有顺利地通过夜审之后,Opera PMS 的系统时间才会递进到下一天,即一次成功的夜审会让 Opera PMS 的时间增加一天。[①] 在实际运营酒店中,PMS 系统日期和实际日期必满足如下条件之一:PMS 系统日期＝实际日期,或 PMS 系统日期＝实际日期－1。如在 2015 年 8 月 1 日凌晨 2:00 时,酒店尚未做夜审,这时 Opera PMS 的系统时间显示为 7 月 31 日,Windows 显示的系统时间为 8 月 1 日凌晨 2:00,两者差 1 天。2:00 做完夜审后,Opera PMS 的时间也改为 8 月 1 日。

第三节　教材主要特色与写作历程

一、酒店管理软件系统与国际酒店业人才培养

随着信息化在酒店日常工作中的推广和普及,信息系统的应用已经贯穿了酒店生产活动的全过程,业内有这样的说法"酒店的 IT 人员能最全面地了解酒店各部门的工作情况",因为他们的工作不但要支撑各部门自身内部小闭环的工作流程,而且要协调部门之间工作信息交流。

---

① 穆林:《酒店信息系统实务》,上海交通大学出版社,2011 年版。

目前,大学存在的问题是教学与实践的脱离,课堂所学与就业所需的能力存在一定的差距。毕业生在担任部门经理之前,课堂学习的旅游管理理论所发挥的作用是有限的,但在此职务之后,没有酒店管理信息理论是万万不能的。客房部主管可能是高中毕业生,但是客房部经理则需要财务知识,能够看懂三张表(资产负债表、现金流量表、部门损益表)。对于旅游管理的学生而言,最难的是财务管理。酒店实现信息化管理后出现的组织机构的精减和流程再造,对旅游管理专业在校学生的知识、能力提出了更新、更高的要求。旅游管理专业应培育酒店及旅游业界中的高端管理者及学术探究者,而不是仅限于基层岗位端茶送水的服务员。这就要求学生通过旅游信息管理,尤其是酒店管理信息系统的学习和实践,加深对酒店物质、能量、信息流的认识,将来成为具有分析资产负债表、现金流量表、部门损益表等多方面能力和素养的创新人才(见图1-6)。

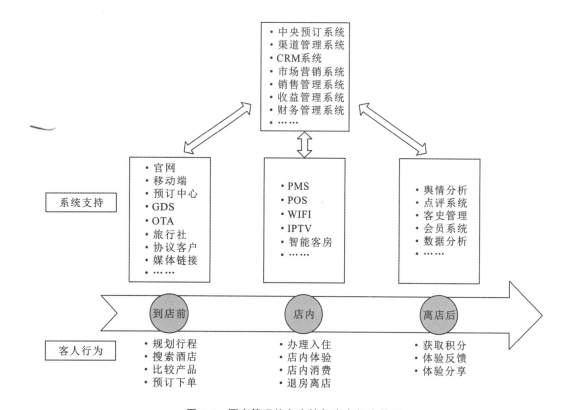

图1-6 酒店管理信息支持与客人行为关系

编写《酒店管理信息系统》的目的之一,是帮助酒店员工了解酒店信息系统的架构,从而能从"系统纽带"的视角了解自己在酒店整体运营链条中的位置和节点,从而加深员工对自身岗位工作性质的认识,提升与上下游团队协同工作的效率。比如,前台人员在录入客人的来源地时,很多时候员工为了省事就随便填写一个,但他没有意识到这个简单的操作会误导市场部门对广告投放目的地做出决策,会员管理部门会错误地勾勒出用户画像。再比如说,员工都知道酒店的价格会根据不同的房型和不同的季节变化,但房价的定价策略是根据什么制定的呢?是销售总监拍脑袋来的吗?其实在学习酒店的信息系统架构之后就会发现,酒店是有专门负责定价的收益管理系统(即使有些酒店由于某些原因没有真正购买这样的系统,也会有相似的替代流程),并且收益管理系统之所以可以给出价格建议也是因为它采集到了 PMS 系统中的历史数据以及第三方数据(如竞争对手数据、各种行业指数)之后才根据预制的模型和算法进行分析和演算出来的。

二、教材主要特色

撰写本教材是作者在讲授"饭店管理""礼仪学"等课程中,结合教学实践、与业界专家联系及科研成果而萌生的想法。一方面,依据交叉学科的优势,能够深化教学内容,产生良好的教学效果;另一方面,从酒店信息化角度切入酒店管理的课程,进而提升教学效果,使学生在这个过程中提升管理能力和实践能力。从 2006 年开始酝酿写作,历时十多年时间的思考和准备。

本教材的写作准备较为充分,作者深入酒店及其相关业务部门进行实地访问和考察,广泛搜集古今中外相关文献资料及国内外学界、产业界最新信息,充分学习和融合学界前沿成果,在此基础上谋篇布局,构思框架。

本教材内容丰富全面,基于 Opera 系统展现酒店管理业务流程,解决酒店实际的业务问题,以显示管理的内容与特色。多角度、多层面涵盖了基本知识、基本理论及其具体操作与应用,利于学生全面、系统地学习和掌握课程内容,并进一步提高学术视野,增强分析问题和解决问题的能力,以实现有效促进教学的作用。

(1)理论与实践相结合,博采众长。教材内容覆盖面广,基于基本理论,结合具体案例,进一步巩固和深化教材内容,并引发学生进行更高层次的实践与思考。

(2)案例分析透彻,深入浅出。案例分析使教材内容融会贯通,丰富和深化了相关章节内容,使学生从中得到更多的收获和启发;同时引发学生自觉、自主、自动学习的热情,开发了学生们的智慧和提升了思考问题、分析问题、解决问题的能力。

(3)教材充分体现学科的交叉、互补与交融特点。教材的每一章节都是一个专题,针对酒店管理的主要内容,彼此呼应和衔接。把各个知识点串起来,注重培养学生分析问题、解决问题的能力和科研能力。

三、实验课程主要特色与创新

实验室是学生校内操作技能实训基地和专业基本素质的培养基地,在教学和科研开发中发挥着重要的作用。能够有效地激发学生的学习热情,在有限的教学课时内,使学生获得更多的知识和能力,在实验教学中提高学生的专业素质、实践能力和综合素养,帮助学生走向社会。旅游产业的行业素质及基本技能的培养贯穿于大学乃至研究生的整个教育阶段。实验室在教学和科研开发中发挥了重要的作用。实验室是教学的重要基地,是提高教学质量的重要保证,更是旅游专业学科建设、人才培养和科学研究的重要保障,实验室成为培养学生理论联系实际、提高学生实践能力和创新能力的重要环节。实验室教学与理论教学共同支持教学并发挥重大作用,培养 21 世纪所需的"基础实、专业宽、素质高、能力强"的优秀人才。加强实验室建设,在实验教学中全面提高学生的知识、能力和视野。

其一,提高专业实验室的综合能力。旅游作为新兴学科,实验室建设注重加强基础,拓宽专业,提高实验室的综合能力。旅游资源规划实验室有适当的专业和学科跨度,综合运用本学科知识和跨学科相关知识,包含旅游资源评价、旅游环境保护、旅游景区规划、酒店管理、导游词设计与解说等相关知识领域,扩大实验室的功能,培养学生的综合能力。如酒店管理实验教学训练学生的服务技能、服务意识、沟通能力、外语能力、创新能力、计算机应用能力、组织管理能力以及职业道德等综合能力。

其二,信息技术与实验技术相结合。应用开发旅游资源规划实验室教学软件,运用现代信息技术丰富实验室资源和教学内容,加强科研实验促进科研发展,提高学生科研能力。突破以验证性实验为主的传统实验方法,实行由验证、综合和研究相结合的开放式实验教学。实验室不仅是时间和空间的开放,更是实验项目乃至科学研究的全方位开放,与产业互动进行纵向提高和横向拓展,使学生在宽松的实验环境中进一步理解巩固所学知识,培养创新意识、创新能力和操作能力。

其三,教学形式与教学内容改革。在教学形式上,建立介于教学与实习基地之间的中间教学环节,探索信息技术与实验教学结合途径。研发酒店企业资源管理等软件,在科研中提升教学质量;在教学内容上,建立以多学科交叉为支撑的学科发展体系,尤其突出酒店的环境效应、文化特征及生活方式的变革等内容,为酒店管理乃至旅游业的发展进行前瞻性的思考和技术保护。

教材基于 Opera 系统,展现酒店管理业务流程,解决酒店实际的业务问题,以显示管理的内容与特色。教材内容包括涵盖知识的深度和广度;从宏观到微观,从具体到抽象,拓展和深化相关章节内容,引发学生深入思考。

本教材吸收了以往出版的教材的成果,同时保持鲜明的特色,具有较强的学术性、实用性和可操作性,具有一定的创新意义。

思考题

1. 我国旅游教育急剧扩展和发展的同时,出现了哪些问题,主要原因是什么?
2. 旅游管理教育方法与模式是什么?
3. Opera PMS 具有哪些功能?
4. Opera PMS 的系统日期与实际日期的关系是什么?
5. 实践教学对于旅游信息化教学的意义?
6. 不同酒店类型对于酒店信息系统的开发与应用有何影响?

第二章

档案管理

第一节 档案模块功能简介

Opera PMS 提供客户资料记录功能,全面记录统计客户、商务合作伙伴、联系人、集团、旅行社及来源等资料。客户资料包括地址、电话、会员信息、会员申请、住店历史信息及在酒店消费情况统计、客户偏好及其他相关数据。可见,档案管理是 Opera 系统数据的主要来源,是酒店进行个性化服务的基础,是 Opera 系统提高服务质量的重要标志。

一、建立档案的必要性

客户档案是酒店最重要的信息资料。酒店的区位、投资规模、设施设备数量及规模这些有形资产固然重要,但这些资产的用途是服务客人,酒店在立项做商业规划(如商务酒店或休闲度假型)时,就已经对自己要服务的客源群体有了基本的定位。因此,客户资料虽然是无形资产但它是酒店运营的基础。客户档案主要分为 B2B 业务中的大客户,如协议公司、旅行社、订房中心等;还有 B2C 业务中的个人客户,如会员、客户(即非会员)。在信息社会,服务业的竞争更多地体现为信息资源的竞争。一家酒店,只要掌握了客户资源,并有效地经营客户入口,就可以通过招商引资,获得投资和迅速发展的机会;反之,仅有投资、设施设备,缺乏客户资源,受制于其他渠道,自己的投资就发挥不了应有的作用。

从 Fidelio 发展到 Opera,虽然采用了不同的数据库,但它们与国内开发的酒店管理软件相比,均非常重视客史档案的建立、维护和管理,并将其作为客户关系管理(CRM)的基础。Opera 之前出现的一些国外的酒店管理软件,以及国内的一些酒店管理软件最关注的客房销售,而 Fidelio 和 Opera 更关注客户信息以及为不同客户制定相对应的房价策略。通过目标市场细分,从纷繁复杂的市场中识别出自己的服务对象,然后考虑以什么价格、什么方式将客房产品销售给客人。

建立数量众多的客人档案(Profile)及以此为依托而建立的客史资料,是酒店运营管理的前提,是推行精益管理、提升个性化服务水平的关键因素。

酒店需要通过客户档案的建立(PMS只是多种客户档案建立渠道中的一种,其他渠道还有酒店的官网注册、微信粉丝、合作伙伴资料导入等)和客户资料的积累(PMS中的客户资料只是酒店需要了解的客户全方位资料中的一部分,目前客人在酒店官网上的行为以及在社交媒体上的行为都会被跟踪记录到客人档案中),建立客户画像,从而知道自己的客源群体来自何方,他们的属性如何。为了建立客户画像,会从多个维度给每个客户建立多达上百个标签。简单的标签如性别、年龄、喜好等,复杂的标签如参加过酒店的什么活动,在哪里、什么时候搜索过酒店的相关信息,对酒店的什么产品感兴趣,是否打开并阅读过酒店发给他的促销邮件等。客户资料是酒店经营数据库的基础,对客户资料的分析和挖掘结果直接影响到酒店的广告投放策略、价格定位策略、产品定制策略等,甚至已经影响到品牌策略和新店的选址、装修风格等。

对客人的了解不仅仅是为了市场定位,更重要的是提升客户体验。目前CRM系统逐渐在向客户体验管理(Customer Experience Management,CXM或CEM)系统转型,如Oracle已经将他著名的Siebel CRM系统转型为Oracle CXM的一部分。

第一,挖掘和确认忠诚客户。之所以为每一位预订及入住客人建立一个Profile,其目的不仅在于完成此次预订、接待等具体事宜,更重要的是为了今后酒店业务的发展,从现有客户中发现和挖掘潜在市场,并通过竭诚服务将客人"锁定"为长久的忠诚客人。

收集、发掘客人信息,进而完善有效客人资料,对酒店市场营销具有重要意义。基于"二八"定律,企业80%的利润是由20%的忠诚客人创造的,将一名老客户发展为忠实客户的费用只是发掘一名新客户的八分之一。因此,Fidelio或Opera都将预订或前台作为市场营销或促销的开始,并且是全员、全过程参与信息收集,这样就把过去市场部的工作分解为酒店全体人员进行的全过程营销活动,体现了全面质量管理(TQC)思想。

第二,识别真正的Debtor(债务人)。建立客户档案(Profile)有助于酒店识别谁是真正的债务人(Debtor),凡是能给酒店带来生意者(如宴会、婚礼策划)即是债务人。Guest与Debtor可能相同,也可能不同。夫妻俩带着孩子去住酒店,由丈夫支付所有开支,丈夫就是债务人,孩子是随从(Accompany),但不是债务人(Debtor);他的妻子也不是债务人,而是客人(Guest)。如果妻子是全职太太,很少自己外出住酒店,那么她对于酒店而言,可能就不是有潜力的有效客户;反之,如果她是一位职业女性且经常出差,那么她在下一次因业务需要而出差住店时,就可能成为债务人(Debtor)。

第三,协助销售人员完成销售工作。前台工作人员在接待客户过程中,通过聊天了解客人信息,以便捷方式协助销售人员完成销售工作。档案的作用之一就是逐渐积累信息。酒店在给自己带来生意的顾客,找到促销的重点和对象,比如多年来光顾次数减少的客人,通过在他们生日时或圣诞节发送各种信息,吸引客人再度光顾。

第四,对客户生命周期的维护也是酒店工作的重要部分,酒店或集团都会建立独立的客户服务和管理岗位或部门,他们会基于客户资料对客户进行维护和管理。如把一年作为一个客户的生命周期,当在距离上次消费三个月的时间客户没有活动记录,在这个时间点上酒店就需要采取"挽救"行动了,即需要主动联系客户了,因为通常这个时间过了,客户就会变成"僵尸"客户,基本上酒店就失去了这个客户。在实际工作中这种做法是很有效的,通过几次有效的"挽救",客户的再激活率还是很高的(客户生命周期及挽救时间点是根据实际情况通过科学的算法计算出来的,这里仅举例说明)。通过客户生命周期的维护,酒店不但可以有效地留住活跃客户提升销售效率,同时也可以甄选出"僵尸"客户,节省维护成本。

第五,大客户的管理工作基本由销售部门负责,每个销售员负责自己的一批客户。好的大客户档案管理流程会非常有效地提升销售员的工作效率,可以及时准确地了解到某个大客户的产量、公司联系人的情况、协议价格的变化等。从另一个角度考虑,当销售员离职的时候,客户档案则是下一个销售员了解客户情况的最有效的途径。如果之前没有很好地维护客户档案,那酒店的损失将会是巨大的。

第六,客户档案有利于体现文化内涵,提升个性化服务。客户档案中包含较多的文化内涵,如预订来源(Reservation source),可以挖掘、稳定酒店已有的或潜在的客户。

因此,PMS的核心是债务人管理系统,任务就是识别谁是真正的债务人,围绕债务人(Debtor)进行跟踪和管理。"识别谁是客人,谁是债务人"的技巧,依赖于酒店员工个人积累的经验。销售人员发现需求,并及时转化为预订;预订人员根据客人需求完成预订。

二、档案分类(Profile Type)

档案资料是系统所有操作的基础,Opera的操作流程是以档案为中心设计的,如要在系统中做一个订单就必须先建立一个客人档案,订单只是在这个客人档案中记录的一次预订行为。就像生活中我们每个人都有一份自己的档案,档案不仅记录了你的姓名、籍贯、生日等基本属性,同时还会记录你的学习经历、工作经历,并且随着时间的推移逐渐一条一条地增加。订单就如同你档案中的学习和工作经历一样记录着客人的预订经历。无论客人做过多少次预订、住过多少次店,在Opera中都只有一个档案。

[操作步骤] Reservation→Profiles

在Reservation中点击Profile,出现建立Profile的对话框。Opera PMS的Profile包括Individual(个人)、Company(公司)、Travel Agent(旅行社)、Source(销售员)、Group(团队)、Contact(联系人)等(见图2-1)。

本章主要介绍个人档案、公司档案和旅行社档案。

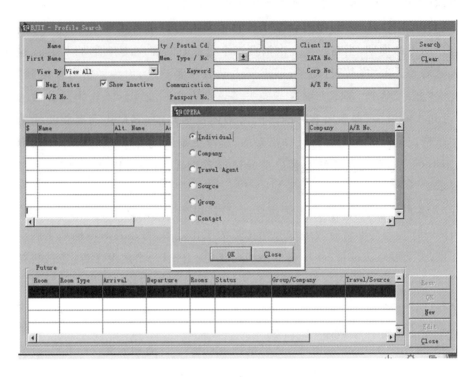

图 2-1　在 Reservation 中建立 Profile 界面

第二节　个人档案

一、档案查询（Profile Search）

客户档案的重要性在前文已经进行了阐述，那么客户档案的唯一性则是客户档案质量的最重要的保证。试想如果同一个客人在系统中存在多个档案，客人的预订记录、消费记录被分别存储在不同的档案中，甚至由于每个档案更新不一致导致客人的基本资料、喜好等都不同，这不但给客服工作带来了极大的麻烦，影响一线员工对客人的识别能力，而且对客户资料的分析产生负面影响。从信息管理的角度分析，重复档案同样是数据治理工作的重要考核指标。做数据整理工作经常会说到的一句话是"Rubbish In Rubbish Out"，你给系统输入什么数据，系统就会反馈给你什么结果。如果系统里存在着大量的重复档案，即使酒店拥有最好的 CRM 系统也无法得到正确的客户信息。

档案的查询与新建是保证客户档案唯一性的第一道屏障。虽然重复档案不可完全避免，而且可以通过后续整理和合并的工作进行弥补，但会增加酒店时间和人员成本的极大消耗和浪费。所以在最初建立档案时必须严格把关，尽量避免重复档案的产生。

目前无论是从工作流程还是系统流程的设计和实践上,酒店和系统供应商都投入了大量的精力和物力,希望能够从档案查询和建立这个节点上做好把控工作。为了保证客史档案的唯一性,即一个客户在 Opera 系统中仅有一个客史,酒店都会要求在新建客户档案之前要预先进行查询。只有当系统中查询不到该客人的客史时,才为该客户新建客户档案;如果查询到符合条件的结果则必须从系统中调用已存在的档案。

对于单体酒店,档案存储在本地,因此一般执行本地查询即可。但是对于集团酒店,有自己的 CRS/CRM 系统,①②则需要更多一层的查询要求。按存储位置,查询分为本地查询和中央档案查询,从查询动作来说查询分为手动查询和自动查询。

(一)手动查询(Manual Search)

从 Reservations 进入 Profile,出现 Profile Search 界面,输入查询条件后点击"Search"执行查询。

1.查询条件

在 Profile Search 界面上端的黄框内为查询条件,为避免全库查询带来的无谓的系统开销,系统要求查询条件不能为空。操作员可以输入一个(至少一个)或多个查询条件,查询条件越多,查询的效率越高,结果越精确;但在查询条件不准确的情况下,查询条件越多越容易发生找不到匹配结果的情况。系统同时支持输入通配符进行模糊查询。Opera 的查询通配符为"％",操作员可以直接输入"％"代表全匹配,或输入"％"加部分查询条件。

(1)View By:档案类型。建议这里不要使用通配符,正确的操作方式应该是先在这里选择档案类型,这样可以大大提升查询效率,降低系统开销。

(2)MEM.type / No.(Membership type/Number):会员类型/号码。输入会员号码进行查询可以达到最准确的匹配效果,但通常会员不会很准确地记住自己的会员号码,所以在手工查询的情况下这个条件很少用。但在自动查询的时候会员号码是一个使用率最高、最有效的匹配条件。

(3)Communication:联系方式。通常在这里输入手机号码或邮件地址进行查询,这个查询条件在手工查询时最快、最有效,所以实际工作中使用频率最高。

2.未来预订信息

"Future"窗口中会出现这个客人未来的预订信息,这为操作员了解客人的预订情况提供了很大的方便。鼠标选中相关预订记录双击或按"Edit"按钮即可直接打开预订界面(见图 2-2)。

---

① CRS(Central Reservation System):中央预订系统,是由酒店集团总部构建的,下端连接旅行社、协议公司、订房中心等各类渠道,上端连接旗下自有的、管理的、特许加盟的各成员酒店,使成员酒店能在全球范围实现即时预订,并且对各个渠道进行有效的管理。

② CRM(Customer Relationship Management):客户关系管理。CRM 的主要含义就是通过对客户详细资料的深入分析,来提高客户满意程度,从而提高企业的竞争力。

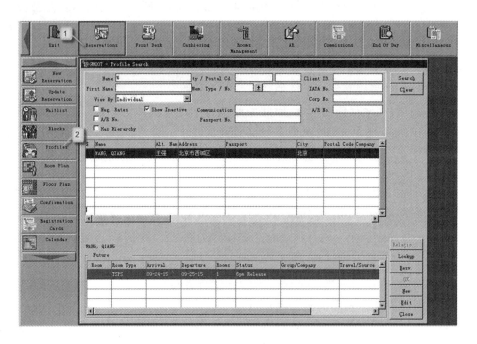

图 2-2 手动查询界面

(二)自动查询(System Auto Search)

档案的自动查询及匹配发生在订单从外部系统传入 PMS 的时候,这个过程由系统自动完成。在这里介绍自动查询的目的:一是可以了解到目前酒店在用哪些标签鉴别客人,二是了解到一些 PMS 与外部系统之间的关系。

外部系统是指如酒店官网、中央预订系统、携程、艺龙或旅行社等的订单系统,客人在这些外部系统上进行预订的时候,外部系统同样要求客人输入姓名、联系方式等基本信息,订单完成后通过接口下行到 PMS。如前文所述,Opera 在生成订单之前必须先建立客人档案,所以接口系统在生成订单之前先要用 PMS 查询是否已经有同样的客人档案存在。如果有则直接在已有的档案下生成订单,如果没有则新建档案,再生成订单。

订单的匹配规则是打分制,Opera 在"Profile Matching"功能中提供给酒店管理者自定义客户标签分数和权重的能力,通常规定 1000 分为满分,即档案匹配。用户根据自己的实际情况选择需要的客户标签并给它们定义不同的分值,系统根据客户标签逐项比较并把匹配上的标签的分数累加起来,最终看是否得到 1000 分。

图 2-3 所示的便是一个实际案例:满分 1000 分。

如果会员号码相同就是满分,直接调用现有档案不用新建。

如果会员号码不同,姓名、邮件地址、手机号码的组合能得满分,直接调用现有档案不用新建。

如果会员号码不同,姓名、邮件地址、手机号码的组合不能得满分,就需要新建档案。

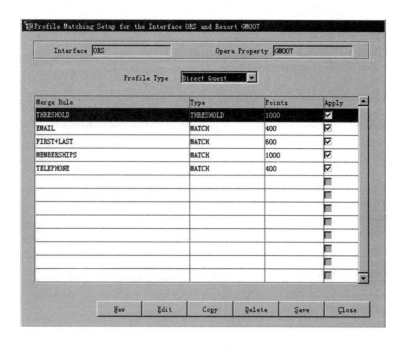

图 2-3　自动查询界面

（三）中央档案查询（Central Profile Lookup）

中央档案查询是指客户信息存放在中央数据库中，如 Opera 的 OCIS（Optics Classification and Indexing Scheme）或 Oracle 的 Siebel CRM 中。本地 PMS 也可能会已经存在一个副本，但无论 PMS 中是否有副本存在，都要求先查询中央数据库中是否已经存在客户档案，如果有则下载下来并覆盖更新 PMS 中的副本，如果没有则在 PMS 中新建，并将新建的档案上传至中央系统数据库。

目前具备中央客户系统的连锁酒店都采用这种查询方式，由于系统架构的不同，在表现形式上也有所区别，但达到的目的是相同的。比如有些连锁酒店使用的是云架构的 PMS，根本就没有本地 PMS。

利用中央客户系统进行客户信息的存储和分发有利于客户信息的共享和维护：第一，可以利用中央客户系统的能力进行客户资料的分析和挖掘，并配合营销系统开展营销活动；第二，PMS 中的客户信息很局限，当客户信息维护在中央层面的时候，可以借助更多的中央层面的信息来源丰富客户画像；第三，在中央层面会有专业的团队进行客户资料的整理和客户关系的维护工作；第四，客户信息的统一维护和分发可以提升客服质量和集团的品牌形象。

1.Opera 中的中央档案查询

在"Profile Search"界面，点击"Look up"按钮会进入中央档案查询界面，然后输入相应的查询条件（见图 2-4、图 2-5）。

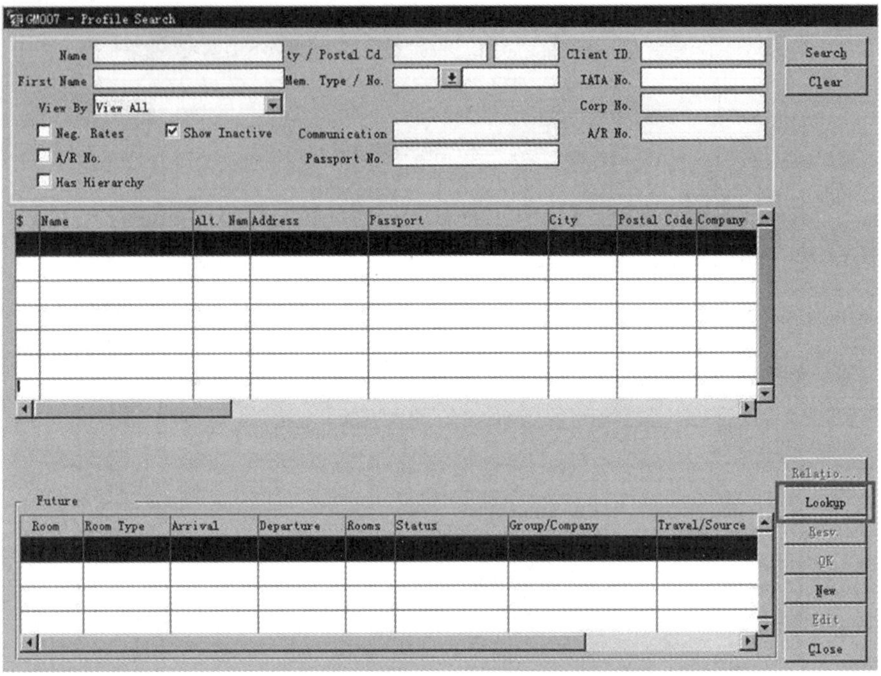

图 2-4 进入中央档案查询界面

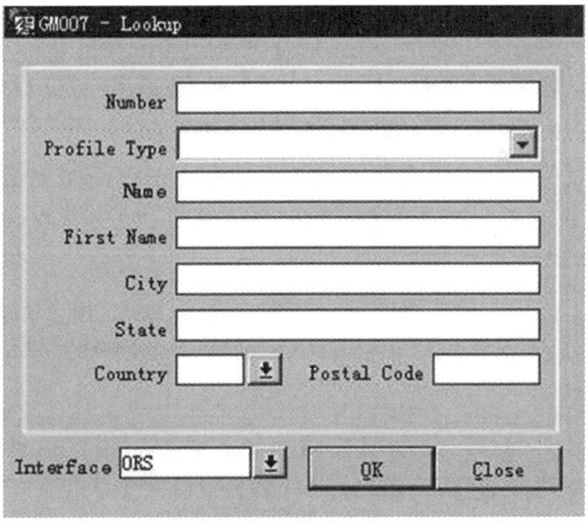

图 2-5 中央系统查询界面

2. 查询结果界面

点击"Download"按钮可以下载客户档案（见图 2-6）。

自动进行中央档案查询。Opera 不但具备了档案中央查询的能力，并且可以通过系统内置的参数控制本地数据库没有找到匹配的档案时，是否要自动进行中央档案查询。这给酒店管理者提供灵活的设计和调整管控流程的能力。是先查询本地再查询中央档案查询，还是强制只能向中央档案进行查询，取决于酒店自身的管理流程。

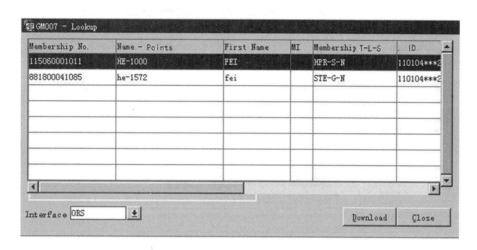

图 2-6　中央档案查询结果下载界面

(1)参数设置(见图 2-7)。

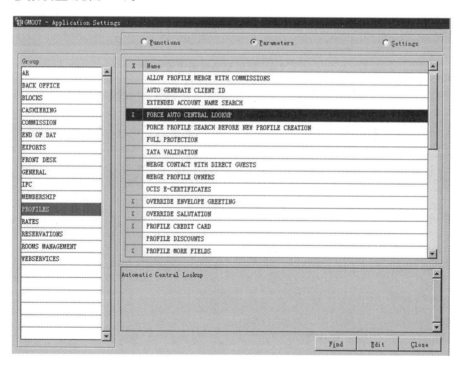

图 2-7　自动进行中央档案查询参数设置界面

(2)自动查询界面(见图 2-8)。

(3)客服/预订中心的档案查询。

随着酒店集团化、连锁化的发展,连锁酒店都建立了自己的客服/预订中心,单体酒店的散客预订业务也逐步向客服/预订中心迁移。客服/预订中心的客服和预订业务也同样肩负着客户档案查询和建立的工作。

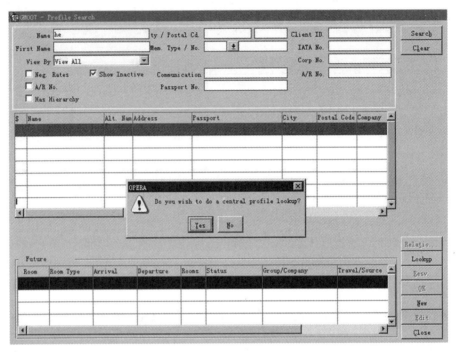

图2-8 自动查询界面设置

当客人通过电话或多媒体方式(如微信)接入客服系统的时候,系统会通过一些识别信息自动在中央客户系统中进行查询(用什么识别信息识别客人是由酒店根据自身的实际情况自定义的,通常用客人的电话号码或微信ID等),如果找到匹配记录,客人的信息就会自动弹屏显示在客服系统的屏幕上,帮助客服人员预先了解客人资料;如果没有找到匹配的记录,系统会自动调用档案建立流程,并将客人的电话号码或微信ID预先填写好。

(四)本地档案查询(Local Profile Search)

本地档案查询是在PMS自己的数据库中进行的查询。对于单体酒店或没有中央客户系统的连锁酒店来说,客户信息分散在单店的PMS中,这种操作是必然的,也是无奈的。但随着酒店连锁化进程的推进和连锁酒店对提升客户服务质量需求的增加,客户信息的集中管理将是必然趋势。

二、新建个人档案(New Search)

(一)操作步骤介绍

在哪些业务场景下会需要新建个人档案(Individual Profile)?

(1)仅仅为某个客人建立个人档案。如果仅想为客人建立一个个人档案,需要直接进入档案模块操作。

【操作步骤】Reservation →Profiles →New →Individual →OK。

在实际业务场景下这样的操作并不多,通常客人档案的建立是与预订操作相关联的。

仅建立个人档案的工作多发生在建立公司联系人档案(联系人档案属于个人档案的一种,个人档案不一定是联系人档案,但联系人档案首先必须是一个个人档案),或当酒店需要提前建立一些特殊的客人档案(如 VIP 客人)。

(2)在预订流程中建立个人档案。预订流程指个人预订和团队预订的流程。通常预订流程是根据酒店管理需求自定义的,比如,是直接进入预订界面再进行价格查询界面,还是先打开价格查询界面待与客人确定了入住日期和价格后再进入预订界面,是由酒店管理流程决定的。档案查询或者新建过程只是预订流程的其中一步,这一步出现在什么时候取决于酒店选用了什么样的预订流程,许多酒店管理集团为了保持客户数据的有效性,会要求在预订环节尽可能保持档案信息的唯一性和有效性。Opera 系统中,无论何种预订流程,在完成预订之前一定要先建立档案或者选择已有档案。

打开 Profile 查询界面,若要新建档案,点击"New"(见图 2-9)。

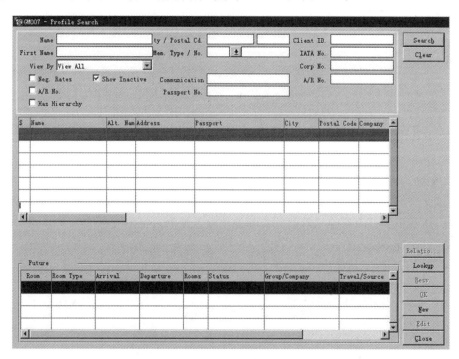

图 2-9　在预订流程中建立个人档案

在个人档案主界面,完成档案的建立。如果在预订过程中为客人新建档案,为了保证服务速度,只需要完成姓名、性别、称谓、语种和联系方式即可,其他信息,例如证件信息、信用卡信息、客人喜好等留在客人到店后再补录和逐步完善(见图 2-10)。

个人档案界面包括 Address Information、Internal Information、Communication、Attributes、History Information 5 个组成部分。界面中的布局和元素是支持用户自定义的,所以每家酒店都可以根据自身的需求进行定制。

当个人档案录入完成后,点击 Save 或者 OK 后,在档案页面左上方会出现几位编码(档案 ID),此编码为系统自动生成(唯一的),但不能作为查询条件。

下面对档案的每个部分进行详细介绍。

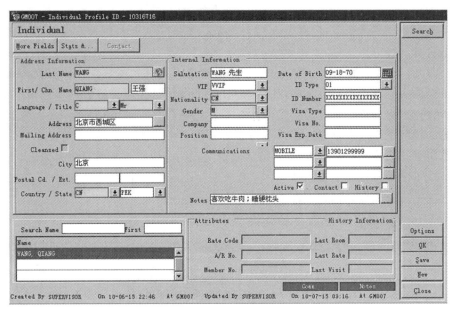

图 2-10 个人档案主界面

(二)客人地址信息(Address Information)

(1)Name:姓名。Last Name 姓,First Name 名。这两个部分不可为空,虽然此处可以输入中文字符,但在查询界面进行查询的时候,系统是不支持对这两个字段进行中文查询的,所以这两个字段必须输入英文字符。中文姓名需要在 Alternate Name 中输入。字符是否大小写,名字中间是否有空格等格式方面的要求根据酒店自定义标准输入(见图 2-11)。

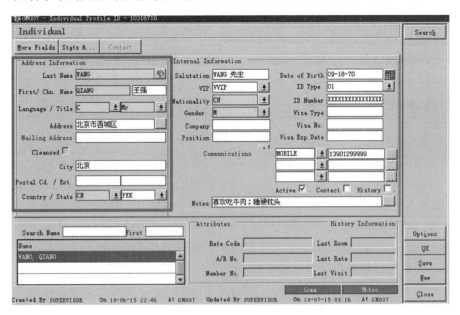

图 2-11 个人档案地址信息界面

例：王小明。

Last Name：Wang。

First Name：Xiao Ming。

如果要用其他语言记录客人的姓名，可通过"替代姓名"功能来实现。点击"Last Name"字段后的"地球"图标，弹出"Alternate Name"（替代姓名）对话框。

Alt.Name：Alternate Name 中文或其他语言客人的姓。如果记录客人的姓名，则姓氏和名字都可以写在这里。如 Alt.Name：王小明。

Alt.First：Alternate First，其他语言客人的名字。

Alt.Language：Alternate Language，客人所使用的语言。该选项决定了客人入住账单、客房内语音提示的语言类型。

Alt.Title：Alternate Title，如何使用中文或其他语言称呼客人。

Alt.Salutation：Alternate Salutation 如何使用中文或其他语言称呼客人（见图 2-12）。

图 2-12 个人档案地址信息编辑界面

无论从公安部门的要求还是客服的要求考虑，准确记录客人的姓名都是非常重要的，比如客人登记单、账单以及 IPTV 欢迎界面或欢迎短信等都会用到客人姓名。另外，随着技术的发展，客人在中央 CRM 系统中的注册来源越来越多元化，客人姓名的质量也难以保证，比如客人在网上注册时就很可能不留真实姓名而用网络昵称替代，这样给客服工作带来很大不便。PMS 中档案的维护是修正这类问题的一个重要渠道。

（2）Language/Title。

Title：对客人的一种称谓。此处一定注意体现性别，对难以确定是否已婚的女士，可选择 Ms.。Title 的正确选择，直接关系到在为 VIP 客人发送欢迎信时称谓的正确性。

Language：语言。根据住店客人国籍选择相应的语种，语种选择的正确与否直接关系酒店会为客人提供哪种语言的服务，如语音留言、联系邮件、促销短信、账单或推送哪种语言的 App 下载地址等。

Date of Birth：生日。可直接输入客人的生日，或者点击后面的"日历"，选择客人生日。如客人是 1965 年 3 月 10 日出生，则其生日表示为"100365"。

（3）Country/State。表示客人的来源。Country，通信地址所在国家代码或地区代码。State，通信地所在的省或地区代码（这一栏的正确录入直接关系到数据统计分析工作中客源统计的正确性）。

(4)Address:地址。在 Address 中,点击 ,从中可选择地址类型。Opera 中的地址类型可以根据酒店业务的需求自定义。如:Home Address(家庭地址)、Business Address(公司地址)、Billing Address(账单邮寄地址)、Shipping Address(航空地址)。

地址详情界面中,

New:录入客户的一个或多个地址。

Edit:选中客户的某个地址,可进行编辑修改。

Delete:选中客户的某个地址,可进行删除。

Close:关闭对话框,回到新建客史档案界面。

Primary:表示该地址是客人的主要通信地址,将显示在客史档案的主界面上。否则,该地址仅在 Address 中显示。一般情况下,会将客人的主要联系地址优先。要将地址显示在客史档案界面,操作步骤为点击 Address 后的小图标→选择要显示的地址→点击 Primary→Close。

例如:客人工作单位地址是"北京市海淀区西三环北路 105 号",邮编"100037",则 Address Type 为"Business Address";Address 为"北京市西三环北路";City 为"Beijing";Postal Code 为"100048";Country 为"CN";如该地址是客人的主地址,则将"Primary"后面的复选框□(打√)。

(三)酒店内部信息(Internal Information)

Salutation:客人敬语,根据客人姓名、语种、称谓自动生成,也可进行手工调整。

VIP(Very Important Person):贵宾等级代码。贵宾等级是酒店根据实际业务需求自定义的。酒店可以根据 VIP 标识识别客人身份,并提供相应的服务。在酒店日常工作中每天都会有专人打印 VIP 报表,了解 VIP 客人的情况并监督和落实相关服务。

Nationality:国籍。

Ref.Curr.:Reference Currency,客人希望账单或收据上使用什么币种。默认为人民币。

Date Of Birth:客人生日。

ID Type and ID Number:证件类型以及证件号码。证件号码在 Opera 中是被加密的,只有有权限的人才可以看到全部证件号码,无权限的人只能看到后 4 位。

Visa Type、Visa Number、Expr Date:客人 Visa 信用卡类型、号码、有效期,这部分信息也是会被加密显示的。只有有权限的人才可以看到全部信用卡号码,无权限的人只能看到后 4 位,有效期也无法查看。

档案还有其他内容,可以根据酒店要求显示在档案界面上,如:

Mail Action,发送什么样的邮件或信息给客人,这是一个酒店自定义的多选项列表。比如新年贺卡、圣诞节促销信息等。

Mailing List,这是一个复选项。如果在这里打钩,系统会根据 Mail Action 中的选择给客人发送邮件或信息。如果这里没有勾选,Mail Action 中的动作不会被执行。Mail Action 和 Mailing List 是 PMS 中提供的一个标识性的字段,它们的功能是配合并指引邮件系统去工作,而邮件系统则多数是利用第三方的系统,如 EDM 等。

Keyword,系统提供的一个附加的自定义用户标签,用户可以建立多个 Keyword 值并利用下拉框进行选择。酒店在运营环境中经常会需要添加一些系统没有的自定义字段(或称作标签),比如 QQ 号码、社会保险号等,Keyword 提供了这个能力。与系统可以添加的 UDF(用户自定义)字段比较,Keyword 的优势是可以在档案查询条件里使用 Keyword 值进行查询,并且很多系统报表都支持用 Keyword 作为过滤条件(见图 2-13)。

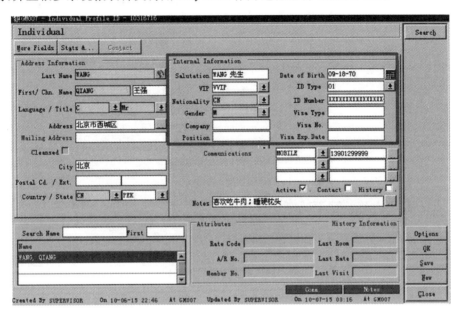

图 2-13 酒店内部信息界面

(四)客人联系方式(Communication)

Communication:客人的联系方式。由于屏幕大小的局限性,主界面一般只显示主要的联系方式。当联系方式比较多的时候点击后面的小图标,在弹出的"Communication Information"(客人联系方式)界面中可以输入更多的联系方式。

Active:有效、激活。复选框□打√,表示该档案有效;否则为无效,档案状态变为 Inactive。某些客户可能以后将不再在酒店预订客房,因此,为提高系统的查询效率,这些客户的状态被设置为 Inactive。

Contact:是否将该客人作为某公司的联系人,即是否将该客人的 Individual 类型的客史另存为 Contact 类 4。

History:是否保留该客人的客史档案。如果复选框□选中(打√),该客人的客史档案将被永久保留在系统中;如果该复选框□不选(不打√),客人的客史档案则在一定时间后(如 365 天)在系统自动删除。客史档案在系统中的保留期限,设置步骤是 Miscellaneous→Setting→Application→Purge days 中,在 Purge days 中赋值 365,表示客史档案一年后删除。各酒店的特殊情况给出。

Notes:Notes 是非常重要的信息传递手段,一般是客人客史界面中无法输入的信息,如客人的特殊喜好以及酒店对客人需要特别关注或对待的一些指令等。在实际业务环境中被广泛使用,并加以严格的管控。

大多数酒店或集团都制定了 Notes 的输入格式标准和 Notes 流转的流程（如谁可以建立什么类型的 Notes，谁负责每日检查 Notes，谁负责跟进 Notes 中的事项）（见图 2-14）。

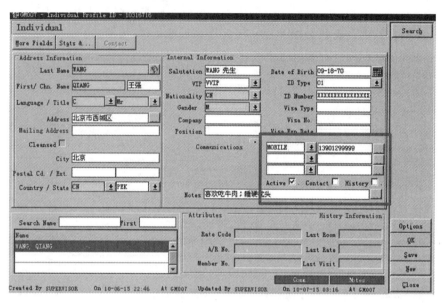

图 2-14　客人联系方式界面

在连锁酒店的运营环境中，Notes 更是各酒店之间传递客人信息的有效工具。如客人在 A 酒店入住过，A 酒店把客人的特殊喜好记录在 Notes 中，Notes 随档案上行存储在中央系统中，当客人预订了 B 酒店的房间时，B 酒店从中央系统中把客人档案下载下来，此时 B 酒店就会预先知道客人的喜好并提前准备，旨在提升客人的入住体验。

新建备注 Notes，点击 Note Type 下拉箭头时，出现 4 种系统默认类型：① General Notes，通用备注，Opera 及周边系统如 S&C 可以看到；② Property Notes，如果启用了 Opera 的多酒店模式，在这里可以选择希望把这条 Notes 发给哪个酒店；③ Reservation Notes，预订备注，只有 Reservation Notes 可以复制到预订主界面上的备注中，这个类型的 Notes 使用很频繁，用于将档案信息中需要特别关注的事项传递给一线员工；④ Web Notes，酒店可以根据需要自行增加类型。

图 2-15 所示为 Notes 界面，在图 2-15 中：

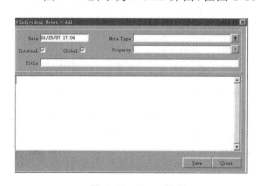

图 2-15　Notes 界面

（1）Internal 打√，表示只想内部的人知道，可控制是否在对客的信息中体现出来。如是否在登记卡或账单上打印或是否可以在报表中打印出来。

（2）Global 打√，表示可以复制到其他系统中，如中央预订系统或 CRS 系统。

（3）Property 打√，表示可以用于 Opera 的多酒店模式中。如果启用了 Opera 的多酒店模式，在这里可以选择希望把这条 Notes 发送给哪个酒店。

(4)Title,输入酒店名称。

(五)附加信息(More Fields)

客史档案的附加信息。由于页面大小的局限,还有很多有价值的客人信息无法在主界面中存放,酒店可以在附件信息界面自定义放置任意想存储的信息。例如,Passport No.:如果客人登记时使用的是护照,应按护照号记录在此。Visa Type:客人所持的签证类型(旅游签证、访问签证、学习签证)。Visa No.:签证号码。Expire Date:签证有效期。

(六)统计信息(Stats Info)

有关该客人当年及上一年入住历史的统计信息,对于分析客人的诚信度,以及他们对于酒店的价值大小和效益贡献,都具有重要作用。市场营销的目的是通过市场细分,确定自己营销的目标群体。客户统计信息无疑为确定酒店优质客户目标群体奠定了分析的基础(见图2-16)。

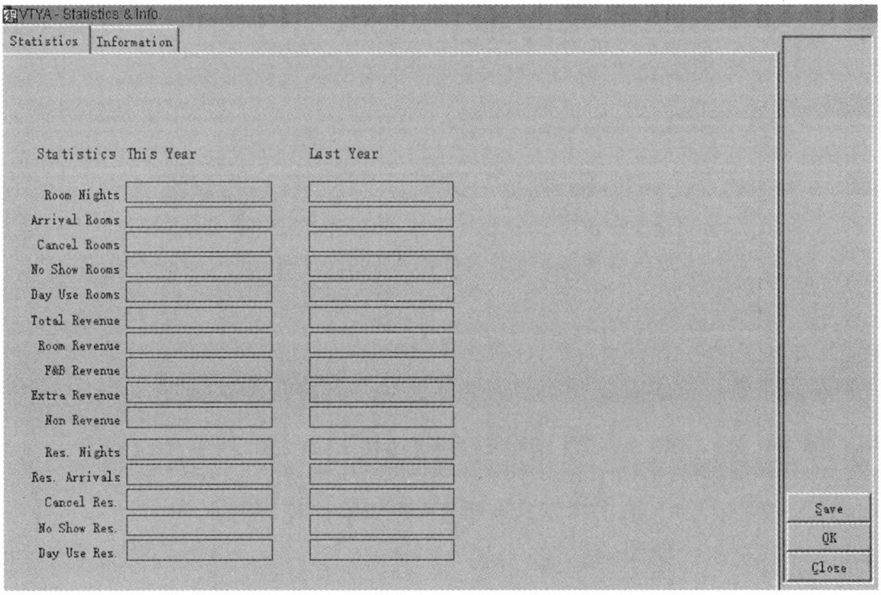

图 2-16　个人档案统计信息界面

Room Nights:客人实际入住几个间夜。
Arrival Rooms:预抵客人所需客房数。
Cancel Rooms:取消预订客房数。
No Show Rooms:失约客房数。No Show 指客人既没来,也没取消预订。
Day Use Rooms:日用房入住的次数,即客人在同一天入住并结账离开的次数。
Total Revenue:消费总和。
Room Revenue:房费消费金额。
F&B Revenue:Food and Beverage Revenue,餐饮消费金额。
Extra Revenue:其他费用消费金额(如洗衣、Mini Bar 消费)。

Non Revenue：代收代缴的费用消费金额(非酒店收入)(如代客人预订飞机票的收入)。
Res.Nights：Reservation Nights，预订住宿总天数。
Res.Arrivals：Reservation Arrivals，客人预订入住的次数。
Cancel Res.：Cancel Reservation，取消预订的次数(包括客人与他人合住的预订)。
No Show Res.：No Show Reservation，没来但也没取消预订的次数(包括客人与他人合住的预订)。
Day Use Res.：Day Use Reservation，日用房预订的次数(包括客人与他人合住的预订)。[1]

三、个人档案其他功能(Profile Options)

Profile 更多的功能以及内容，通过 Profile Options 来操作(见图2-17)。
【操作步骤】Reservation→Individual Profiles→Options

图2-17　个人档案更多功能界面

(一)档案附件管理(Attachment)

附件管理用于管理散客或公司客户有关的文档，如合同、确认信等。单击"New"按钮弹出"File Upload"对话框，在此界面添加附件。

File Description：附件名称。
Select File：选择附件。单击向下箭头图标，选择附件存放的路径。

(二)档案操作日志(Changes)

Opera 系统会记录用户对客史档案的每一次修改，所有更改内容及更改时间都可以点此键查看(见图2-18)。

User：修改客史档案的用户登录 Opera 系统的用户名。
Time：修改时间。
Date：修改日期。
Station ID：执行修改操作的机器名。
Action Type：所作修改的类型。
Description：修改内容的详细描述。

---

[1]　刘文力，苏宁：《酒店管理信息系统》，机械工业出版社，2012年版。

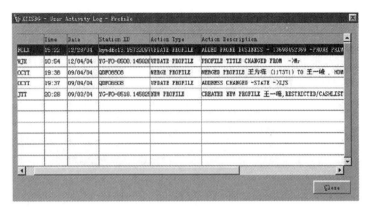

图 2-18　个人档案操作日志界面

（三）信用卡（Credit Cards）

将客人常用的信用卡种类、卡号及有效期资料保留在档案中。信用卡是高级保密信息，Opera 系统对信用卡有严格权限控制。有权限的人员可以看到全部信用卡信息，没有权限的人员只能看到信用卡后 4 位。

Card Type：客人所用信用卡类型。

Credit Card Number：客人所用信用卡号码。

Expiration Date：信用卡有效期。

Name on Card：持卡人姓名。

Sequence：序号。当该客人有多张信用卡时，此序号决定该张信用卡在信用卡记录界面中的排序（见图 2-19）。

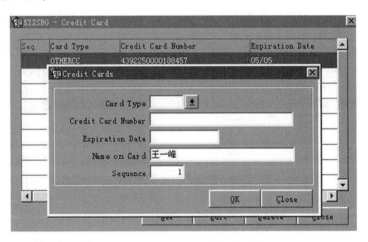

图 2-19　Credit Card（信用卡）界面

（四）删除客人档案（Delete）

如果系统中并未有该客户的预订信息，则可以删除。只需通过 Profile Search 功能找到需要删除的客户客史档案，然后点击该按钮即可删除。该权限通常不对普通员工开放。

(五)未来预订(Future)

查看该 Profile 未来一段时间内在酒店的订房情况,也可在这个界面直接点击"New",为客人新建一个预订信息(见图 2-20)。

图 2-20 未来预订界面

(六)档案历史(History)

查看客人过去在酒店的入住情况及其消费明细账单。

点击"View Folio",即可查看客人迄今为止近 3 年在酒店的消费情况(见图 2-21)。

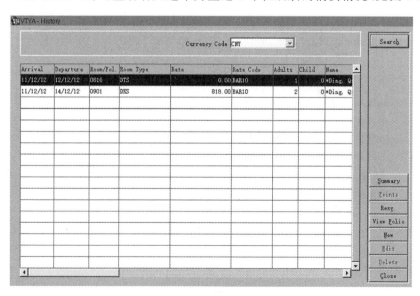

图 2-21 档案历史界面

点击"Summery"查看客人历史消费统计,包括入住间夜、入住次数、取消次数、平均房价等(见图2-22)。

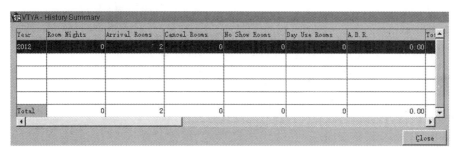

图 2-22　客人历史消费统计界面

(七)会员(Memberships)

酒店行业竞争越来越激烈,包括酒店集团与酒店集团的竞争、单体酒店之间的竞争、酒店集团与单体酒店的竞争,归根到底也就是对客户的竞争,特别是酒店会员竞争更为重要。

"我们的会员享受权益,不是为了会员而成为会员。"客户关系管理(CRM)是酒店管理的核心。所有的营销和服务都是围绕会员,提升会员体验,增强会员黏性,提高会员数量和消费频次。

此功能可为在酒店新加入的会员录入他们的会员信息。如果客人已经是会员则需要通过档案查询和下载功能将会员的档案(含会员信息)下载到本地 PMS(见图 2-23)。

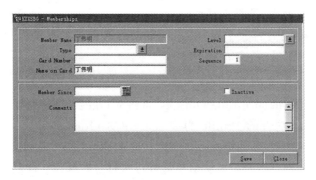

图 2-23　会员信息界面

Type:会员卡类型。在 Opera 中,会员类型分为 Member Class 和 Member Type 两个层级,先按 Member Class 进行划分,如 Loyalty(酒店忠诚度计划)和 FFP(航空公司常旅客计划)。在 Member Class 下再划分不同的 Member Type,如 Loyalty 下可以划分为客人会员和员工会员,FFP 下可以根据不同航空公司划分为国航、南航等。[①] Member Class 和

---

① FFP 是一个对航空公司和旅客都有利的计划:一方面,旅客可以通过 FFP 在乘坐航空公司航班的时候获得里程奖励,以此来换取免费机票、升舱、成为更高级会员以享受更多优惠。另一方面,航空公司也可以此锁定更多的忠实旅客,以获得更多的利润。不同公司有着不同的 FFP,从名字到内容,再到细则也不尽相同。例如,中国国际航空的叫"国航知音卡",南航的叫"明珠俱乐部",东航的叫"东方万里行",海航的叫"金鹏俱乐部",再如外国航空公司的 UNITED 叫"Mileage Plus",Continental 的是"ONEPASS",Delta 的叫"Skymiles",AA 的叫"AAdentage",US AIRWAYS 的叫"Dividend"。

Member Type 用什么代码标识,划分成多少个没有硬性规定,酒店可以根据自己的实际情况定制。

　　Card Number:会员卡卡号。

　　Name on Card:持卡人姓名。

　　Level:会员级别。会员级别也是酒店自定义的,通常为 Base,普通会员;Gold,金卡会员;Platinum,白金卡会员等。

　　Expiration:有效期。

　　Sequence:序号。

　　Member Since:开始日期。

　　Inactive:会员卡是否有效,复选框□内打√,表示该会员卡已经失效。

　　Comments:补充信息。

（八）档案合并(Merge)

　　前文讲述了客人档案唯一性的重要性,但在实际工作中难以保证避免重复档案,如果出现重复档案时,简单的删除档案是错误的做法,需要通过合并档案功能将档案合并。

　　档案合并是每家酒店周期性的例行工作。由于此项工作的重要性强、复杂程度高,所以都是由有经验的专职人员进行操作。档案合并可以通过批量自动合并和逐一手工合并实现。

　　1.批量自动合并

　　(1)定义自动合并规则(见图 2-24)。

　　(2)合并操作。通过后台一个管理工具,根据前面提到的规则,可以实现档案的自动合并。

　　2.逐一手工合并

　　进入客人档案 Individual Profile Options,点击 Merge(合并)功能,点 Search,查找要合并的 Name;再次确认左边的 Profile 为要被合并的 Original Profile,右边为要保留的 Profile,点击 Merge,系统会自动将不同日期建立的 Profile 合并到一起(见图 2-25)。

　　注意:一般需要核对客人身份关键信息后方可执行合并操作。此过程是不可逆的,所以操作要求很严谨。选择 2 个档案后,合并界面。

（九）协议价(Neg.Rates)

　　Neg.Rates(Negotiate Rates),连接协议价代码。点击 Neg.Rates,出现的页面中内容包括 Rate Code(价格代码)、Start Sell Date(开始日期)、End Sell Date(终止日期)、Sequence(序号)(见图 2-26)。

　　如果有协议价的公司或者旅行社客人入住,在订单上关联公司或者旅行社后,会自动关联其档案中定义的协议价。

　　注意:如果要结束给予协议公司的协议价格则必须在 End Sell Date 中输入相应的结束时间。

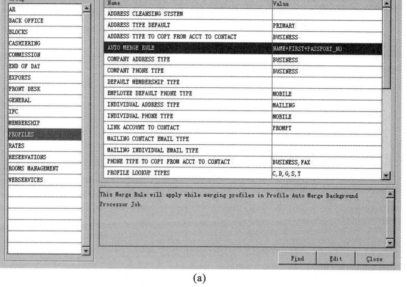

图 2-24 个人档案自动合并规则界面

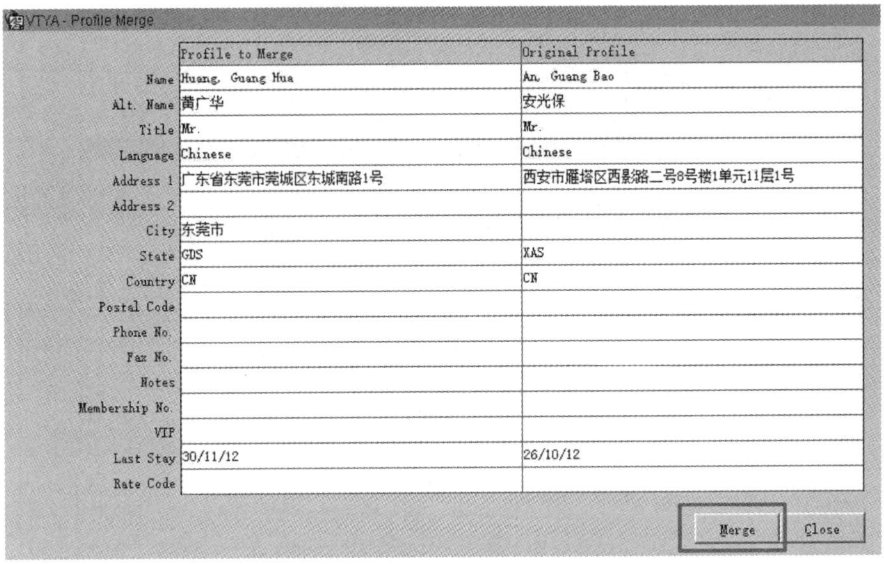

图 2-25 个人档案手工合并界面

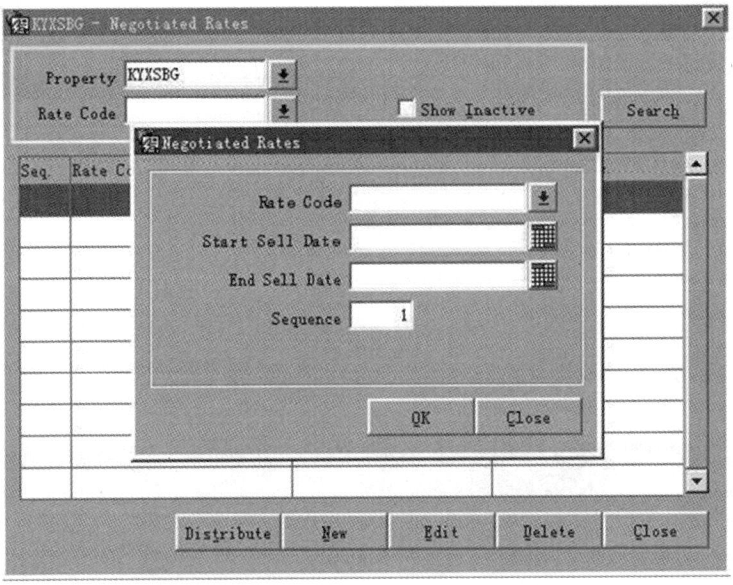

图 2-26 个人档案协议价界面

(十)客人喜好(Preferences)

录入客人对客房的喜好,如对 Floor(楼层)、房间特点(Feature)、抽烟/无烟房(Smoking or Non-smoking)或者其他特殊要求等,以便下次客人入住时,提前为其准备好房间。

与 Notes 一样,Preferences 也是提升对客服务质量的重要抓手,在酒店实际生产环境中被广泛使用,其录入和修改被严格管控。在连锁酒店环境中 Preferences 也同样会通过中央系统分发或下载到各个单店的 PMS 中。

客人喜好在系统中也被分类存储,其中 Room Features(房间特征)、Floor(楼层)、Smoking or Non-smoking(抽烟/无烟)房会直接影响客人选房,即约束前台自动匹配客人这三个方面的需求来筛选房间(见图 2-27)。

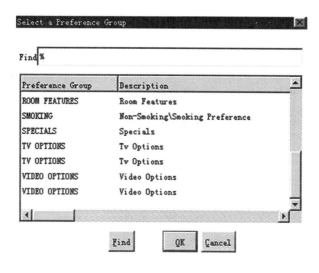

图 2-27 个人喜好界面

(十一)档案之间的关系(Relationship)

在 Opera 中各种类型的档案都可以做 Relationship,用来定义这个档案与其他档案之间的关系。比如张先生是 IBM 公司的雇员,而王小姐是张先生的女朋友,或某个公司是某个集团下属的子公司。通过这个功能可以帮助酒店提升服务质量。另外,通过定义关系也可以设置关系双方是否可以共享或者继承协议价格(见图 2-28)。

此功能在介绍其他类型档案时不再赘述。

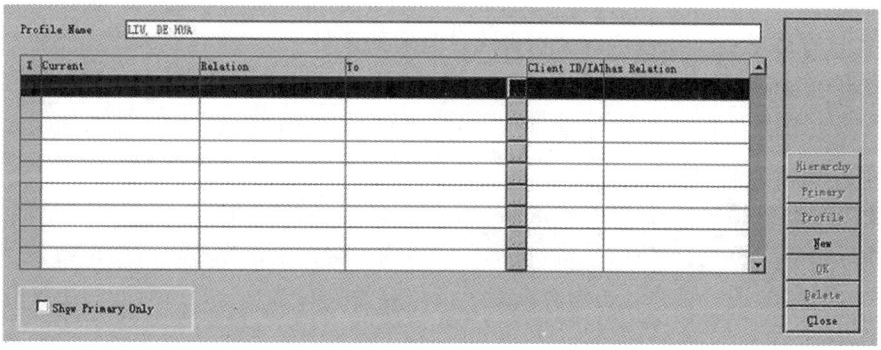

图 2-28 个人档案之间关系的界面

四、个人档案的修改及编辑

（一）完善个人档案

如前文所述，当在预订流程中新建客人档案时，很难得到客人的证件信息、信用卡信息、客人喜好等，这些信息需要在客人到店后进行完善。通常在客人到达酒店前台时，前台员工会通过档案查询功能找到客人的档案，并对其进行完善。

PMS 中新建会员档案的工作也是在客人到店后由前台员工完成的。

（二）会员档案修改

在有 CRM 系统的环境下，PMS 中的会员档案生成后，会上传至 CRM 系统。一般情况下，酒店要求：一旦 CRM 系统接收并建立了会员档案，PMS 本地对会员档案的修改将不会再被 CRM 系统接收，此时对会员档案的任何修改都需要在 CRM 系统中进行，并经过严格的审核。而 PMS 只能通过 Profile Lookup/Download 功能下载会员档案，所下载的档案信息会覆盖本地 PMS 中的信息。

当然也有部分酒店甚至集团，会允许单体酒店更改会员资料。一般不建议这么处理，因为这可能造成会员信息的不准确和失去控制。

第三节　团 队 档 案

一、公司档案（Company Profile）

公司类型的档案主要用于酒店的协议公司，协议公司客人是多数商务型酒店的主要客源，每年酒店都会与一些大型的公司签署采购协议，在酒店术语中称为 RFP（Request For Proposal）。为协议公司建立公司档案主要的用途如下。

统计公司产量：在为协议公司的客人做预订时会在预订主界面的"公司"栏链接这个公司的档案，这样系统就可以按协议公司来统计公司的产量。

为公司建立应收账户：通常协议公司的预订是由公司担保并定期统一结账的，所以当协议公司的客人离店后他的消费（通常是房费）会由前台转入应收账（即挂账），由后台应收部门向公司收款。

链接协议价格：酒店会根据实际情况与不同的公司签署不同的协议价格，当协议公司客人做预订时，为方便查找对应的价格，在建立公司档案时都会做好协议价格的链接。这样在查找价格时只要知道是哪个公司的客人就可以很容易找到这个公司所对应的协议价。

（一）新建档案（New Company Profile）

公司档案（Company Profile）中包括 Address Information、Internal Information、

Communication 三个组成部分。界面中的部分布局和部分元素是支持用户自定义的,所以每家酒店都可以根据自身的需求进行定制化(见图 2-29)。

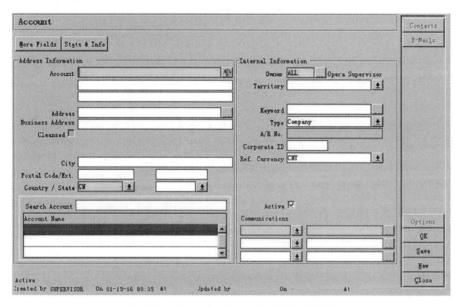

图 2-29　Company Profile(公司档案)界面

1. 地址信息(Address Information)

(1)Account:公司名称。与个人档案一样,在主界面上输入的是英文名称。中文名称需要点击英文名称后面的 按钮,在 Alternate Name 中输入。

(2)Address:地址。地址类型是用户在系统配置中根据需要自定义的。为公司类型的档案定义的地址类型通常有"商务地址""账单发送地址""应收账对账地址"等(见图 2-30)。

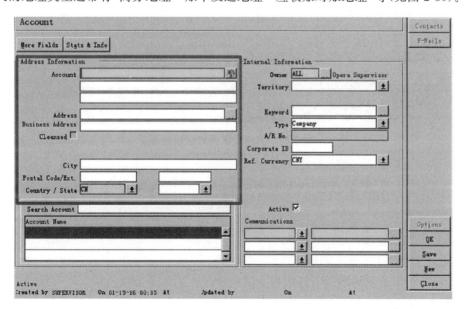

图 2-30　公司档案地址信息界面

2. 内部信息(Internal Information)

(1)Owner:酒店销售经理。通过 Owner,可以统计汇总酒店的销售业绩。

(2)Territory:属于哪个区域,用于划分销售区域、行业。

(3)Type:显示档案类型,也可进行选择。建立公司档案时,选"Company"。

(4)A/R No.:应收账户,协议挂账用。这里的应收账户,是在 A/R 模块中利用公司档案建立应收账户后系统自动链接上来的,在档案编辑界面仅供参考,是不可编辑和修改的。

(5)Corporate ID:公司协议号。酒店会为每个协议公司分配不同的公司协议号,然后将这个号码告知协议公司。协议公司客人可以通过这个号码登录酒店官网获取协议价格进行预订。另外公司协议号也可以在 PMS 中作为公司档案查询的搜索条件。

(6)Ref.Currency:货币,默认为人民币(CNY)。

(7)Active:有效、激活。复选框□内选√,表示该档案状态有效;不选为无效,档案状态变为 Inactive。当要删除公司档案时,不能直接用 Delete 删除,只要将其状态改为 Inactive 即可(见图 2-31)。

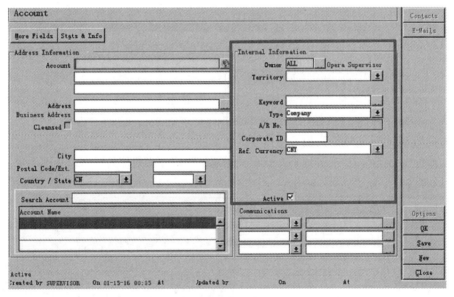

图 2-31 公司档案内部信息界面

3. 更多信息(More Fields)

当主界面空间不够时可以在这里放置一些用户自定义的项目(见图 2-32)。

4. 统计信息(Stats.Info)

公司档案的产量统计在这个界面上可以清晰看到一些产量指标。具体细项与个人档案一致,在此不再阐述(见图 2-33)。

Restricted:当这个选项被勾选时表示这个公司档案属于受限档案。当有预订链接这个公司档案时,系统会自动跳出提示框,显示 Rule 中的文字。统计信息界面见图 2-34。

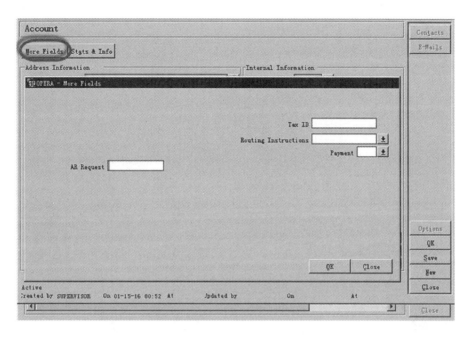

图 2-32　公司档案更多信息界面

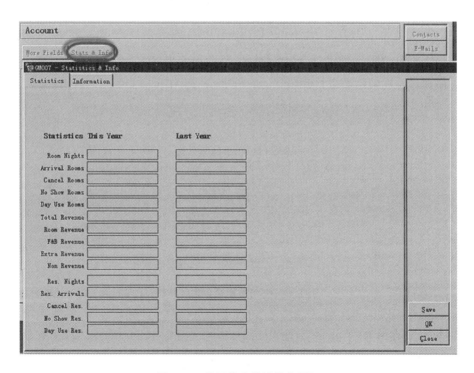

图 2-33　公司档案统计信息界面

Potential Rm.Ngts.:预计的间夜数。
Potential Revenue:预计的收入。

图 2-34　公司档案统计信息设置界面

(二)公司档案更多功能(Company Profile Options)

公司档案更多功能(见图 2-35)中的部分功能与散客档案是类似的,操作一样,不再过多赘述。下面针对特殊的功能进行介绍。

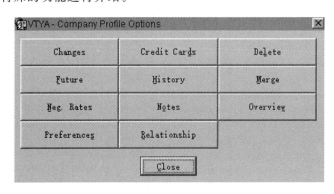

图 2-35　公司档案更多功能界面

(1)Notes:在这里可以输入这个公司的备注信息。如果在公司档案中建立的是 Reservation Notes,当预订链接这个公司档案后,Reservation Notes 会自动复制到订单上。

(2)Overview:汇总信息。显示该档案下团队与散客分别的产量统计信息(见图 2-36)。

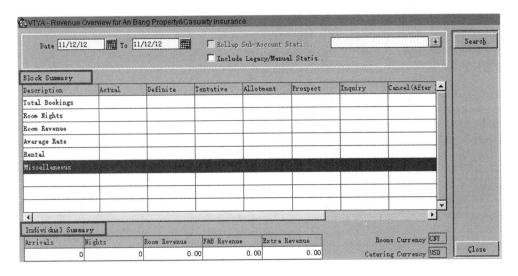

图 2-36 公司档案汇总信息界面

二、旅行社档案(Travel Agent Profile)

旅行社类型的档案主要用于在线旅行社(Online Travel Agent,OTA)、传统旅行社(Travel Agency,TA)、全球分销系统(GDS)等。[①] 建立旅行社类型档案的用途也主要是为了统计产量、建立应收账户和链接价格。从系统功能的角度上分析,旅行社类型的档案与公司类型的档案最大的不同是旅行社类型的档案可以在系统的佣金功能模块中计算佣金(见图 2-37)。

(1)Type:档案类型,显示为 Travel Agent。

(2)IATA(International Air Transport Association):国际航空运输协会,可用作旅行社编号。

Bank Account:用于付款操作时,使用这个账号进行归类和排序。

Commission Code:酒店可以根据不同的佣金计算规则命名多个佣金代码以便在这里直接引用。

Opera 有单独计算佣金的模块,所有与酒店有佣金协议的旅行社及其产生的订单和返佣信息都进入佣金模块进行管理,包括审核旅行社订单、查看订单消费和返佣明细等(见图 2-38)。

特别提示

Commission Code 是通过佣金模块后台建立的。

---

① GDS(Global Distribution System)即"全球分销系统",是应用于民用航空运输及整个旅游业的大型计算机信息服务系统。通过 GDS,遍及全球的旅游销售机构可以及时地从航空公司、旅馆、租车公司、旅游公司获取大量的与旅游相关的信息,从而为顾客提供快捷、便利、可靠的服务。GDS 是由于旅游业的迅猛发展而从航空公司订座系统中分流出来的面向旅游服务的系统。如今,GDS 已经发展成为服务于整个旅游业的一个产业。

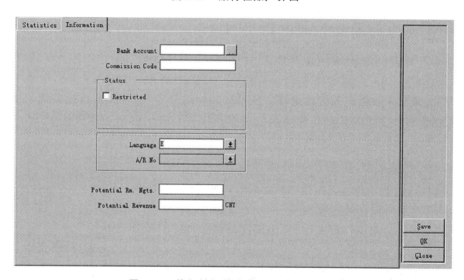

图 2-37 旅行社账户界面

图 2-38 旅行社订单消费和返佣信息界面

第四节 关于档案的思考

一、公司与旅行社类型档案的比较

旅行社类型的档案与公司类型的档案从系统界面上看区别不大,从系统功能上看也只是旅行社类型的档案可以在系统的佣金功能模块中计算佣金,而公司类型的档案则不能,但在业务运作层面它们的区别是非常大的。

(一)定价模式

1.公司

每年酒店都会与协议公司签署采购协议,约定协议价格,即协议价格就是客人在预订时看到的房价。

2.旅行社类型

(1)TA(旅行社):如港中旅、国旅等,旅行社的价格基本是底价。

底价:是指酒店提供给旅行社一个较低的成本价格,旅行社在这个价格基础上加价售卖,客人在预订时看到的是旅行社加价后的价格。

(2)Wholesaler(批发商):如深捷旅、大都会等,与旅行社相同,批发商的价格基本是底价。批发商的业务主要是把从酒店采购的产品加价批发给下级渠道,同时也会自己加价销售。目前由于市场的激烈竞争,旅行社与OTA在各自的细分市场也会做批发业务。

(3)OTA(在线旅行社):如携程、艺龙、飞猪等,OTA的定价模式有卖价和底价。

卖价:卖价是指酒店给OTA的价格,就是客人在预订时看到的价格,这种情况下酒店会与OTA约定佣金比例,酒店通常会按月把佣金返还给OTA。

底价:与旅行社的定价模式相同,酒店提供给OTA一个较低的成本价格,OTA在这个价格基础上加价售卖,客人在预订时看到的是OTA加价后的价格。

(二)预订渠道

1.公司类型

(1)酒店官网、预订中心或前台:在酒店与公司签署提案企划书(Request For Proposal,RFP)之后,酒店会分配给公司一个协议公司代码,公司的客人在酒店官网进行预订时可以通过在协议公司预订界面输入协议公司代码获取协议房价;在酒店的预订中心或前台还可以通过公司名称获得协议房价。这依赖于之前介绍过的在协议公司档案中连接协议价格的功能。

(2)公司自己的订房系统:如果公司有自己的订房系统并且已经与酒店的预订系统对接,那么公司的订房人员就可以从自己的系统中直接向酒店下订单。

(3)TMC(Travel Management Company):通常大型的公司会将自己的差旅管理工作委托给TMC处理,如美国运通(American Express)、卡尔森、BCD等都是著名的全球化的差旅管理公司。TMC有自己独立的系统,通过直连或全球分销系统(Global Distribution System,GDS)等与全球的订房系统链接。

2.旅行社类型

(1)旅行社:目前国内多数传统旅行社的系统还是比较落后,无法与酒店的订房系统对接。客人在旅行社的门店定制好行程后,旅行社多是以邮件或传真的形式向酒店下订单。目前为方便旅行社订房,也有酒店方面会提供给旅行社一些自己开发的订房工具。

(2)OTA:OTA的系统是很先进的,目前所有OTA都具备了与酒店订房系统对接的能力。客人可以在OTA的网站搜索房源并下订单,订单会直接进入酒店的订房系统。

(三)结算模式

1. 公司类型

公司的订单在退房时采取的结算模式是现付或挂账。

现付:是指客人在前台直接付款给酒店,索取发票回公司报销。

挂账:是指客人不会在前台付款,酒店会把房费转入公司的应收账户,然后由财务应收部门向公司收款。

注:无论是现付还是挂账,公司客人都可以看到房价并需要客人签字确认房费。

2. 旅行社类型

(1)旅行社:旅行社多是预付模式。

预付:是指客人在预订时已经将房费预付给了旅行社,客人在退房时无需付房费,酒店会将房费转入旅行社应收账户,然后由财务应收部门向旅行社收款。这种情况多发生在酒店给旅行社的价格是底价,前台人员在结账时不能让客人看到酒店真实的房价。

(2)OTA:OTA的结算模式有现付和预付。

现付:是指客人在前台直接付款给酒店,酒店收款后在后台将佣金部分返还给OTA。这种情况多发生在酒店给OTA的价格是卖价,客人可以看到房价。

预付:与旅行社模式相同,是指客人在预订时已经将房费预付给了OTA,客人在退房时无需付房费,酒店会将房费转入OTA的应收账户,然后由财务应收部门向OTA收款。这种情况多发生在酒店给OTA的价格是底价(但不排除有卖价预付的情况),前台人员在结账时不能让客人看到酒店真实的房价。

注:定价模式和付款方式根据产品和所对应的市场不同可以有多样化的组合,以上的内容是基于通常的做法进行介绍的。

二、客史档案内容的真实性

客史档案中记录的客人喜好都是正确的吗?虽然信息化有助于酒店记录客人的各方面详细的信息,但这些资料未必100%是真实的,可能涉及隐私,也可能只是客人某一方面需求中极小的一点。客人来到酒店前台,报上名字后,工作人员通过客人的历史档案马上就知道该客人来过多少次,每次的消费金额。"欢迎回家",当客人第一次听到这样温馨的话时会非常感动,但当他在酒店里的餐厅、酒吧、卡拉OK厅等任何地方都听到客人准确地叫出自己的姓名时,未必会十分高兴,有时客人感觉到自己被充分地暴露在外,没有一点隐私可言。

又如,客人到了餐厅,服务员会问,"上次您来吃饭,坐在餐厅中央的位置,这次是否还坐在同样的位置?"根据客人的行为规律,绝大多数人还是偏好靠边缘的位置,满足看与被看的需要。上一次客人坐在餐厅中央的位置,可能是因为当时靠边的地方都坐满了,客人才不得已坐在那里。上一次客人点的菜比较清淡,可能是因为当时咽喉发炎,而该客人真正喜欢的是辛辣的食物,如咖喱的味道。还有客人对酒的喜好,有的人平时只钟情于一种酒,有的人可能对酒没有特别讲究。对于价格敏感的客人而言,在住高档餐厅或商务宴请时,可能会每种酒都品尝一点,如果就此记录该客人喜欢喝高档洋酒,信息就显得失真了。

客史档案中的生日一项,记录的是公历(阳历)的出生日期,但对于一些中国人而言,并不过公历的生日,而是过农历的生日。因此,当客人入住酒店,酒店按公历的生日送上祝福,或者送上生日蛋糕时,对于习惯过农历生日的客人自己也许会感到有一些突兀。当然,收到意外的惊喜或礼物,大家都会很高兴。由于身份证办证过程中的失误,许多人的身份证号是错误的,因此,按身份证号来确定客人的生日日期,结果也不一定是准确的。

因此,在建立客史档案之后,酒店各部门人员(尤其是前台)要通过与客人的互动过程,对客人的客史档案进行动态的维护和实时更新。例如,通过 Look up 从中央预订系统(CRS)中查询,搜索客人的最新档案资料,并下载到 PMS 中,自动覆盖 PMS 中的客史档案,从而使客史档案更好地为客户关系管理、市场营销管理服务。

如何提高查询速度?在客史档案中查询、预订时,并没有提供手机查询的功能。目前,绝大多数人都有手机,有的人还不止一部手机,有的手机还有双卡双待功能。用姓名、公司、来源等进行客人档案或预订的模糊查询,查询速度比较慢,而且可能出现姓名或单位相同的情况,不如用手机号查询速度快。手机号码是一种资源。

由于各种噪声的影响,譬如发音上的地区差异、第三方传输给酒店信息的残缺、前台工作人员的疏忽,导致 Opera PMS 中出现数量庞大的残缺客史档案,系统既不可能删除,也无法鉴别会员,完成积分及其他会员服务,同时还增加了查询检索的工作量和存储成本。对此现象,系统中如果确信是同一个人的多个客史档案文件,则可以用 Merge 进行合并;对于来自第三方(如携程)的订单信息,一些公司在接口处加以匹配,比较指标包括 e-mail 地址、姓名、会员档案、电话,每项指标给予一定的权重分值(如 400 分、600 分、1000 分等)。如果比较结果总分值超过某一分值(如 1000 分),就认为订单中的某一客户与 Opera 系统中的某一客户属于同一个人。如果经比较在系统中确实未找到某一客人的客史档案,预订部才为他(她)建立档案。

第五节 OPERA PMS 顾客关系管理

一、"以客户为中心",提高酒店核心竞争力

快速的服务流程,从客房预订、入住登记到结账退房,全部所需功能都能够集中在一个清晰易用的界面上完成。完善的客户档案资料管理,详细记录客人档案、客人偏好、习惯、选房要求等信息,为客人提供全方位的个性化服务。对于重复入住的客人,在办理预订或入住时系统自动提醒,显示客人上次入住的房号、房价、生日等信息,以提高酒店服务质量;对客人的入住间天、平均房价、房费消费、餐费消费、娱乐消费等进行汇总分析,并给出分析曲线。

便捷的客户关系管理,包括会员管理、积分管理、系统设置、营业点接口、统计报表等功能模块。锁定一批为酒店带来良好收益的客人;建立会员制度,定期向会员发放酒店信息、资料和问候卡片,组织会员参加各项活动,为会员提供个性化温情服务,加强与会员的沟通和联系;方便客人消费,彰显尊贵身份;个人可选择多点消费一点结算。对于团体消费,用主子卡的方式,使多个关联客人能够从同一张卡上扣除金额。作为会员,可获得消费折扣及其

他优惠,还可享受如快速订房、入住、结账以及查询等全方位周到的服务;利于酒店分层次管理,分离出重要的、有潜力的客户系统统一设置,对客人在各个消费点的消费次数与金额进行控制,方便酒店对客人预存消费或挂账情况的了解和管理。对客人的消费行为进行分析,分离并培养那些对于酒店具有高价值贡献率的客人,挖掘客人的潜在消费需求,为不同特性和级别的客人提供不同的优惠。

详细、全面的协议客户档案管理;详细记录协议客户的客人、团队历次入住的消费情况,并给出分析曲线;完善的协议客户合同管理,保存合同原文,合同房价自动带入订单,合同到期自动提示;强大的佣金管理,支持多种佣金计算方式(比例、底价、固定值),以及阶梯式佣金的计算。为酒店留住更多忠诚客户,完善的会员会籍管理,支持所有会员卡的发放形式及与之配套的安全策略。

PMS 是 Property Management System 的缩写。主要服务于旅游行业的专用物业,但不限于酒店、度假村、服务式公寓和赌场等。石基 PMS 包括了酒店客房资源管理的所有方面和完整过程。不仅可以处理简单的接待(Reception)、出纳(Cashiering)、管家(Housekeeping)和夜审(Night Audit)的工作,而且可以通过预订(Reservation)和销售(Sales)分析手段,将生意扩展到更大的空间和时间段。账务处理的多样性和支付方式的多样性,让前台员工通过简单的日常操作,就可以轻松实现管理会计核算的诸多需求,直至合并了财务应收账管理。通过对顾客的识别和分类,方便地实现客户关系管理,让管理者能动态识别和维护尊贵客人的忠诚度。内部信息的分发机制,帮助各个部门的员工,围绕着顾客及其需求提供协同能力。

石基 PMS 是整个物业管理的核心系统。以酒店为例,其收益主要来源于两大部分:一是客房收入;二是餐饮收入。客房收入的管理通过石基 PMS 完成,而餐饮收入管理则通过 POS 机完成,然后在日结时,将数据传送给石基 PMS 进行整合处理(见图 2-39)。

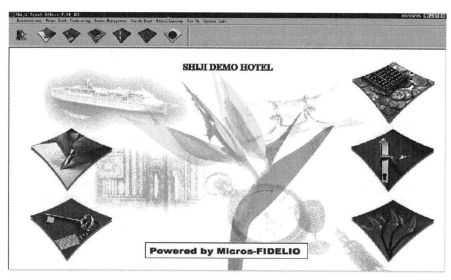

图 2-39 石基 PMS 界面

(一)客户关系管理系统

档案是酒店关于客人、公司、旅行社、订房中心、团队的信息汇总,包括基本信息、住店历史、当前预订、房价折扣等。客户关系管理覆盖了五大类别的服务对象,包括个体(Individual)、公司(Company)、旅行社(Travel Agent)、预订源(Reservation Source)和团主(Group Master)(见图 2-40)。

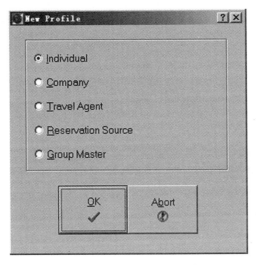

图 2-40 客户关系管理服务对象

预订与客人档案环环相扣(见图 2-41)。

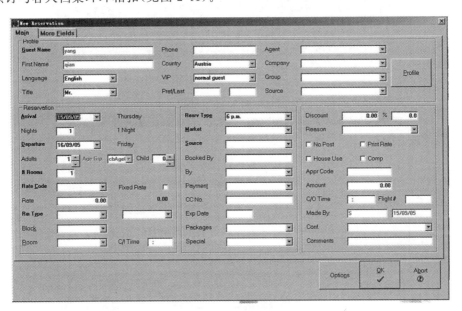

图 2-41 客人档案界面

预订检索方式多种多样,满足不同用户的不同需要(见图 2-42)。

图 2-42 预订检索方式

团体预订既支持传统的标准旅行团队预订,也支持直销和分销渠道管理所必需的 Block (即 Allotment,有人译为"配额")管理。

支持候补预订(见图 2-43)和排队房(见图 2-44)管理,积极维护客户关系,掌握竞争主动先机。

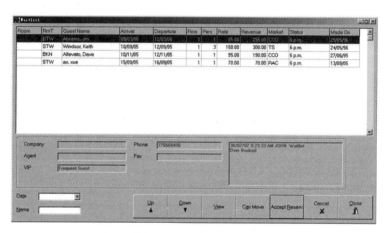

图 2-43 候补预订界面

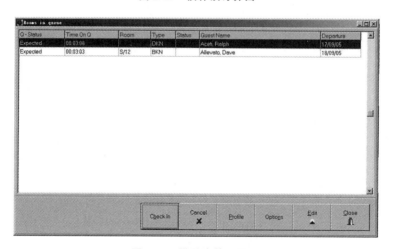

图 2-44 排队房管理界面

(二)个性化服务管理

为休闲活动提供场地、设施、技师等资源的预订,适用于店内任何销售网点的个性化服务。例如,网球场或餐厅的厅、台,跳舞机,美容技师和水疗技师。从休闲活动模块里可以直接做收费过账(见图 2-45)。

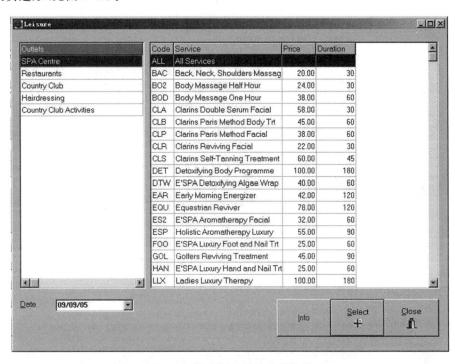

图 2-45　休闲活动模块收费过账

通过留言(Messages)(见图 2-46)、后续跟进(Traces)、评论(Comment)和重复标记(Remark)等字段,实现满足不同需要的沟通功能,提高顾客满意度。

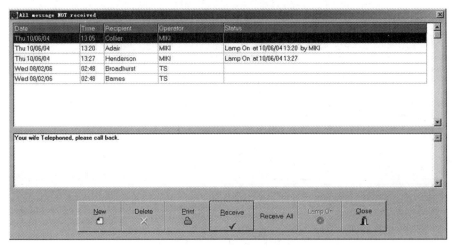

图 2-46　留言界面

后续跟进（Traces）是酒店员工之间在特定的日期为特定事件的留言或派工，要求指定人员或部门进行后续跟进。可以查看 Traces，解决和不解决 Traces。Traces 允许你和酒店其他员工交流客人的要求，允许酒店在指定的日期里记录必须做的事情。你可以创建、修改、删除、解决或记录已完成的 Traces（见图 2-47）。

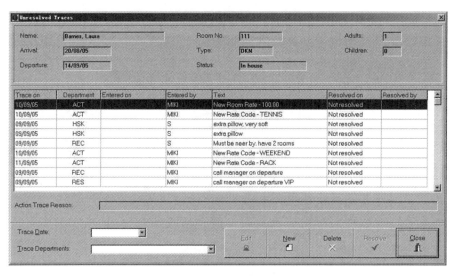

图 2-47 Traces 界面

物业经营动态不仅随时反映当前状况，而且提供当晚的经营预测信息（见图 2-48）。

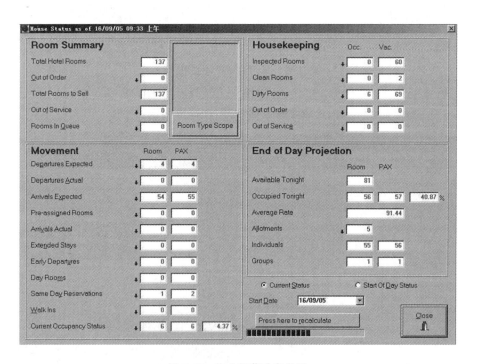

图 2-48 物业经营动态界面

房间占用走势图(Occupancy Graph)显示酒店在某一日期段内的出租率图表(见图 2-49)。

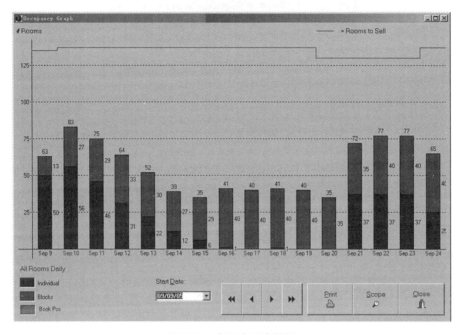

图 2-49 房间占用走势图

过账、调账、支付、结账、外币兑换、金库、支出、化支票、出纳换班、预订抵押金、汇率管理、账页历史、出纳对账表、批量过账、批量打印账页以及非在住客人(Passer By)账务处理等出纳功能,应有尽有(见图 2-50)。

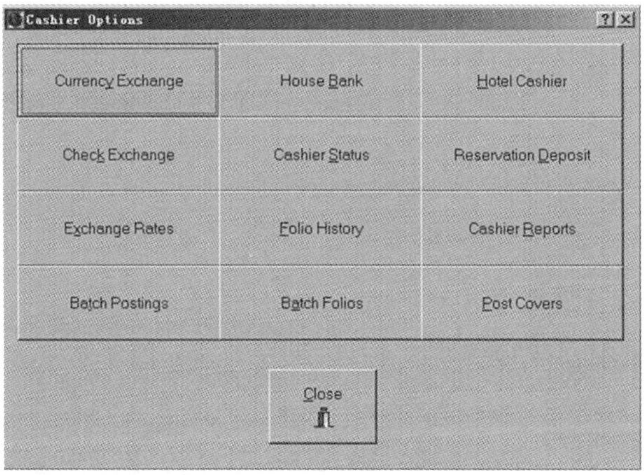

图 2-50 出纳功能界面

收入审计和财务应收账业务集成到 PMS 中,使得债务人管理的全部流程得以在同一个 PMS 中连贯处理,直至总账过账。通常,夜审将这些资料转入一个"缓冲池",经过审计员检查后会实际转入财务应收账。等收到款项后,应收账会计会分批制作传票(Journal Vouchure),正式做总账的明细账过账(见图 2-51)。

City Ledger $\xrightarrow{\text{Night Audit}}$ Transfer F/O Data $\xrightarrow{\text{Transfer}}$ A/R $\xrightarrow{\text{Journal Vouchure}}$ GL

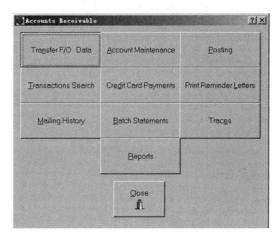

图 2-51　债务人管理流程界面

(三)管家服务管理

管家服务管理(见图 2-52)不仅追踪房间状态的"脏"与"净",而且关注管家状态的"占房"与"空房",并随时反映前厅与管家之间的房态差异。这对于管理者实时发现问题十分重要。

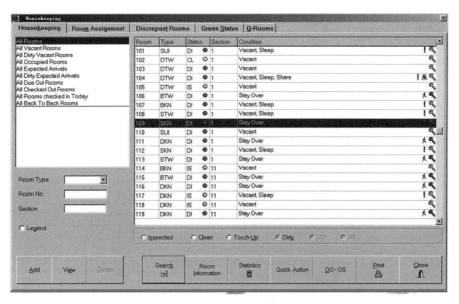

图 2-52　管家服务管理界面

OOO(Out Of Order/Service)房和 OOS(Out Of Order/Service)房的管理(见图 2-53),以及房间指派(Room Assignment)功能(见图 2-54),可以确保房间在暂时退出经营期间,能合理反映出租率,平衡物业所有者与管理者的利益。

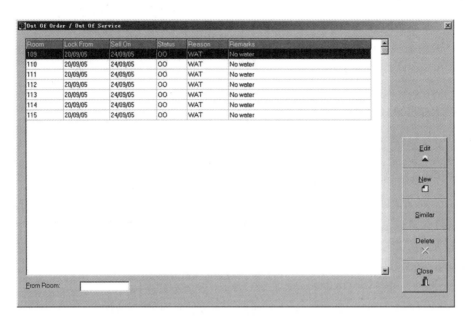

图 2-53　OOO 房和 OOS 房的管理界面

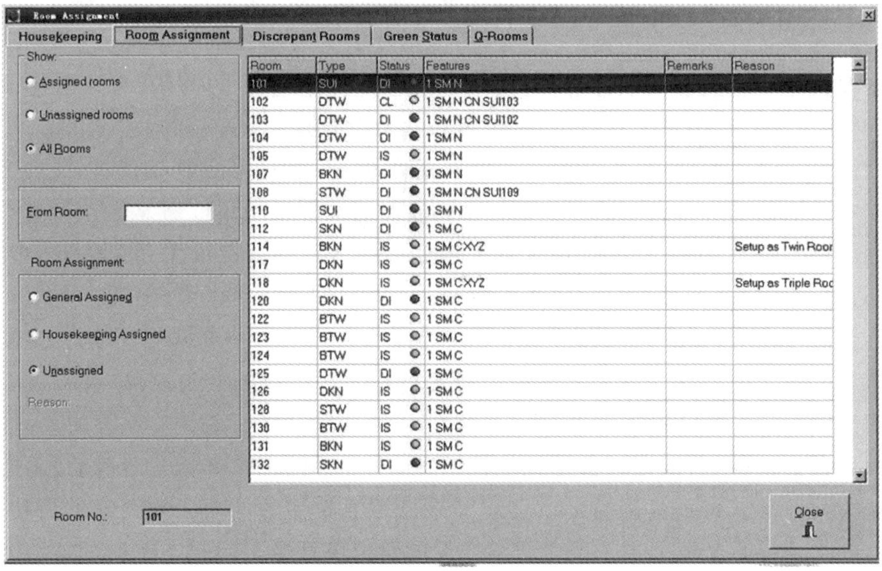

图 2-54　房间指派功能界面

二、案例分析——北京万达索菲特酒店会员制度分析

在北京万达索菲特大酒店做前台接待员的一天,我接待了一位新加坡籍商旅客人,他打开跟小学语文课本一样大的钱包,里面除了银行卡之外,就是花花绿绿的各种会员卡。经询问得知,这些会员卡大多是来自全球连锁的国际品牌酒店,或者是连锁品牌服装店,其中也

包括了雅高集团的A-club(一种积分卡)会员卡。后来我仔细观察了一下其他客人,几乎所有住店客人都持有这样的"钱包",可见会员卡的收集已经成为一种时尚。①

随着旅游业和经济全球化的高速发展,旅客和商务差旅人士数量大大增加,这些人对酒店的需求也随之大幅上涨,中国的酒店业也在这股洪流中快速发展。四季、万豪、洲际、雅高、凯悦等国外的酒店集团相继进入中国,并且在国内迅速扩张,在高星级酒店数量中占有很大份额。这也导致了众多酒店之间的竞争异常激烈。

(一)关系营销之难题

1. 关于关系营销

关系营销,是保持企业顾客忠诚度的方式,酒店业关系营销策略应用普遍。通过会员制度和忠诚顾客奖励制度,酒店可以获得重复购买的顾客和这些顾客身边的潜在顾客。这种关系营销的方式,在减少营销成本的同时,还可以使酒店赚取长期的利益。借鉴国内外学者关于关系营销、会员卡制度和顾客忠诚度方面的研究,以雅高集团旗下的北京万达索菲特酒店为例,依据酒店数据分析会员制度。

关系营销是旨在建立、发展和保持成功的关系交换的所有营销活动。② 和交易市场营销不同,关系营销的发展证明,企业已经从原来的努力寻求从每一笔交易中获取最大利益转向以双方互利关系的发展。③ 关系营销更加注重企业与顾客之间相互信任的关系,以实现双方的长期的相互受益。关系营销策略分为内部关系营销策略和外部关系营销策略。④ 内部营销策略主要指企业对员工的关系营销,外部策略有企业对顾客的营销、企业对影响者的营销、企业对供应商的营销等,当然企业对顾客的营销是占据主导地位的。

在众多的竞争对手面前,各企业都会想方设法对自己的产品更新换代,以顾客为中心开展营销。关系营销的成败渐渐成了衡量一个品牌是否成熟的标准。顾客关系管理渐渐被提上了酒店的管理日程,证明酒店管理者越来越注重顾客关系营销。关系营销是一种营销方式,分为对外关系营销和对内关系营销,对外关系营销,即对顾客的营销,目的是获得顾客忠诚度。会员制度是对内关系营销的一种,是建立顾客忠诚度的手段,会员卡则是测量和开发顾客忠诚度的最主要工具。能否建立一个适合目标顾客群体的会员制度,在很大程度上影响酒店长远的发展。会员制的发展日益受到关注,酒店管理者日益注重顾客关系营销。

在关系营销之前,商家普遍实行交易行销,即与交易有关的市场营销活动,每次交易都使利益最大化。比较关系营销与交易营销,交易市场营销更关心每一次交易的成功,并不关心与顾客的长期情感与业务关系的培育。今天的营销应该努力寻找本企业利益与商家利益的均衡。交易市场营销已经成为关系营销的一部分。关系营销与交易营销的最大区别在于,关系营销更强调拥有顾客,并且以产品给顾客带来的利益为核心,同时重视长期效益,高度重视客户服务,向顾客做出高承诺,与顾客保持密切的联系,质量问题是各个部门共同的

---

① 首都师范大学2008级学生实习中引发的感想。
② 谢中伍:《对关系营销及其策略的探讨》,载《科技资讯》,2007年第2期。
③ 于由:《旅游市场营销学》,浙江大学出版社,2005年版。
④ 李淼:《论旅行社的外部关系营销策略》,载《法制与经济》.

责任。在交易市场销售下,低价格是最主要的竞争手段,但在关系营销的情况下,企业与顾客保持广泛的联系,获得顾客的忠诚,价格就不再是最主要的竞争手段,竞争者也很难破坏企业与顾客的关系。获得顾客的忠诚不但可以留住顾客,促使他们重复地购买,同时还可以得到这些顾客周围的亲朋好友,他们也可能成为潜在顾客,顾客忠诚度对企业获利有重要影响。

莉萨·奥马利在1998年提出了LSs客户奖励计划,认为自20世纪70年代起,客户奖励计划就以一种或多种形式存在。LSs的最初目的,第一是奖励重复购买的顾客,第二是提高目标顾客群体的忠诚度而给他们一些优惠,以留住顾客。可是以这样的方法留住顾客并不是一件简单的事情。英国奥美客户关系管理中心(Oglivy Loyalty Centre)研究发现,在英国,即使85%的客人对商品作出满意的评价,但只有40%的客人会重复购买,66%的客人把这个品牌列为最喜欢的品牌,但还是会买其他品牌的商品。可见,要想留住顾客,并不是以高质量的商品就可以完全取胜的。但是即使这是一件很麻烦的事情,客户关系管理仍然是一件值得企业重视和投资的事情,有研究表明,当一个客人和企业的关系延长,那么企业利润也会增加,并且增加的不是一点。企业只要多留住5%的客人,那么其利润就可以增加100%(Zero defects:quality comes to service Reichheld and Sasser,1990)。这样一个可以被放大20倍的利益,如果可以抓住,那就是一件事半功倍的事情了。可见,实现顾客忠诚成了关系营销的核心。

1996年,伦纳德·L·贝里,总结出了关系营销经典的三个层次:第一个层次,仅限于给顾客一些价格上的优惠,例如,打折卡、积分卡等,让会员得到额外奖励;第二个层次,除第一个层次包含的内容以外,还注重通过个性化服务和定制服务来发展与顾客之间的社会联系;第三个层次,就是给目标客户以增值服务,就是顾客在酒店消费的同时,自己也会实现增加利润。服务和产品的传递系统,例如现在的旅行社,都设有票务部门,这些公司可以实现在自己的办公室里就可以预订和打印机票。这是关系营销中的最高层次,也是花费成本最高,最难达到的一个层次。

这三个层次可以用来衡量企业客户忠诚计划的发展水平。此外,企业还可以通过遵循消费者自身的特点来掌握消费者的心理。消费者的态度尤其重要。所谓态度,就是人对待事物和人的心理倾向,也就是对人、对事的认识、喜恶与反感倾向。人们在认识和改造客观事物的过程中,不是被动地去观察、思维和想象,而总是对人和事物抱有某种积极、肯定或者消极、否定的反映倾向。这种反映倾向是一种内在的心理准备状态,它一旦变得比较持久和稳定时,就成为态度。态度是外界刺激与个体反应之间的中介因素,个体对外界刺激作出什么反应将受到自己态度的调控。人们在社会中,由于个性、生活条件、周围环境、教育、文化等方面的差异,对社会上的各种事物必然产生不同的态度,对外界刺激的反应倾向就不同,所以态度直接影响一个人的行为。态度中包含三种成分:认知成分、情感成分、意向成分。认知成分是个体对认知对象所持的见解或信念。情感成分是指对人、事所作出的情感判断,表现为对一定对象的喜爱或厌恶、尊敬或蔑视、同情或冷淡等。意向成分指个人对态度对象的反映倾向,即行为的准备状体,它制约人的行为。

2.关系营销的难题

斯蒂法尼·M·诺布尔和乔安娜·菲利普在研究为什么顾客不愿成为会员时,得出存在一种关系障碍的观点使得顾客不想成为会员,这些障碍被分为四个大的主题,它们阻碍着消费者和零售商之间关系的形成,即维持、时间、福利和个人得失。

第一,维持方面。

(1)维持成本的有关事项,客人觉得维持自己的会员身份还需要一定的努力,那是一件很麻烦的事情。如果一项会员制度让客人觉得很麻烦,那么客人宁愿选择不要成为会员。例如,个人信息的更新或者个人需求的改变等。

(2)信息轰炸隐患,客人在办理会员卡时需要留下电子邮箱地址、电话、通信地址等个人信息,商家会将近期优惠内容和会员信息以邮件、短信或纸质信件的形式发送给客人,客人会遭遇各种信息的狂轰滥炸,对客人的日常生活造成不必要的影响。

(3)保存成本,大部分商家都要求会员在消费时出示会员卡,才会给予相应的优惠,这也给顾客造成了相应的困扰,自己数不清到底有多少会员卡,而且有时会员卡一旦丢失,又会引起一系列的麻烦。

(4)记忆力问题,顾客在获得会员卡后,通常会被要求记住卡号、密码、登录网站、用户名等个人信息,如果客人不慎忘记,就又会造成麻烦。

第二,时间方面。

(1)入会的耗时问题,成为会员是要按照商家的流程和规定来进行,一般会花费一些时间来填写一些有关个人信息的表格。但是顾客在某地消费之后,只想带着自己的战利品赶紧前往下一个目的地,并不愿在入会方面花费更多的时间。

(2)积累问题,大多数会员卡会随着顾客消费次数的增加而升级,同时获得更多的权益。顾客就需要经常在此地进行消费,去维持这种会员关系。但是如果有些客人认为他们消费的能力和消费次数不可能达到商家要求的水平,他们就会选择不成为会员。

(3)距离问题,商店位置距离顾客较远,顾客的可到达程度和概率较小。

第三,福利方面。

(1)空洞的福利,顾客认为商家不可能做到的一些福利项目。

(2)未知的福利,顾客对一些福利的不了解或者误解,都会导致在消费过程中产生一些不愉快,且有时候客人会怀疑自己到底获得了多少优惠。例如,换购活动,顾客在某地消费之后,加15元可以换购一个抱枕,可是在另外一家商店,这个抱枕的标价就是15元。

(3)优惠幅度过小,例如,我们平时到奶茶店买奶茶,都会得到一张会员卡,只要买够10杯,那么可以免费送一杯,也就是说,如果是一个人的话,他要买10次才能换一杯免费的,但是中间有可能发生会员卡丢失或者忘记携带的现象。

第四,个人得失方面。

(1)社会问题,有些顾客会避免让别人知道自己购买家人或朋友反对的商品,但是自己又非常需要购买,于是他们会想方设法不让别人知道他光顾过这样的商店,于是更不可能要成为会员。

(2)私人问题,在办理会员手续的过程中,总会涉及客人的一些不愿向外人透露的隐私,例如年龄、籍贯、宗教信仰等。

即使企业所生产的商品质量非常高,也不容易做到百分之百地留住顾客。有许多顾客出于不同的原因不愿成为企业的会员,他们不愿和企业建立关系的原因大多是关系障碍。

顾客在注册成为会员之前，其间和之后都有使客人觉得麻烦的事情，例如，在办理会员卡前要花费时间填写表格，成为会员之后会遭到信息的轰炸，以及修改个人信息时花费的努力等。在制定会员制度时，如何避免这些障碍，也是这项制度能否成功的关键。

(二) 索菲特会员俱乐部顾客类型与现状

1. 会员制营销策略——雅高会员卡(A-club)

顾客忠诚度——会员制度，会员这个概念活跃于各大商业领域。会员制客户管理模式成了商家为维系与客户的长期交易关系，而发展出的一种较为成功的关系营销模式，会员卡是这种营销模式的载体。会员管理为各类商场、商店、超市、餐饮连锁店、娱乐场所、金融机构、通信企业、医疗保险企业广泛应用。会员卡主要用于收集客户数据，例如，年龄、性别、工作性质、居住城市等。通过这些数据，再结合顾客的入住需求，可以总结出各类客户群体的喜好，这对酒店锁定目标群体，制定发展战略都有很大的作用。对于顾客来说，持有会员卡是他们会员身份的象征，从此在这家酒店以及集团旗下任何一家酒店，会员会首先将自己特殊对待。

会员制营销属于外部的对顾客的关系营销，目的是建立会员俱乐部。王丽娟等人将会员制解释为企业以某项利益或服务为主题，将消费者组成一个俱乐部形式的团体，开展一系列宣传、销售等营销活动，其目标在于针对入会的会员，利用各种销售促进活动，通过与会员建立富有感情的关系或者提供会员专属的优惠服务等，不断激发并提高他们对企业的忠诚度。会员制营销是现在各企业关系营销中的主要方式，它对保留重复购买顾客以获得顾客忠诚度起到非常重要的作用。企业通过向经常购买或大量购买的顾客提供奖励(奖励的形式有折扣、赠送商品、奖品等)建立长期的、相互影响的、增加价值的关系，以确定、保持和增加企业的顾客量。这种方式是大多数企业常用的，并且明显地为企业增加了忠诚顾客的数量。开展定制营销，定制营销是根据每个顾客的不同需求制造产品，并开展相应的营销活动，其优越性是通过提供特色产品、优异质量和超值服务满足顾客的需求，提高顾客忠诚度。定制营销的成本比较高，在企业的顾客关系营销中较难实现。

雅高集团会员卡分为免费的积分卡(A-club)和付费的折扣卡(Advantage Plus)两种。

积分卡就是可以入住后免费办理，把自己在酒店消费的金额折合成相应的点数积累进入客人的 A-club 账户中，当积分达到一定的数量，客人的会员级别就可以提升。积分只有在客人直接在酒店消费才是有效的，有效期为两年，如果通过第三方付费，积分将不属于入住客人，而属于直接支付方。会员级别分为普通卡(Classical)、银卡(Sliver)、金卡(Golden)和白金卡(Platinum)。金卡和白金卡可以享受免费由普通房间升级为套房，并且延迟退房 4 个小时。对于积分卡，简单说来就是顾客忠诚度积累到一定程度之后才会给予客人优惠。

付费卡(Advantage Plus)，是需要客人花两千多元钱购买的，一年内有效，送两晚免费房、入住可享受门市价 9 折的优惠，除此之外，用餐、洗衣、商务中心服务等可享受一定折扣。除了这些优点，还可以享受与 A-club 相同的政策。

雅高集团为接待员制定了一套严谨且规范的办理入住的流程，其中客人在入住时须向客人推荐，而付费卡则是接待员自愿推荐，若客人成功购买，接待员可以获得一些回扣。由

于付费卡受员工的工作习惯和心情影响比较大,所以先不作讨论,主要以积分卡 A-club 注册为例。

万达索菲特酒店,在客人办理入住的高峰期(下午 2:00 至晚上 10:30),一个接待员共接待客人 60 人左右,他们大多是两人或三人结伴,这些人中大多有为他人付费和被他人付费的关系,那么总共算下来共接待大约 40 次,对这些客人推荐雅高的 A-club 会员卡,最后成功的只有 4~6 个,其他客人中,已持有会员卡和不愿加入会员的各占一半。雅高会员卡中存在的问题主要表现如下。

(1)强制性。作为商务型酒店,索菲特的顾客构成中,差旅客人所占的比例过半,他们大都手持各大航空公司的里程卡,对于他们来说,飞机、酒店不分家。现在大多酒店都和航空公司有合作积分卡,采取住酒店积累航空里程的做法。但是在雅高集团,如果想要积累航空里程,首先要办理自家的会员卡,将分数积累起来,再自行上网进行兑换。对于酒店自身来说,在客人转换积分的时候,可以让顾客更加清楚和明白了解积分卡积分的作用,从而加大对酒店会员制度的了解;但是对于客人本身来说,他会有一种被强迫的感觉,自己不愿再多一张会员卡,但酒店却非要逼迫他办理。

(2)在积累过程中,并没有给客人鼓励。索菲特只是强调每次入住可以积累多少分,积分后可以用积分抵扣现金或者增加其他的一些优惠活动。但这是一个漫长的过程,客人要在这家酒店以门市价入住 10 晚才能升一级,但是银卡(Sliver)级和普通卡(Classical)级几乎没有区别,它只是从普通卡到金卡的一个过渡而已。顾客时常会觉得,为什么我已经升了一级,感觉并没有很大作用呢,酒店是不是太抠门了。

(3)仅停留在价格方面的优惠。入住就可以积分,积分就可以换优惠的房间。这些只是停留在价格上的优惠,客人并没有感受到作为一个会员,自己和非会员之间的不同。消费者购买产品并不一定只是追求产品所能提供的利益方面,在很多时候,消费者购买产品是要获得一种快乐的体验。会员客人在成为会员的那一刻起,他自身就开始扮演起一种特殊的"会员角色",会员客人对这种角色的定位远远要高于非会员客人。

(4)不够重视团队客人。其实团队客人更应该享受优惠。

2.索菲特顾客类型

入住索菲特酒店顾客的构成分为以下两种类型。

(1)单独到酒店前台办理入住,且直接向酒店付费的客人(散客)。对于散客,还可以简单地把他们分为商务型散客和非商务型散客。

一些出差到北京的商务型客人每年、每月甚至一周就会光顾酒店好多次,他们的消费可由公司报销,所以选择酒店一般不受价格影响。商务型散客又包括忠诚散客,即一些小公司的接待部门,由于他们的顾客人数少,公司规模小,所以每年的入住率相对没有那么高,他们都会选择几家比较熟悉的酒店用来接待自己的客户。这些散客中还包括有特殊协议价格的公司的员工,例如,IBM(国际商业机器)、GE(通用电气)等大公司,为了方便自己的员工出差,和酒店签订的协议价格,这种价格不会随酒店生意淡季和旺季的影响而浮动,并且通常会比酒店门市价低。非商务型散客即以旅游、探亲访友,以及其他特殊目的到北京的客人,他们对价格比较敏感,而且对来此的次数不确定。

(2)旅游团、机组(新加坡航空)、会务组等(团队)。这些客人在酒店产生的费用都直接由旅游团、航空公司和会议公司等第三方直接付给酒店,客人会提前把钱付给第三方。在旅游淡季的时候,这些客人是酒店收入的保障。

团队入住是客人入住酒店的一种形式,其入住房间量占酒店入住房间量的很大比例。索菲特酒店在扩大会员队伍时,大多强调对散客的引入,但是却忽略了团队客人。

3. 会员引入状况分析

由图2-55中可以看出,积分卡注册成功数量与入住总房间数的走势相似,当入住客人总数较多时,引入会员的数量也会增多。但是当团队入住数量较多时,积分卡注册数量就会和入住总房间数背道而驰,例如,9月1日入住总房间数为182间,但是积分卡的引入却为0例;9月21日入住房间数为173间,积分卡的引入为22例。在此不讨论9月26日和9月28日的两组数据,由于当月积分卡注册指标完成较好,在月底之前,大多数前台员工已完成自己的目标,所以,此时前台员工没有引入积分卡指标的压力。

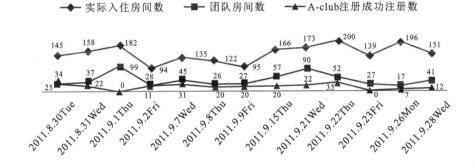

图2-55 索菲特酒店房间入住量与会员注册数量的关系

说明:2011.9.23,A-club enrollment 数据丢失,报表显示为 N/A,所以按0计算。

总结索菲特酒店9月的部分数据得知,积分卡注册成功数量和散客入住房间数量成正比。这些客人都是直接到前台办理入住手续,可以直接接触前台员工关于积分卡的推荐。团队客人在办理入住时接触前台员工的机会很少,因此,团队顾客入住房间的数量对积分卡的引入数量起到了非常大的作用。

入住索菲特酒店的团队客人可分为三种。其中,第一种是散到,即客人自己到前台办理入住手续,但无需在前台缴纳房费,例如公司举办会议。第二种是团到,集中由一个代表到前台办理入住,其他团员在一旁等候,例如旅游团。第三种是通过第三方办理,一些比较大的公司,在开会的时候会委托会议公司来联系酒店房间和会场等。团队客人是潜在的会员,并且占据了每日入住客人数量的很大比例,如何抓住团队客人的忠诚度,也是值得索菲特酒店管理者思考的。

特殊的是,散到的团队客人也很少被注册成功,原因是他们的费用付给第三方,积分往往被算在了第三方的户头,所以他们大多不愿办理积分卡,解决方法如下。

第一,针对雅高会员卡的强制性,根源于集团想向顾客推荐会员卡的心理,通过由会员卡积分转换为航空里程,可使顾客更深入地了解雅高以及雅高的会员制度。但是在此过程中会给客人带来一些不必要的麻烦。应该省去积分转换步骤,直接为客人积分,这样,客人便不会因有一种被强迫的感觉而产生抵触心理。

第二,积分的累积是一个漫长过程,为了鼓励顾客继续消费,应该让顾客对自己的会员身份保持相信的态度。要在每次会员再次入住时给予一些刺激,使他们感受到作为会员的优越感和好处。有的时候送一枝花或者一小杯饮料、一份果盘,酒店付出的是相应的成本,但是得到的却是顾客坚定的忠诚及其带来的更多利益。

第三,客人成为一个五星级奢华酒店的会员并不仅仅是因为价格。也许某一位服务员给了这位客人非常亲切的感受,或是酒店客房的装修使客人有了宾至如归的感觉,也可能是酒店的氛围让客人对这里产生了深厚的情感。所以,成为会员的有益之处不仅仅要体现在价格上,更要使顾客感受到作为会员,自己受到了酒店及其员工的更多关注和照顾,让大家彼此之间有一种熟悉的感觉。

第四,针对团队客人,可以有另外的优惠方式。使团队客人成为会员后,可以在他们以后入住酒店时给予一些鼓励,可以是一些小的礼品,或是心理上的关怀,让客人认为,即使入住得不到积分也没有很大关系,他们依然可以选择这家酒店。

根据人际相处的模式,都会从初识到深交,贯穿这段过程的就是感情。用交朋友的方式留住一个顾客,比想方设法用利益留住顾客更加明智。

4. 兑现承诺,满足顾客的心理预期

关系营销的核心就是通过关系营销策略使酒店和顾客之间建立起相互信任的关系,这样可以省去对老顾客的营销成本,并且获得老顾客身边的潜在顾客。但是如果优惠信息不明确,就会使酒店与顾客之间形成一种关系障碍,使顾客不愿成为会员,或者不愿继续作为会员。

会员也会因为优惠得不到兑现而放弃会员身份。索菲特酒店只是强调每次入住可以获得相应的积分,并且积分抵扣现金或者增加其他的一些优惠活动。但是这是一个漫长的过程,客人要在这家酒店以门市价入住 10 晚才能从普通卡升级至银卡,但是银卡只是从普通卡到金卡的一个过渡,银卡会员并不能享受其他更多的优惠。顾客时常会觉得,自己的银卡身份没有意义,自己的忠诚度没有得到兑换,于是不愿再努力赚取积分。

顾客的忠诚度基于顾客对酒店的信任,如果无法给顾客应有的优惠或者不兑现酒店向会员的承诺,都会使顾客拒绝成为会员或中途退出俱乐部,这样会对酒店的关系营销产生负面影响,影响酒店的宾客关系。

(三)奖励忠诚顾客制度分析

1. 顾客需求的差异

消费者购买产品并不一定只是追求产品所能提供的利益方面,在很多时候,消费者购买产品是要获得一种快乐的体验。① 所以对会员的优惠不能仅仅停留在价格上。但是入住就可以积分,积分可以兑换优惠的房间,这些都只是停留在价格上的优惠,客人并没有感受到作为一个会员,自己和非会员之间的不同,客人常常会因此抱怨。针对索菲特会员制优惠方式的单一性,可以反映雅高集团会员制的一个很大问题,就是制度与品牌不符。

从认知心理学的角度看,根据马斯洛需求层次理论,人们的需求分为生理需求、安全需求、社会需求、尊重需求、自我实现的需求。根据这五种需求,客人在入住酒店时对酒店的级别是有选择的(见图 2-56)。

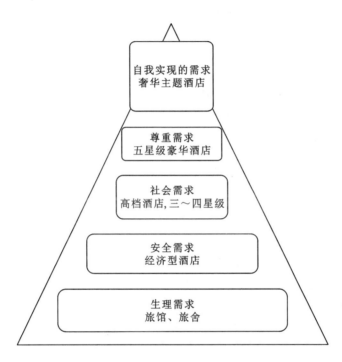

图 2-56　顾客入住酒店需求及马斯洛需求层次图

如图 2-56 所示,入住索菲特酒店的客人,大多数是已经实现社会需求,进而想要实现获得尊重需求和自我实现的需求。再加上他们大多数是商务差旅客人,对价格的敏感度不高,所以酒店的房价、餐饮价格等在合理范围内不会给客人的选择带来过多的影响,此时的客人需要得到的是尊重,是社会地位的体现,简而言之,就是一种奢华的体验,即在其他较低级别酒店中不可能享受到的服务,这种服务包括酒店产品的服务和心理上的服务。

2. 第三级关系营销

由于酒店产品同质化现象较为严重,酒店在保证产品质量的同时,和顾客建立起一种心理上的关系就显得极为重要。根据贝里(Berry)的关系营销的三个级别来看,入住索菲特酒店的顾客在对第三级的关系营销要重要于前两级。在索菲特酒店,第一级关系营销可以通过的积分优惠和付费卡的打折优惠体现出来。第二级则表现在索菲特会所,一个

---

① 杜炜:《旅游消费行为学》,南开大学出版社,2009 年版。

可以享受比普通房间更加个性化和升级的服务，包含行政楼层（在酒店的最高楼层23～27层）和所有套房。第三级关系营销并没有在酒店的服务中得到很好的体现，客人很少有机会得到增值的服务。因为酒店方认为，对顾客的增值服务会减少酒店的盈利。以杨先生的经历为例。

杨先生是某公司老板，每次在召开员工面试会议，或者开小型会议时，都会到索菲特预订一间Sofitel套房，这种房型带有客厅，可以充当小型会议室。杨先生持有酒店白金卡，是最高等级会员，每次入住均可以享受由普通房间免费升级至Sofitel套房。但是套房数量有限，有一项不成文的规定，酒店只有在出租率不高的情况下才会为会员升级至套房，否则，只能是行政楼层的豪华大床房。杨先生为了确保自己可以准确无误地享受到套房，于是在每次预订时，都会选择预订一间普通房间外加一间Sofitel套房，当其入住时，就会选择普通房间升级至原先自己预订的套房，同时再取消套房的预订。酒店方认为他这样的做法占用了酒店资源，在他下次预订的时候就以其他理由拒绝为其升级，并且多次开会商讨如何杜绝和预防杨先生的这种做法。杨先生的助理也因此多次和酒店周旋，给杨先生及其团队留下了很不好的印象。

酒店实施这样的策略就没有达到关系营销的第三级，没有从客人的角度出发思考问题。首先，杨先生是索菲特最高等级会员，为了体现会员与其他客人的区别，应当在合理范围内尽量满足会员的要求。其次，索菲特的这种做法并不符合关系营销的定义，关系营销应该是建立在企业和顾客互利的基础上的。最后，证明了索菲特的关系营销水平并没有达到贝里定义的关系营销的第三个级别——给目标顾客以增值服务，就是顾客在酒店消费的同时，自己也会实现增加利润。① 这种增值服务体现在为顾客提供方便，使顾客获得利益的同时，酒店也可以实现盈利。索菲特酒店的处理方法相对于一个国际知名的酒店品牌是很不相符的。

酒店应该从自身的定位出发，即向顾客提供个性化服务，向顾客提供名副其实的服务。不仅仅体现在顾客的休憩娱乐，还要适当地为顾客提供增值服务，以实现酒店和顾客长期的利益。

3. 索菲特顾客关系营销策略

索菲特酒店顾客关系营销的问题主要表现在不重视客人的感受，会员优惠项目不明确，以及没有很好地识别潜在会员群体。

（1）培养顾客对索菲特品牌的态度。人的态度可以影响一个人的行为，在顾客购买商品的过程中，顾客对于这个品牌的态度直接影响到顾客是否进行再次购买。通过限制顾客的方式使顾客成为会员，可以达到增加会员数量的目的，可是会产生许多有名无实的伪会员。例如，航空里程的积累，在其他品牌的酒店可以免费兑换，可是到了索菲特就要先办理积分卡才能进行积分的转换，必然会使顾客对酒店的产品产生抵触，或者当顾客获得积分后，就弃积分卡不用。如果可以给顾客更多的选择，再通过完善会员优惠项目来吸引顾客加入会员群体，会得到真正的顾客忠诚。

---

① Leonard L.Berry：《Relationship marketing of services：growing interest，emerging perspectives》，《Journal of the Academy of Marketing Science》。

（2）鼓励忠诚顾客。为了鼓励经常入住的顾客，要在每次会员再次入住时给予一些刺激，使他们感受到作为会员的优越感和好处。有的时候送一枝花或一小杯饮料、一份果盘，都可以起到一定的作用，酒店付出的是相应的成本，但是得到的却是顾客坚定的忠诚，以及这种忠诚带来的更多的利益。定期举办俱乐部活动，让积分卡俱乐部发挥其应有的效用。组建会员俱乐部已经建立起了一个很好的活动平台，多举办俱乐部活动可以使会员保持对酒店更新服务的认识。例如，IBM各地方城市分别在每一季度都会举办一次方便客户与供应商之间沟通的"沙龙"，目的就是向当地客户推荐自己的新产品。这是一种非常好的沟通方式，酒店完全可以借鉴这种方式，加以改良，使其进一步适合酒店的发展。

（3）升级会员制度。针对团队客人，可以通过改进会员制度，使会员认识到积分不是最重要的，即使跟团入住没有得到积分也不影响他们的下一次自由选择入住。在他们以后度假旅游或以其他目的再次入住酒店时给他们一些鼓励，可以是一些小的礼品，例如一杯免费的饮料，使客人认为，即使上次入住得不到积分也依然有理由选择这家酒店。

顾客关系营销策略的制定决定着关系营销的成败。要以顾客为中心，根据顾客的特点，例如，受教育程度、社会地位、经济实力等，制定适合目标顾客的策略，以更好地实现顾客忠诚。

本章小结

客户档案是酒店最重要的信息资料。建立数量众多的客人档案及以此为依托而建立的客史资料，是酒店运营管理的前提，是推行精益管理、提升个性化服务水平的关键因素。档案管理模块是Opera系统数据的主要来源，是Opera系统提高服务质量的重要标志。档案类型包括个人、公司、旅行社、商务合作伙伴、联系人。档案的查询与新建是保证客户档案唯一性的第一道屏障，查询方法包括本地查询、中央查询、手动查询和自动查询。

个人档案主要内容包括客人地址信息、酒店内部信息、客人联系方式、附加信息、统计信息。个人档案其他功能模块包括附件管理、档案操作日志、信用卡、删除客人档案、未来预订、档案历史、会员、档案合并、协议价、客人喜好、档案之间的关系等。其中，档案合并可以通过批量自动合并和逐一手工合并实现。

当在预订流程中新建客人档案时，很难得到客人的证件信息、信用卡信息、客人喜好等，这些信息需要在客人到店后进行完善。在有CRM系统的环境下，PMS中的会员档案生成后，会上传至CRM系统。对会员档案的任何修改都需要在CRM系统中进行，并经过严格的审核。酒店各部门人员（尤其是前台）要通过与客人的互动过程，对客人的客史档案进行动态的维护和实时更新。在客史档案中查询、预订时，如果提供手机查询的功能更利于提高查询速度。

Opera PMS顾客关系管理必须于"以客户为中心"，提高酒店核心竞争力。

思考题

1. 为什么要建立档案，必要性是什么？
2. 档案包括哪些类型？
3. 个人档案内容可分为哪几个模块？
4. 为某一客人及其妻子、孩子建立档案。客人本人使用语言为中文；国籍是中国，现居住地为北京；不吸烟；客人不接收酒店发送的邮件；保留所有的消费、入住信息。
5. 为某一客人建立两个档案，一个信息较完整，另一个信息不完整，将两个档案的内容进行合并。
6. 建立 CNU 公司的档案，联系人为李红，要求：酒店跟公司 CNU 签订一年的合同，协议价为×××元。
7. 从酒店经营管理的角度看，PMS 所采集的客人信息能够进行哪些方面的分析？
8. 如何改进客史档案建立的方式以适应现代技术和管理模式的发展变化？

第三章

预订管理

Reservation 意为 an arrangement for a seat on a plane or train, a room in a hotel, etc. to be kept for you. 在酒店信息系统中，英文 Reservation 究竟应翻译为"预定"还是"预订"？根据酒店信息管理相关书籍，一般情况下将"Reservation"翻译成"预订"，而不是"预定"。"预定"指达成一项协议，有担保（Guarantee）、确认（Confirmation）的过程；"预订"相当于英文 Booking，强调过程、行为，不涉及担保、交佣金的过程。由此看来，Reservation 应译为"预定"更为合适，囿于人们的使用习惯，本书中还是将其译为"预订"。

从酒店信息系统的角度来看，预订就是通过恰当的方式收集客人信息并将其在酒店信息系统中输入并得出结果。如果某客人反复在一个酒店入住多次，档案只有一个，但每一次的预订作为一条历史记录被保存在数据库中。每一次入住有每一次的账单，则该客人至少有 200 次预订，有 200 次登记录入（Check In），入住 200 次就有 200 次的账单。Reservation Options 里面设计的内容才是真正为客人提供深层次服务，而不是停留在服务人员浅层次的仪容仪表上。

预订的功能：新建预订、查询预订、更新预订、生成报表；用房量控制、取消预订、确认订房、等候名单、房间分配、预付押金收取及房间共享等。这些功能有助于为客人提供个性化的服务。

预订是酒店与客人达成"预订协议"并进行房控的一个过程。面向 PMS 的预订过程是这样的，酒店的预订人员根据客人对入住日期、房型、房价、是否需要含早餐及吸烟与否或房间朝向等特性的需求在系统中寻找匹配的产品；然后与客人确认预订约束条款，如是否需要预付订金、最晚到店时间、取消条款、付款方式等；随后为客人安排特殊服务，如接送机等。当以上信息确认无误后，在系统中为客人创建订单。创建订单从表面上来看是收集客人的信息并将其录入到系统中，其内在的功能是系统通过订单中的信息进行房控并为今后的市场分析提供数据基础。

房控：每一个订单都会从酒店的房量库存中减少对应日期、对应房型的相应房间数量，使订房人员可以及时准确地得到可卖房的数量。而可卖房的数量又可以根据订单中的预订

类型分为包含不确定预订和不包含不确定预订两种。这一点对酒店的房控至关重要。如酒店总房量库存500间,系统中有450间确定预订的订单和50间不确定预订的订单,当订房人员查询总订单(包含不确定预订)量的时候酒店已经无房可卖了,这种情况下新来的预订是接还是不接呢?因为不确定的预订客人很可能不来了(即No Show-预订未到),那样就会给酒店带来损失,所以有经验的预订人员会根据不确定预订的数量在系统中调控可超预订的房间数量的限额以及调整新预订的预订规则(比如增加预付条款等)。

市场分析的数据基础:在订单中除了客人的基本信息还有很多有价值的市场信息,如预订渠道、预订来源、预订市场划分等,这些信息存储在数据库中都将成为今后酒店市场定位、定价的重要依据。

第一节 个人预订

一、新建预订(New Reservation)

在"新建预订"之前,首先需要了解预订来源(Booking Source),预订的来源分为直销渠道的预订和分销渠道的预订两大类。

直销渠道:直销渠道是酒店的自营渠道,即酒店直接将产品销售给客人,主要有酒店销售和预订中心、酒店前台、酒店的官网及移动端。分销渠道:分销渠道是酒店将产品交给第三方中间商,由中间商销售给客人,主要有批发商、旅行社、OTA、GDS等。

对预订来源的分析和掌控是酒店销售策略的重点,渠道的销量和占比是经营分析的重要指标之一。酒店致力于增加直销渠道的产量,最佳的状态是分销渠道的占比不超过总销售量的10%。酒店会通过多种手段获取渠道销售的数据,并利用信息化辅助工具对其进行分析,为销售策略的制定提供数据支持。

(一)预订流程(Reservation Flow)

预订流程是指操作员在Opera中点击新建预订按钮,为客人创建新预订时Opera中处理的一个先后顺序步骤。Opera提供了多个不同的预订流程供选择,这些可选流程适用于不同的酒店类型和相关的操作标准。酒店可以根据实际情况选择一个最适合酒店管理思路的流程。

在Opera的系统参数配置中,酒店可以在"Reservation"组中找到"Reservation Flow"项进行预订流程的设置(见图3-1)。

预订流程具体操作如下。

(1)Property Calendar(系统日历)。进入系统日历界面,操作员可以直观地查看到预订日期内的某个房型的可用房量,但此时房价并不是重要因素。这个流程适用于价格体系相对简单,如一个房型只对应单一房价的情况。通常在快捷酒店中这样的应用比较常见。

点击新建预订New Reservation,系统进入Property Calendar,选择到店、离店日期。点击OK进入预订主界面(见图3-2)。

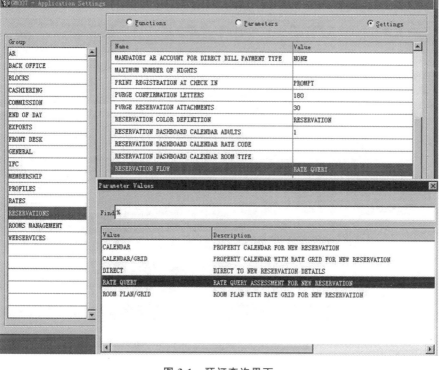

图 3-1　预订查询界面

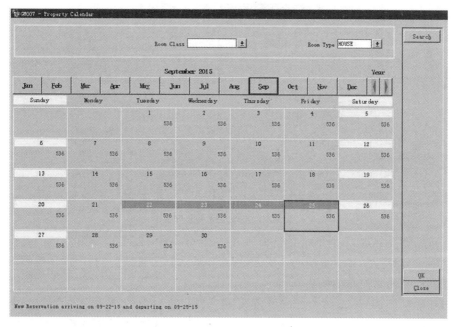

图 3-2　预订房价查询界面

(2)Calendar/Grid。在 Calendar 流程的基础上考虑价格因素,但未考虑到促销、会员、公司协议等情况,仍然不适合具有多样化产品组合的星级酒店使用。

点击新建预订 New Reservation，进入 Property Calendar，选择到店、离店日期（见图 3-3）。

图 3-3　进入 Property Calendar 界面

点击 OK，系统出现选择入住人数界面（见图 3-4）。

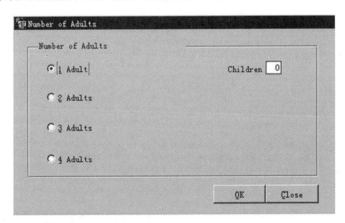

图 3-4　选择入住人数界面

进入价格选择界面，选择相应的价格后，进入预订界面（见图 3-5）。

(3) Direct。Direct 流程直接进入预订界面，并默认到店日期为当日，这个流程同样只适用于产品和服务相对简单的酒店。

点击新建预订 New Reservation 后，直接进入预订主界面，开始预订。

(4) Rate Query（房价查询）。Rate Query 流程把价格和房型的筛选条件前置，可以在操作员与客人沟通的同时将获取的筛选信息录入系统，使得整个预订流程更为流畅和人性化。它适用于具有多样化产品组合的星级酒店，是目前星级酒店主要采用的流程模式。

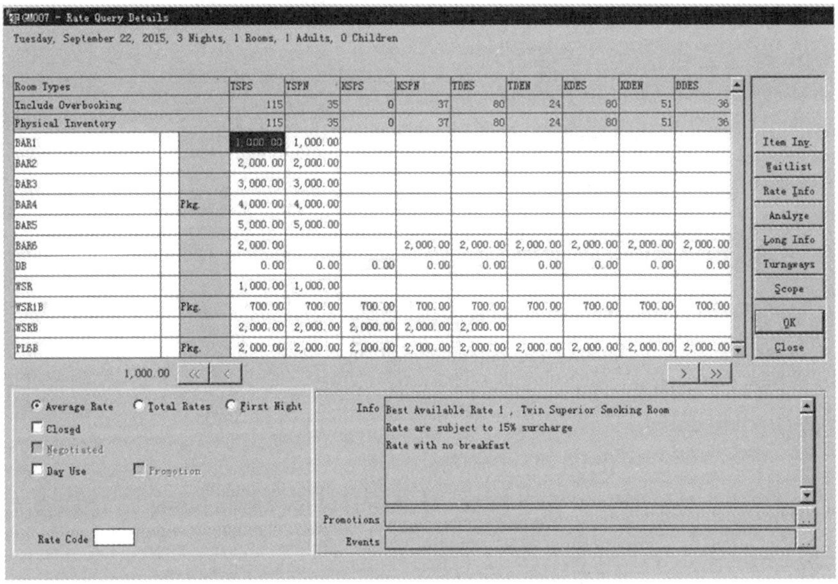

图 3-5　选择相应的价格后,进入预订界面

点击新建预订 New Reservation,进入 Rate Query 界面,选择到店、离店日期。在 Rate Query 界面,操作员可以通过查询客人 Member Type(是否是会员)、Company 或 Agent(是否是公司协议客户)、Promotions(是否参与促销活动)等过滤条件提前筛选适合的房型和房价。可以根据房价种类 Rate Category、Room Class 或 Features 等来筛选房价信息,不过这种方式酒店用的很少(见图 3-6)。

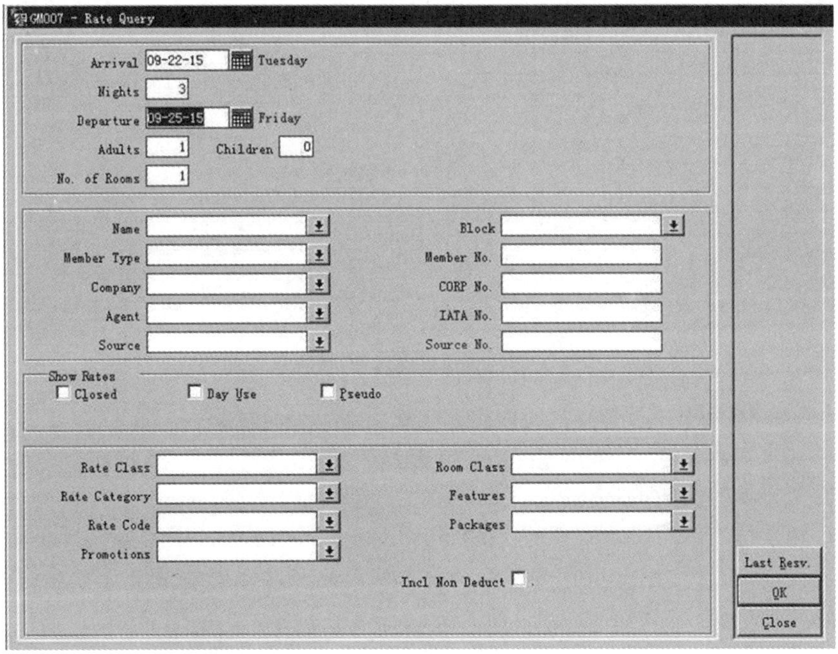

图 3-6　进入房价查询界面

确认信息后点击 OK,即进入房价明细界面,选择相应的价格。这是一个以二维表方式展现的房型房价界面,页面上方显示预订入住的时间和人数,每一个房型的可卖数量,如果数字变成红色,则表示该房型已经卖完。左列是酒店的各种房价代码,表格中展示出每个房型对应的不同房价,员工可以根据客人要求选择其中一个房价,点击 OK,即可进入预订主界面。

该页面左下方的部分是查询条件,如果客人入住期间每日房价有变化,表格中默认显示平均房价,也可以选择"Total Rate"显示入住期间总价,或者选择"First Night"显示第一晚的入住价格。

Close 房价关闭。有时候在这个界面上显示价格的地方看到有 Close 红色字样,表示该房型的此房价在客人入住这段时间暂时关闭,不能使用。尤其是在淡旺季明显的酒店中,酒店常常会根据出租情况临时关闭某些房型或者某部分房价代码。

Day Rate 指的是钟点房报价,不过夜的。

Info 的信息表示该个房价的说明信息,对酒店员工进行预订时介绍价格很有参考意义(见图 3-7)。

图 3-7 进入房价明细查询界面,选择相应的价格

点击 OK,进入预订主界面,界面如图 3-8 所示,具体内容后面详细介绍。

(5)Room Plan/Grid。Room Plan/Grid 流程将选房步骤前置,这样的流程适用于那些以房型特色为卖点的特色酒店。

点击新建预订 New Reservation,系统进入 Room Plan 界面,拖动方格即可定义客人入住房间以及日期,双击界面即可打开预订房价查询界面。这个功能适合做散客(Walk In)预订时使用(见图 3-9)。

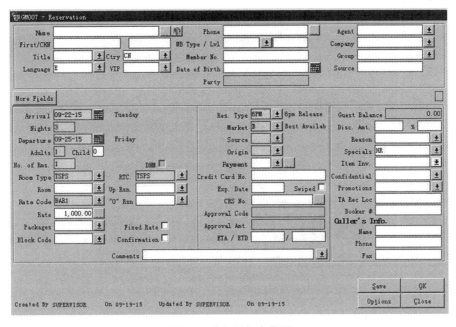

图 3-8 进入预订主界面

图 3-9 Room Plan 界面

(二)预订主界面(Reservation Main Screen)

在选择入住房型和房价后,就进入预订主界面完善更多预订信息,这部分内容较多,分为不同区域(见图 3-10)。

图 3-10　预订主界面分区示意图

(1) 第 1 部分：预订中的客人档案信息。这部分的信息是客人档案中的信息，为了更加清晰地了解客人信息，预订将重要信息如名字（Name）、语言（Language）、级别（VIP）、会员信息（Membership/Member level）、生日（Birthday）、是否为公司或者旅行社预订（Agent/Company/Group/Source）等信息罗列出来。如果要查看更多档案信息，可以点击客人名字栏目后面的小按钮，直接打开客人档案界面。

此处的公司或者旅行社是指给客人订房的公司或者旅行社，这种情况下，若该公司或者旅行社在酒店有协议价，客人可以使用协议价入住。

(2) 第 2 部分：预订主体信息。这部分信息是该客人本次入住酒店的基本信息，如到店、离店时间（Arrival/Departure date）、入住房型（Room Type）、房价以及包价信息（Rate and Package）、所住房间号（Room）、本次预订的付款信息（Payment）等。这里对一些重要概念说明一下。

① Adults & Children：入住的成人数和儿童数。这个可能会影响订单价格，因为酒店在定价的时候可能会按人数来定义不同的价格，特别是那些房包价的价格代码。

② No.of Rooms：入住的房间数。一般为 1，也可以同时预订多间房，录入大于 1 的数字，但是不超过 9 间，10 间以上算团队预订了。尽管预订了多间房，在分房的时候需要拆分成单个房间预订（后续会介绍到如何操作）。

③ Room Type：客人实际入住的房型。

④ RTC(Room Type Charge)：客人最初按房价预订的房型。一般情况下，Room Type 与 RTC 是一致的；只有酒店为客人做了升级（用同样的钱住了面积更大、价格更贵的客房），才会出现不一样的情况。如客人用 DSK 房型（RTC）的价格入住了 SDK 房型（Room Type）。

⑤ Rate Code&Rate：价格代码以及对应房型的房价金额。

⑥ Package：报价，指包含在房价中的其他费用，如早餐、晚餐、洗衣、上网、滑雪等。如果客人的 Package 显示为蓝色，则表示该房价代码下有自带的包含项目。除了对应的价格代码中包含项目外，也可以根据预订需要手工添加，点击 Package 后面的下拉箭头，可以新建、编辑、删除包价（后续会介绍报价如何操作）。

⑦ Reservation Type：预订担保，通常分为有担保预订、无担保预订。有担保预订(Guaranteed Reservation)，是指酒店向客人保证将预留房间至客人计划抵店当天的某个时间为止。有担保预订一般要求客人支付预订客房的押金（大部分是一晚房费），以保证酒店收益，即使预订最后到店，酒店仍然收取客人一晚房费以作补偿。预订担保可以使用预付现金、信用卡授权、旅行社预订担保、公司担保等。无担保预订(Non Guaranteed Reservation)，顾名思义，该预订到达某个时间还没有办理入住，则预订可以被无条件取消。在高出租率期间，酒店一般要求预订需要提供担保，无担保预订在指定时间（一般在 18：00）未到达，预订可能被取消。尽管无担保的预订预订成功后也不减少酒店总可卖房数，但是为了控制好可卖房剩余数量，大部分酒店还是会定义成不管是否有担保，都从酒店可卖房中减出。

⑧ Payment：付款方式。根据客人要求选择预订付款方式，如果选择各类信用卡，则需要录入信用卡号和有效期。对于 5 种外卡种类（Visa、Master、Diner、American Express、JCB 等），系统会自动校验信用卡号段。

⑨ Approval Code & Amount：预订担保授权信息（后续会介绍到信用卡授权的操作）。

⑩ CRS No.：中央预订号。如果酒店有中央预订系统，单店的预订都会同步到中央预订系统，系统会给所有预订一个中央预订中心的预订号码。

⑪ ETA/ETD：预计到店时间(Estimate Time Arrival)和离店时间(Estimate Time Departure)。

⑫ Market/Source：预订所属的市场分类和预订来源。市场分类应该是根据房价代码关联过来的，也就是说后台会给每个房价代码关联一个市场代码。如果没有管理，则预订时需要根据客人情况选择一个市场代码。来源代码一般指客人预订的来源，也可以定义为渠道如预订中心、OTA、电话预订等。

⑬ Comments：预订备注信息。

(3) 第 3 部分。

① Guest Balance：到目前为止的消费余额。

② Disc. Amt.：Discount Amount，指折扣金额。"％"后面的空格指打折比例，如八折，则录入 20。一旦做了折扣信息，需要选上"Fixed Rate"，固定客人房价，且此时折扣信息变为灰色，不能再更改了，客人的 Rate（房价）不能再改变。

③ Specials：客人本次入住的特殊要求。档案中的 Preferences 中的 Specials 会自动放入预订界面上的 Specials；预订新加的 Specials 系统会提示是否需要再记录到档案中，可根据具体情况选择。

④ No Post：签单控制。控制所有与 Opera 接口的入账系统（如电话计费系统、VOD 系统、餐饮计费系统）确定是否允许客人挂账到该客人在酒店入住房间的主账上。

⑤ Print Rate：打印房价。当复选框□被选中时（打√），会在临时入住登记卡（Reservation Card）上打印房价；复选框□未被选中时，就不会在登记卡上打印房价。旅行社或某些团队客人，不可告知真实房价的时候，在登记卡上就不应打印房价。

（三）预订房价明细（Rate Details）

在预订主界面上，看到预订到店当天的具体房价。如果预订入住时间超过一天，且期间房价可能不一样，如何查看客人在店每天的房价信息呢？Opera 提供一个功能叫做 Rate Info.（见图 3-11、图 3-12）。

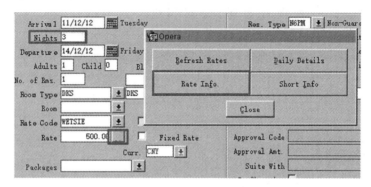

图 3-11　Rate Info.界面

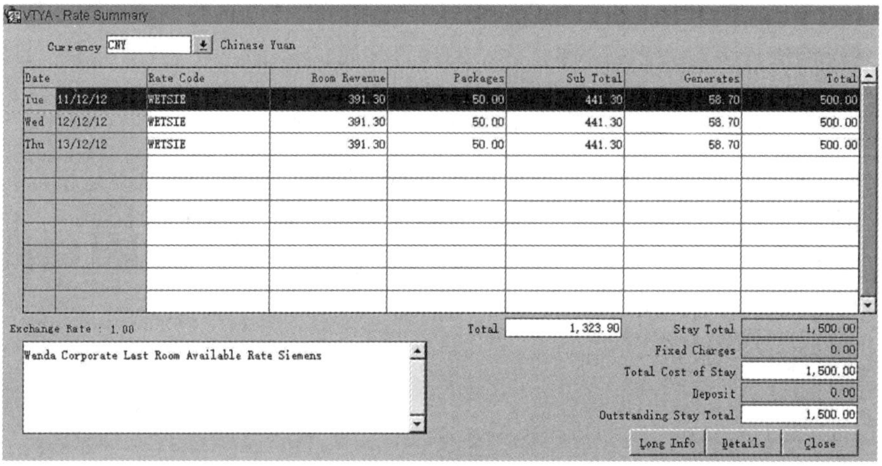

图 3-12　客人入住期间房价明细界面

在这个界面上罗列出预订 3 天的每日明细，包括房价代码、房费金额、包价价格（Packages）、服务费（Generates）等。

如果要对客人入住期间某一天的预订项目进行修改，可以进入 Daily Details（见图 3-13、图 3-14）。

可以在表格中直接修改房价，保存后的价格会自动 Fixed Rate。除了可以直接改金额，还可以在这里对特定的某一天进行折扣设置，这样就不需要员工等到那一天的时候才进去做折扣，可以在此提前把折扣整理好。

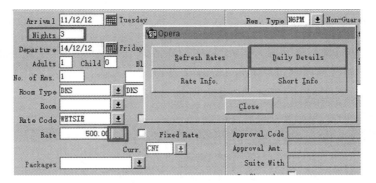

图 3-13 Daily Details 界面

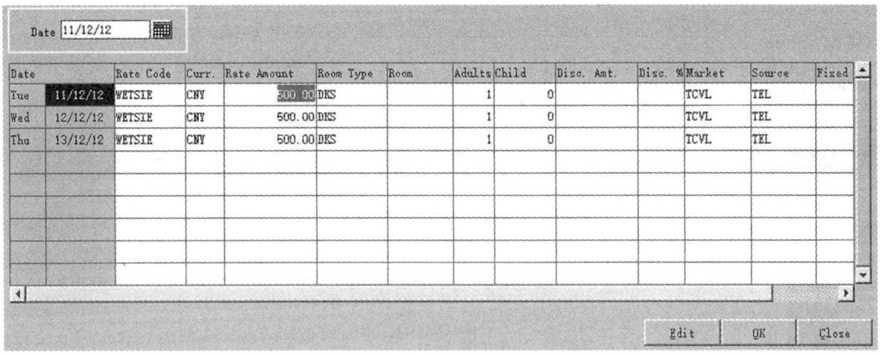

图 3-14 修改入住期间房价界面

如果预订刚好跨周末,有的酒店就会在这里把 Rate Code 换成周末价的 Rate Code(见图 3-15)。

更多信息的更改,选中日期,点击"Edit"。

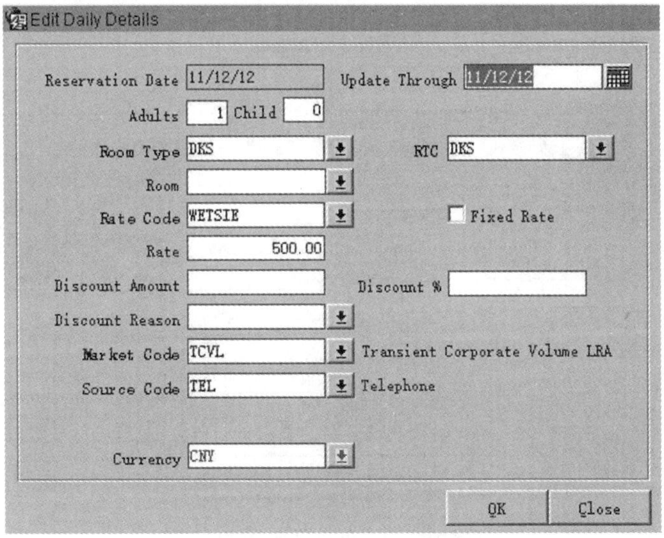

图 3-15 提前修改周末房价

（四）预订包价（Package）

Package 也叫包价。更准确来说，是指附加在房价上的项目，这些项目可能是免费的，也可能是收费的。如果预订界面左下角 Package 字样显示为蓝色，表示该房价里附加了一些项目。点击旁边的小按钮，可以看到具体的项目（见图 3-16）。

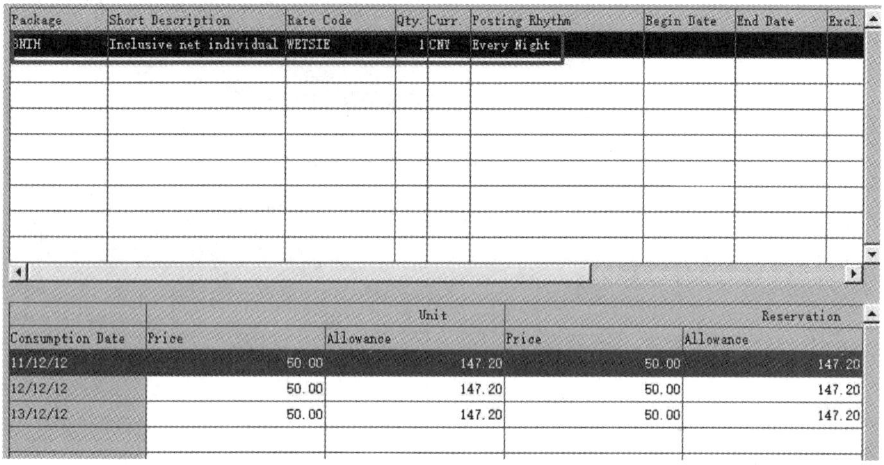

图 3-16　预订包价界面

页面上显示的是该房价每天包含一份早餐，内部成本划分是 50 元（Price），给客人的免费额度是 147.20 元（Allowance）。

如果客人需要额外添加项目，比如再加一份早餐，或者酒店愿意再送客人一份早餐，那么可以单独在预订上关联 Package（见图 3-17）。

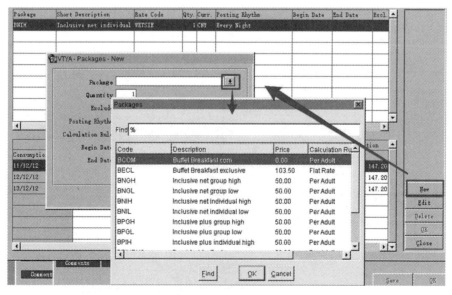

图 3-17　包价设置界面

选择对应的 Package Code 即可。关联进来以后,客人房费是增加还是不变,取决于该包价代码的收费模式,是需要额外加收费用的项目,还是允许房费内含的项目,所以酒店在选择 Package Code 的时候也要谨慎。改完 Package Code 以后要检查预订房价信息。

例如,房费 1000 元,原来没有任何包价项目,如果添加的项目是附加项目 100 元,那么房价变为 1100 元,其中净房费 1000 元,餐饮收入 100 元;如果房费附加的项目是允许房费内含 100 元,客人无需额外收费,那么房价显示还是 1000 元,只不过净房费收入会减少,变为净房费 900 元,餐饮收入 100 元。

(五)其他预订信息

1.预订折扣(Discount)

预订折扣是酒店预订接待中经常操作的。折扣的原因很多,比如客人投诉、酒店促销、管理层要求等。Opera 提供 2 种折扣方式,按房价金额比例折扣和按固定金额折扣(见图 3-18)。

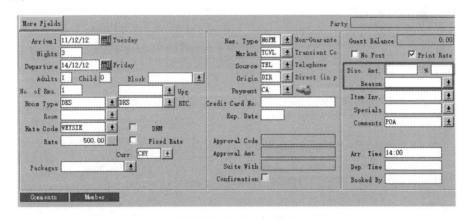

图 3-18　预订折扣界面

折扣一般要求录入折扣原因,折扣后房价 Rate 会显示折扣后的价格。

2.信用卡预授权(Credit Card Approval)

酒店预订或者入住一般需要在入住时支付一定金额的押金,可以是现金,也可以是信用卡预授权。如果是现金,在系统操作入住后,员工登录到客人账单界面进行付款 Payment 的操作(参照 Cashiering 模块中 Payment 的具体介绍)。如果是预授权,首先应该在银行 POS 机器上执行银行授权操作,然后将信息录入 Opera 系统中(Opera 提供银行信用卡支付接口,可以将银行刷卡机器上刷卡的信息自动传入 Opera 该订单中)。若手动记录预授权信息,可打开客人预订选项 Reservation Options 中的 Credit Cards 功能(见图 3-19)。

信用卡基本信息会显示在授权页面上,方便员工核对信息。录入授权金额以及授权代码即可(授权代码可以在银行卡单上找到)。如果没有银行信用卡接口,这个信息在 Opera 系统中只是起到一个备注的作用,通过报表可以比较出客人是否消费超出授权金额;如果有银行信用卡接口,在该预订结算的时候,会将结算信息自动发送到银行进行授权消费操作。

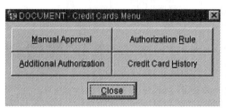
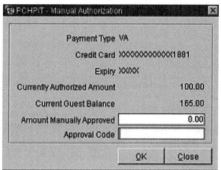

图 3-19　信用卡授卡界面

如果预授权录入错误,则需要进行冲抵。冲抵时,授权金额录入等额负值,并录入相同的授权代码,则在系统中会自动冲抵该笔错误授权。

3.特殊要求(Specials)

客人入住期间,可能涉及一些特殊的要求,或者酒店对于某些特殊客人,可以提供更多增值服务等,这类信息可以用 Special Code 来实现,并且 Opera 提供独立的 Special 报表。客人预订界面上可以直接关联 Special Code,或者如果客人档案中 Preference 设置了 Special Code,会直接嵌入客人每次预订中(见图 3-20)。

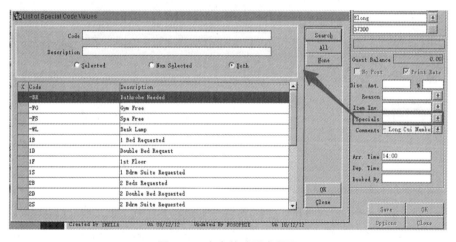

图 3-20　客人特殊要求界面

选择需要的 Special Code,点击 OK,系统会弹出对话框(见图 3-21),提示是否需要将此次添加的特殊要求记录在客人档案中,以备以后预订使用。

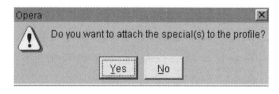

图 3-21　对话框

如果所添加的要求是客人以后每次入住都会要求的,则选择 Yes,未来预订会自动被嵌入该要求;如果只是当次入住的要求,则选择 No。

4.预订备注信息(Comments)

预订中的 Comments 与档案中的 Notes 是类似的,作为客人预订的补充和提醒信息,有利于员工及时处理客人要求,更加周到地服务客人。

常用的 Comment Types 类型有以下 3 种。

Reservation Comment,预订备注,即客人预订状态时可以看到的备注信息。如果客人档案中 Notes 里设置了 Reservation Notes,那么这个备注会被直接转为 Reservation Comment 带到预订上。

In House Comment,入住期间备注,即客人入住期间显示的备注信息。主要录入客人在店期间的各类服务要求或者员工备忘信息。

Cashiering Comment,收银备注,这个收银备注用得最频繁,备注信息会出现在客人的账单上,酒店会将关于客人消费以及结算的重要信息写入 Cashier Comments,在处理客人账目时要特别注意。例如团队预订,房费由公司支付,或者员工预付了订金数额等跟账目处理有关的信息,酒店一般会需要写 Cashier Comment(见图 3-22)。

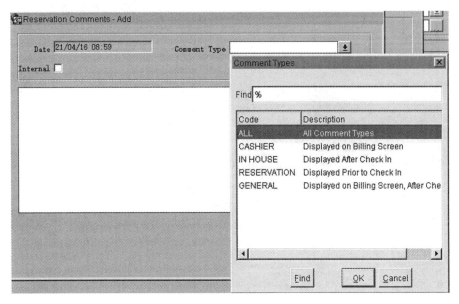

图 3-22 预订备注信息界面

点击预订界面上的 Comments,查看 Comments 明细,或者新建备注,首先选择一个 Comment Type,然后在白板区域录入备注明细。保存即可,如果客人有多于 1 条备注,则预订界面上 Comments 的地方会显示黄颜色,提醒员工点击进去查看更多备注信息。

所有类型的 Comments 都会以醒目的标志出现在预订或者客人账面上(见图 3-23)。

5.预订附加信息(More Fields)

预订订单和客人信息的量是非常大的,比如可能还有接送机要求,则需要在预订时在 More Fields 里录入客人要求。

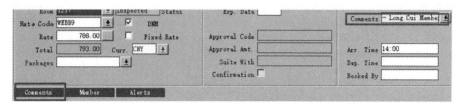

图 3-23　预订备注显示区域

（1）Pick up Reqd./Drop off Reqd.：客人是否需要接机/送机。如需接送机，则将此选项选成 Yes。

（2）Transport Type：接/送客人的车辆品牌、型号。

（3）Station Code：到哪里接/送客人，如机场、火车站代码。

（4）Carrier Code：客人乘坐的航班号或火车的车次。

（5）Transport No.：接送客人乘坐的车辆车牌号。

（6）Arrival Date/Departure Date：客人抵店/离店的日期。

（7）Pick up/Drop off Time：接送客人的具体时间。

Opera 提供接送机报表，酒店可以提前为接机/送机要求准备车辆。

More Fields 这个地方还可以根据酒店的更多要求自定义界面，如有的酒店会在此设计 Visa Type 以及 Visa Expiration Date 的录入框，或者客户预订员 Booker 的信息（见图 3-24）。

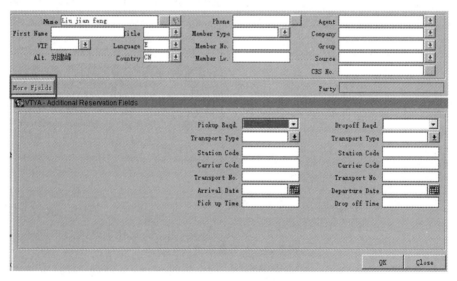

图 3-24　预订附加信息界面

二、预订更多功能（Reservation Options）

一个客人从预订、入住到离店整个周期，酒店需要提供许多服务，也需要系统帮忙做更多的配合和处理，如客人合住、客人留言、预订提醒、收取订金、客人账目分账要求、取消预订等。

下面介绍预订更多功能,进入 Reservation Options(见图 3-25)。

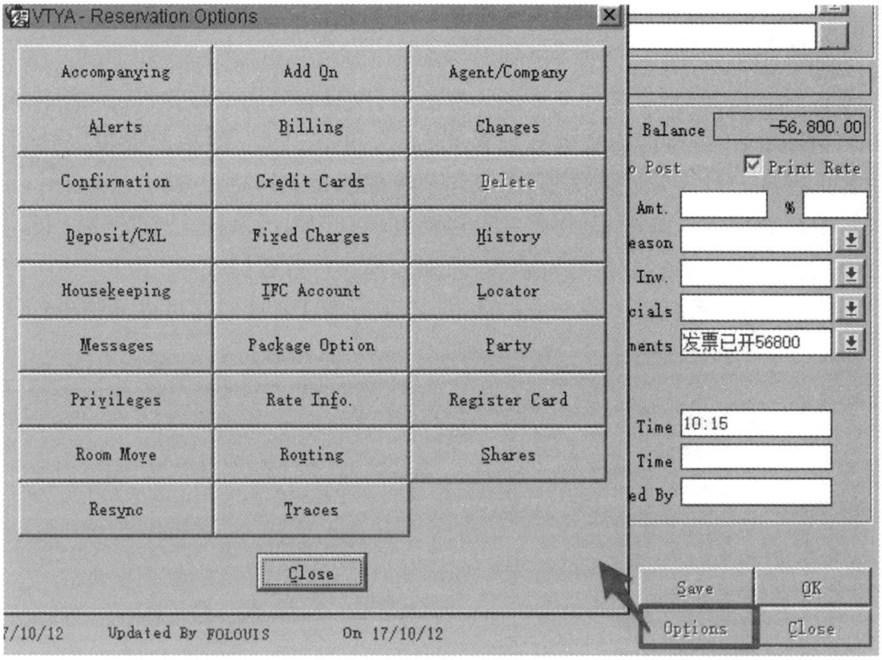

图 3-25 预订更多功能界面

(一)随行人员(Accompanying)

这里的随行人员一般不是通常所说的 2 个客人合住一间房。更多是用在如陪同国家领导、演艺明星或公司经理出行的服务人员(如翻译、秘书、保镖等),也常指随家长旅行的孩子。在主客的预订信息 Accompanying 中输入陪同人员身份信息即可(姓名为必填)。由于陪同人员很少是 1 人的情况,因此,有多少位陪同就需要重复多少次同样的操作。

随行人员一般没有预订订单,但是在酒店中一定要有档案(见图 3-26)。

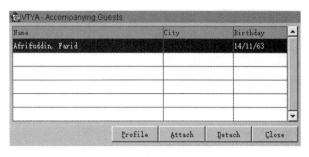

图 3-26 随行人员设置界面

(1)Profile:查看陪同人员的档案信息。
(2)Attach:为该客人添加一位陪同人员。
(3)Detach:解除与该客人的陪同关系。

(二)预订相关程序操作

1.复制预订(Add On)

复制预订顾名思义,是生成一个一模一样的预订(只有到店、离店时间可能不同)。如果新的预订与现有预订的预订信息大部分相同,那么用 Add On 的功能很快生成新的预订。比如一位客人在同一酒店曾经多次预订,或同一单位的员工同时预订同一酒店时,预订信息与当前预订的信息雷同或基本相似,就可以在现有预订记录的基础上复制出一个新的预订,在此基础上对页面中的内容进行编辑修改,快速完成预订过程。

点击 Add On 后,系统会出现一个提示框,操作员确认哪些信息可以复制(见图 3-27)。

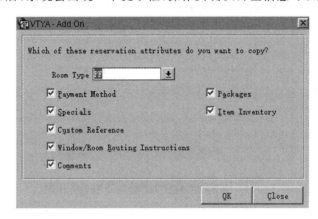

图 3-27 复制预订(Add On)界面

根据新预订的要求选择,在此可以直接先更改入住的房型。点击 OK 后,复制新预订。

当然在新预订保存之前,还应该仔细确认一下客人房型房价、付款、特殊要求等关键信息。

如果新的预订,入住人有变化(非原预订本人),则一定要更新预订人信息,点击名字 Name 后面的小按钮,打开档案查询界面,查询客人或者新建档案。

2.预付订金(Deposit/CXL)

酒店预订常常要求客人支付一定额度的订金(注意这里是订金,相当于预订担保金,而不是入住时的押金)。这个时候客人还没有 Check In 所以不会在账单入订金,而是使用 Opera 预订中的 Deposit 功能来收取订金。预订收取多少订金,取决于不同的担保要求。一般会以房费为参考基准来计算,如头晚的房费或者全额房费。"CXL",Canceled,中文意思是"取消"。

点击 Reservation Options 中的 Deposit/CXL 功能,进行订金收取。因为涉及账务,所以 Opera 要求必须录入收银账号以及密码(具体介绍请参考收银模块)(见图 3-28)。

打开付款界面后,选择相对应的付款方式进行预订担保,这里要注意,如果只是信用卡预授权,则不需要在此支付,而应该通过信用卡授权功能来操作。

(1)Payment:付款方式,这里用得最多的是 Cash 或者 Check。

(2)Currency:货币类型,一般酒店只支持人民币订金。

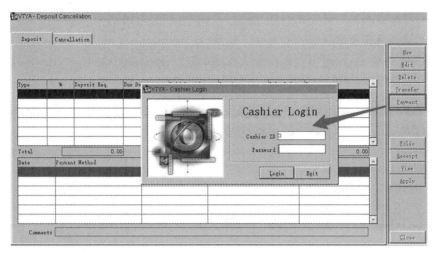

图 3-28 收银界面

(3)Amount:金额。

(4)Reference:财务备注。

(5)Comments:备注,可输入交款人信息。

(6)Res.Type:预订类型,既然有了担保,那么这里会自动将客人订单的预订类型转变为担保预订。

操作完毕,点击 OK 即可。系统会自动打印出预订担保订金的单据交付给客人,单据的格式是根据酒店预设的(见图 3-29)。

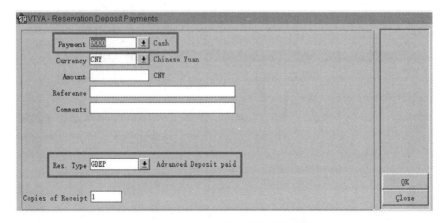

图 3-29 Payment 录入预付订金界面

3.取消预订(Cancel Reservation)

如果客人由于某些原因(如改变行程、航线关闭、疾病、会议取消、找到了更便宜的酒店、其他)而不能到店,要求取消预订,则酒店需要将此预订在系统中取消,让预订占房数量释放。酒店一般会要求记录客人取消预订的原因,以便酒店进行发送管理和采取营销策略。[1]

---

[1] 陈文力,苏宁:《酒店管理信息系统》,机械工业出版社,2012年版。

酒店应认识到,"客人花时间通知酒店取消所作的预订"是对酒店极大的帮助,因此,酒店预订部应尽可能提供快速而有效的取消预订服务。

在 Update Reservation 中查询到客人预订,点击 Options 中的 Cancellation 功能,系统会要求录入取消原因(见图 3-30)。

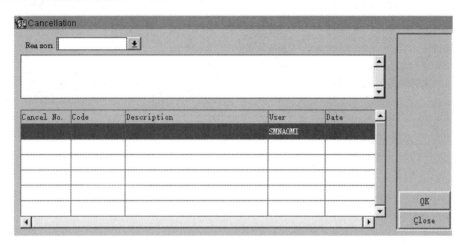

图 3-30　取消预订界面

需要特别注意的是,如果客人在预订时已经交了预付订金(Deposit),则取消预订的时候要注意订金的退还,才可以取消。

如果取消预订后又反悔,或者员工误操作取消了预订,可以重新激活该预订 Reinstate(见图 3-31)。

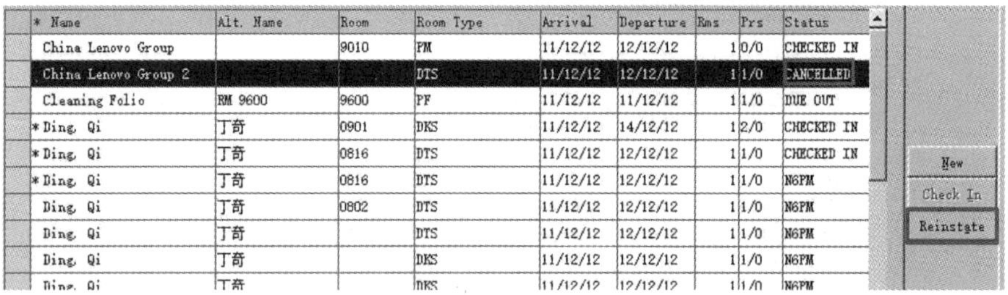

图 3-31　Reinstate 界面

4. 固定费用(Fixed Charges)

固定费用(Fixed Charges)是指客人在入住酒店期间在固定周期(例如每晚、每周等)产生的费用(如停车费、加床费、包车费等),设置好费用和入账频率,系统在夜审时会自动记入客人的账单。

进入 Reservation Options,点击 Fixed Charges 功能。

(1)定义入账频率:Once(一次)、Daily(每天)、Weekly(每周)、Monthly(每月)、Quarterly(每季度)、Yearly(每年)。

(2)定义入账项目:Trn.Code(Transactions Code)入账代码。

(3)定义入账金额:Amount。

(4)定义消费数量:Quantity。
(5)定义固定费用入账时间起止:Begin Date/ End Date。
(6)备注信息:Supplement。
定义好以上内容后,点击 OK 即可。系统就会根据设定,将费用录入客人账面(见图 3-32)。

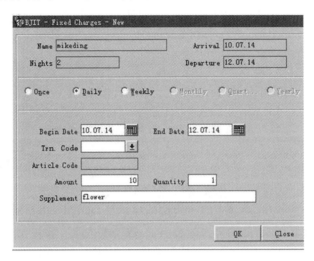

图 3-32　固定费用(Fixed Charges)界面

5.散客小团队(Party)

Party 功能可以实现一个多间房的预订快速拆分。预订者一般会以同一个名字预订多间房,到店时间和房价、房型等信息一致,那么酒店在预订 No.of Rms.(Number of Rooms)中录入多个房间,但是等到预订信息确认后分配房间号时,务必将预订拆分,每个预订上的 No.of Rms.一定是 1,才能够进行分房。用 Party 的功能进行预订拆分,系统会给每一个拆分出来的预订一个 Party 名称(如北京老年竞走团、信息部会议)和号码,方便查询同行客人信息(见图 3-33)。

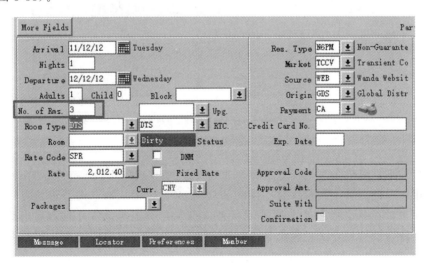

图 3-33　新建散客小团队(Party)界面

例如,进入 Reservation Options,点击 Party 功能,将 3 间房的预订拆分成 3 个独立预订(见图 3-34)。

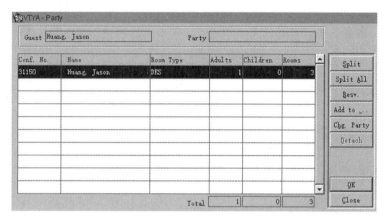

图 3-34　客房预订拆分

可以选择右上角的 Split 功能一间一间按顺序拆分,也可以点击 Split All 一次性拆分。拆分完毕后,所有新预订均是原来客人的名字,一般要求按照实际入住客人信息更新预订客人档案。点击旁边的 Resv.(Reservation),打开客人预订可以直接修改客人预订信息。

右侧的功能键"Add to ..."(Add to Party),可以将一个独立的预订加入小团队中,主要目的是方便查询同一个团队里的所有预订,尤其是在结账或者需要批量处理小团队业务的时候。因为只要是 Party 下的预订,都有一个 Party Number,在预订查询界面以及收银查询界面,都可以根据这个号码查询同行的客人。Detach 指某个预订从小团队中脱离变成一个独立的预订(见图 3-35)。

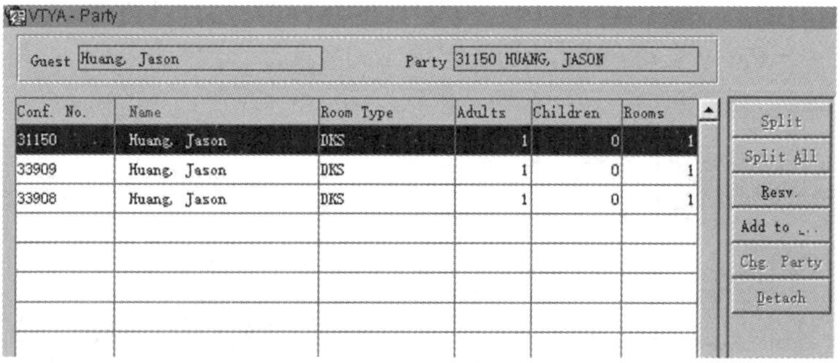

图 3-35　客房拆分结果

6.分账指令(Routing)

客人在店期间可能会产生许多不同类型的费用,如餐费、房费、洗衣费、电话费等。很多客人出于报销目的或者不同费用有不同的结算人,会要求酒店对其消费进行分类处理。如果这个工作量都在退房结算时处理,那么无疑会降低结算退房效率并且容易出错。因此希望提前让系统自动按照要求整理账务,这个功能叫做 Routing(分账指令),即给系统发出一个命令,让它按照要求实现自动对账目分类。

有必要提前说明一下（收银模块有具体介绍），Opera 给每一个客人提供一个账单，每个账单可以分为 8 个账页，即可以将客人账单分出 8 种类型来处理，当然，具体用到几个账页取决于客人的实际要求。

PMS 支持两种形式的分账操作：Room Routing，账目按要求自动转入其他房间，一般团队常用此功能；Windows Routing，账目按要求自动转入某个账页，一般散客预订常用此功能。

Room Routing 是把一个房间的账务转到另外一个房间，一般团队用得比较多，团员一般不需要付房费，则产生的房费均可以自动转入团队主账房账单中，因此，需要对每个团员设置 Room Routing。

（1）选择使用分账要求的日期：Entire Stay 表示整个入住期间，也可以定义星期。

（2）Route to Room：要转出的目标房间号。点开后面的下箭头，查询目标预订。

（3）Status：显示该预订的状态，在店（Checked In）还是预订（Reserved）等。

（4）Transactions：选择哪些账目需要按照指令转走。酒店所有的消费项，都是以代码的方式记录的。这部分在收银模块有详细介绍。

设置完毕后，点击 OK，分账指令即生效（见图 3-36）。

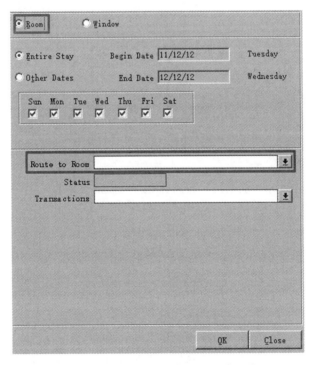

图 3-36　账目按要求自动转入其他房间界面

Windows Routing 客人账单内账页之间的转账。

（1）选择使用分账要求的日期，Entire Stay 表示整个入住期间，也可以定义星期。

（2）Name：默认显示为客人名字。如果费用是由别人来支付，比如公司，那么这里要选择公司的名字，从后面的下拉箭头中，打开档案查询界面，直接关联付款人。

（3）Address：客人账单邮寄的地址。

（4）Transactions：选择哪些账目需要按照指令转走。酒店所有的消费项都是以代码的方式记录的。这部分在收银模块有详细介绍。

（5）Windows：账页。选择该类账目转到某个账页中。一般按顺序使用。

设置完毕后，点击 OK，分账指令即生效（见图 3-37）。

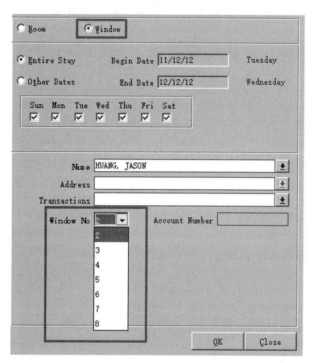

图 3-37　客人账单内账页之间的转账界面

7.合住预订（Shares）

这是 Opera 重要的功能，也是酒店较常用的功能之一。Shares 合住预订顾名思义就是将 2 个或 2 个以上的预订，合并在一起住同一间客房。在 Opera 中，如果预订是 Shares 预订，那么在预订前面有一个“＊”的标志（见图 3-38）。

* Name	Alt. Name	Room	Room Type	Arrival	Departure	Rms	Prs	Status
China Lenovo Group		9010	PM	11/12/12	12/12/12	1	0/0	CHECKED IN
China Lenovo Group 2			DTS	11/12/12	12/12/12	1	1/0	CANCELLED
Cleaning Folio	RM 9600	9600	PF	11/12/12	11/12/12	1	1/0	DUE OUT
*Ding, Qi	丁奇	0901	DKS	11/12/12	14/12/12	1	2/0	CHECKED IN
*Ding, Qi	丁奇	0816	DTS	11/12/12	12/12/12	1	1/0	CHECKED IN
*Ding, Qi	丁奇	0816	DTS	11/12/12	12/12/12	1	1/0	N6PM
Ding, Qi	丁奇	0802	DTS	11/12/12	12/12/12	1	1/0	N6PM
Ding, Qi	丁奇		DTS	11/12/12	12/12/12	1	1/0	N6PM
Ding, Qi	丁奇		DKS	11/12/12	12/12/12	1	1/0	N6PM
Ding, Qi	丁奇		DKS	11/12/12	12/12/12	1	1/0	N6PM

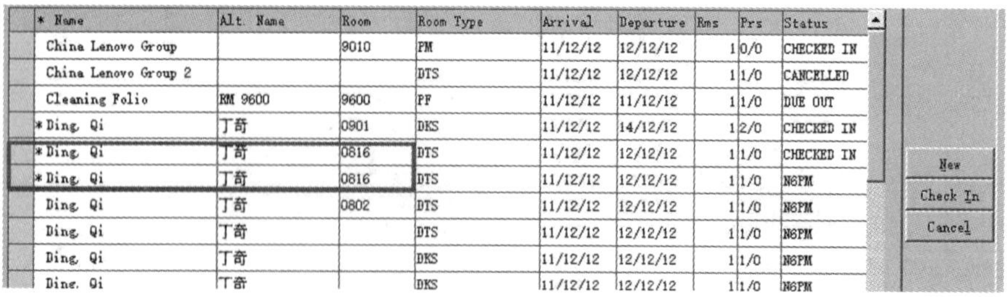

图 3-38　Shares 结果提示界面

进入 Reservation Options，点击 Shares 进行合住客人操作；选择合住客人，点击“Combine”按钮，会弹出一个小窗口，视具体情况，选择现有预订（Reservation）或者新建预订（Profiles）（见图 3-39）。

把当前现有的预订称为主 Sharer。

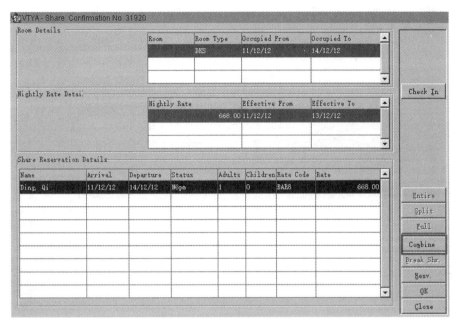

图 3-39　合住预订操作界面

新建 Share 预订:要加进来的这个合住客人,当下还没有预订。

(1)选择"Profile",输入客人名字,或者点击 Name 后面的下拉箭头,查询客人档案(前面说过任何预订都需要先有档案)。

(2)Adults:入住人数,默认为 1。

(3)Res.Type:预订类型,一般与主 Sharer 一致即可。

(4)Payment:付款类型,一般与主 Sharer 一致。如果选择了信用卡付款方式,则需要录入卡号以及有效期。

点击 OK,系统自动创建一个新预订,除了上面自定义的信息,其他信息会复制主 Sharer 的预订信息(见图 3-40、图 3-41)。

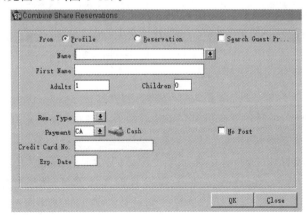

图 3-40　增加合住客人界面

图 3-41 合住界面

这个时候并没有结束,对于合住客人,一般由一人付房费,或者少数时候两人分摊房费,利用右侧的功能键可以快速分配房费。Entire 表示某个预订全额支付,另一个预订无需支付;Split 则是均摊房费;Full 表示 2 人均需付全价,这个很少用(见图 3-42)。

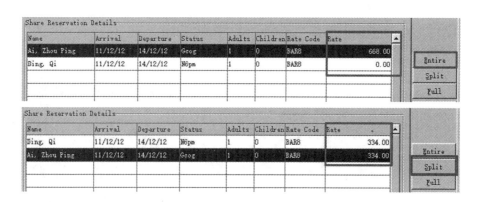

图 3-42 房价分摊界面

如果要将已经合住的 2 个预订拆开,可以点击右下角的"Break Shr."(Break Share)功能,将 2 个预订变为独立预订。

注意:在执行此项操作之前,务必保证 2 个预订的房价等信息是正确的。

如果要加入合住的客人已经有预订,只需要查询到该预订,然后加进来就可以了;如果该预订的房价房型等信息不一致,还应该先改为一致。剩下的操作同上(见图 3-43)。

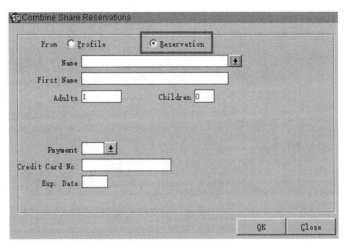

图 3-43 查询到合住的客人已经预订,办理合住手续

(三)宾客服务功能

1.客人方位(Locators)

这个功能本意是用来按照客人要求记录其在某个时间段内所在位置。方位指的是店内的区域。酒店一般会把客人服务区域录入进去,如游泳池、Spa、餐厅、健身房、咖啡厅等。当客人有电话或者外访到来时,前台可以及时查询到客人方位通知客人,如客人需要参加会议,不方便接待来访人员或者接听电话,那么会要求前台设置一个 Locate,其间有人来访时,可以及时告知对方客人的方位或者要求。不过这个功能现在常常被另作他用,比如用作"免打扰"的提醒设置,应客人要求入住期间免打扰,不接受外访等,酒店会设置一个 Locator:Do not Disturb,则前台看到这个提示后,可以按照客人要求不告知外访者行踪。

设置 Locators,进入 Reservation Options,点击 Locators 功能(见图 3-44)。

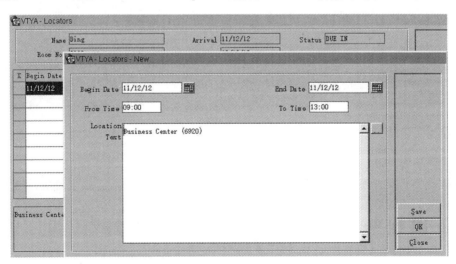

图 3-44 客人方位(Locators)界面

新建一个 Locator,按照客人要求,录入某个时间内,要求记录客人方位。点击 Locate Text(文本)旁边的小按钮,可以选择具体的地点,而不必手动录入,当然酒店需要提前把酒店区域录入进去(见图 3-45)。

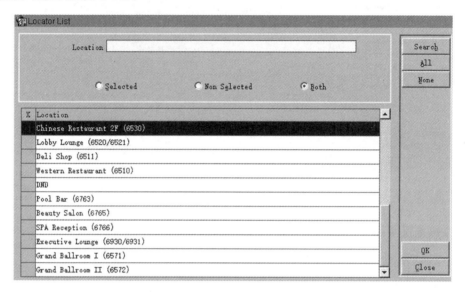

图 3-45　设置客人方位(Locate)内容界面

方位设置完毕以后,系统会记录具体操作人、操作时间,也可以删除操作(见图 3-46)。

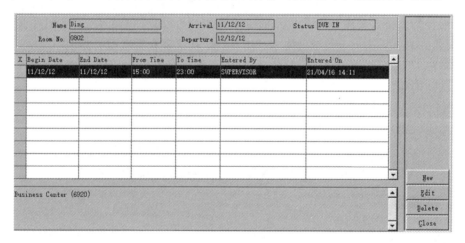

图 3-46　记录

2. 提醒(Alerts)

这是一个非常有用的功能。系统设置提醒后,可以及时帮助员工提供对应的服务,也是酒店较常用的功能之一。

Alerts:可以出现在以下 3 个场景。

Check In:在办理入住的时候,弹出提醒页面。

Check Out:在进入客人账单的时候,弹出提醒页面。

Reservation:每次进入客人预订界面的时候,弹出提醒页面。

如何选择取决于这个提醒的内容,比如,客人到店时需要提醒前台经理接待,那么可以设置 Reservation Alerts;客人结账时提醒员工该客人有押金未退,则可以设置 Check Out Alert。

新建 Alerts,选择 Alert Code 提醒代码,会将提醒代码预设好的内容显示在描述中,也可以根据要求更改描述或者添加更多提醒内容,然后选择这个提醒需要出现的场景,保存即可(见图 3-47)。

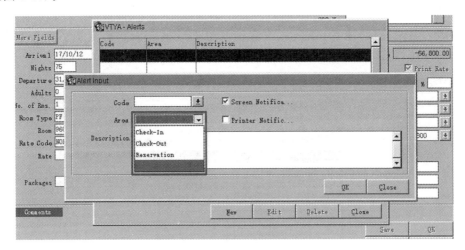

图 3-47　新建提醒(Alerts)界面

Alerts 弹出窗口示例(见图 3-48)。

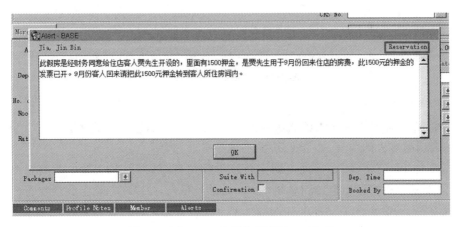

图 3-48　在 BASE 中录入提醒(Alert)信息

3.事项跟进(Traces)

可以把 Traces 的功能理解成一个围绕客人内部沟通和信息流转的功能。这个功能不是对客人提供服务的,而是为了各部门之间的沟通而设计的。

(1)From Date/To Date:选择该事项需要被关注的日期。

(2)Dept. Code(Department Code):部门代码,即该事项需要某个部门来跟进。

(3)Trace Text：具体跟进内容。可以直接对空白区域修改，也可以通过 Quick Text 选择常用的跟进事项。酒店会提前将常见的事项预先设置进系统。

进入 Reservation Options，点击 Traces 功能，新建一个跟进事项。完成后点击 OK，即生成一个跟进事项。

在跟进事项列表页上可以看到事项的基本信息，包括创建者、创建时间、处理者、处理时间等，可以继续更改事项内容，也可以删除事项跟进，当然删除的权限一般不对普通员工开放。

如果事项已经被处理了，那么员工应该及时进行事项的状态变更。点击右下角的"Resolved"功能，将该事项变为已处理状态（见图3-49）。

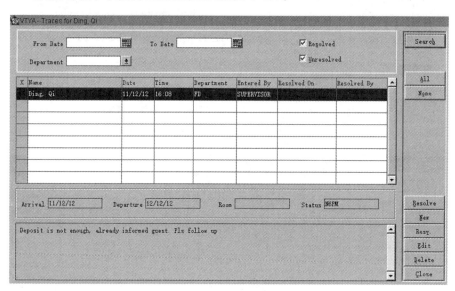

图 3-49 事项跟进状态显示

4.客人留言（Messages）

客人留言，可以是外部客人给酒店客人留言，也可以是酒店员工给客人留言。Messages 可以是前台留给客人的留言，如催交房费、特殊事务通知等。

只要客人有留言信息，在房间电话上可以看到留言灯闪烁，客人拨电话到总机查收留言，也可以要求总机打印出来送到房间。如果是语音留言，可以在电话上直接收听。

进入 Reservation Options，点击 Messages 功能，新建留言。录入留言者基本信息包括名称、电话、称谓等，在空白处录入留言信息。酒店对于常用的留言，设置了留言模板，在这里点击"Quick Text"可以直接调用留言模板，加快新建留言速度（见图3-50）。

点击 OK，看到留言人、留言时间等信息。点击 Edit 更改留言，也可以用 Delete 删除留言。当然删除 Messages 的权限不对一般员工开放。

右下角的 Print 按钮可以将留言条打印出来。当留言被客人接收以后，应该将留言状态改为 Received，则房间电话的留言灯会自动熄灭（见图3-51）。

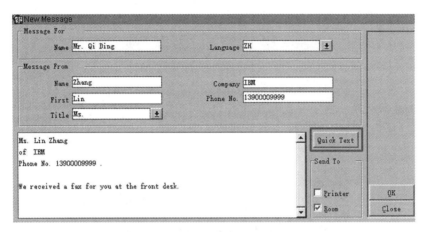

图 3-50 Quick Text 新建留言界面

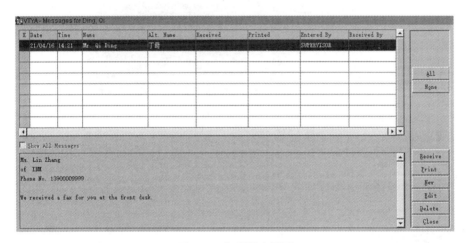

图 3-51 打印留言界面

(四)其他功能(More Functions)

在 Reservation Options 中,还有一些功能,简单介绍如下,有些功能会在接下来的模块中详细介绍。

(1)Billing:账单。在 Cashiering(收银)模块将对 Billing 加以详细介绍。

(2)Changes:对此预订操作过的所有记录,用于记录和跟踪员工操作内容。

(3)Confirmation:打印客人的确认信,也可以直接将确认信以传真或者邮件的方式发送给客人。

(4)Delete:删除预订,这个权限被控制得很严格,酒店也不允许其员工有此权限。

(5)History:查询客人以往的住店情况及消费情况。与客人档案的历史记录类似。

(6)Rate Card:打印临时入住登记卡。

第二节 团队预订

团队一般包括客房团队、宴会团队。客房团队主要指旅行团队，宴会团队分为不住房宴会预订、住房宴会预订 2 种类型。本节只介绍关于团队住房部分的功能和处理流程。

团队预订过程包括建立团队档案、新建团队预订、团队锁房、团员预订拆分、团员预订分房（见图 3-52）。

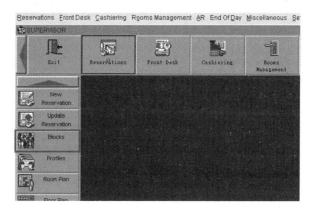

图 3-52 进入团队预订界面

一、新建团队预订（New Business Block）

跟单个预订一样，团队预订也需要关联公司或者旅行社，如果签署了协议价，那么团队订单自动继承其协议价（见图 3-53）。

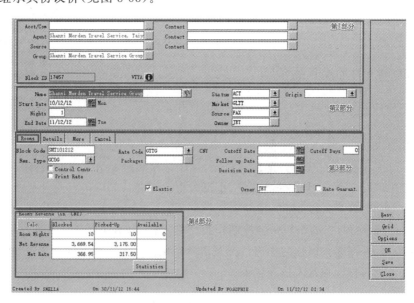

图 3-53 团队预订的主界面

(一)团队相关档案关联信息

Acct./Com.(Account/Company):公司,如为协议单位的团队用其后面的选择档案链接。

Agent:旅行社。如果该团队旅行社带来的团队,要链接上旅行社的档案,统计旅行社的产量并计算佣金。

Source:该类档案可以理解为一些线下旅行社批发商的档案,佣金也可以通过佣金模块来计算。

Group:团队。此处不需要输入,本次团队的档案将在团队预订保存后自动建立。

Block ID:该团队预订的唯一代码。会在团队预订成功后自动生成。

Contact:联系人档案。每个团队都有联系人,可以在此关联联系人档案。

(二)本次预订的基本信息

包括团队名字、入住时间、离店时间、预订房价、市场类型、来源区域等。团队预订锁房量大,因此团队预订的状态对酒店的整体可用房影响比较大。

Owner 销售业务员,这里的 Owner Code 与第三部分的 Owner 有什么区别呢?这里的 Owner 一般指的是负责该协议公司或者旅行社的业务员;而第三部分的 Owner 是指一般负责该团队此次预订的销售业务员。

(三)本次团队预订的住房信息

Block Code:该团队代码,这个代码也是唯一的,代码的格式可以在后台自定义。

Res.Type:预订类型。这里的预订类型跟散客的预订类型是一致的,团队团员做预订拆分的时候,会默认这个状态。

Rate Code & Packages:团队入住的价格代码以及包价代码,团队团员做预订拆分的时候,会默认这个价格代码和包价代码。

Elastic Block:通常把这个选项叫作弹性锁房。视不同的团的情况,酒店对某些类型的团队锁房有严格规定,订房数量以及入住时间一旦被确认,不可以更改,则不勾选此选项;而酒店对某些类型的团队用房比较宽松,入住时间也允许变更,则勾选此选项。在做团队预订拆分或实际入住期间,允许用房弹性变化的团队,可以根据实际住房情况,增加或者减少用房量,改变团员入住时间等,超出预订时的锁房量时,系统会允许从酒店其他可卖房中"借房"以满足团队要求。

Cut Off Date、Cut Off Days:设置团队预订拆分的最后截止确认时间。为了保证酒店的出租率,以及确认团队预订的数量,酒店一般会严格控制团队确认其团员名单和预订拆分的最后时间(即团队发送团员分房名单的最后截止时间)。如果超过这个确定时间系统没有进行预订拆分,系统会自动将团队的锁房释放出还给酒店变成酒店可卖房,则预订部和前厅部可以将这些房出租给散客,以提高酒店的出租率和收益率。Cut Off Date 与 Cut Off Days 都是用来进行团队控房的字段,Cut Off Days 一般用于滚动释放未拆分到预订的团队锁房数量;Cut Off Date 指在某一个固定时间释放未拆分到预订的团队锁房数量。对于同一个团队,二者只能设置一个。

(四)房费收入预测一览

房费收入预测一览(Rooms Revenue Forecast)可用来了解该团队用房情况以及收益预估的情况。

Blocked 表示团队锁房数量;Pick-up 表示团队已经拆分到预订的房间数量;Available 表示该团队还剩余多少可分配的房间。

Net Revenue/Net Rate:对应房间数下的净房费收入和净房价。

二、团队预订锁房(Grid)

当酒店核对团队抵店当日数据后,如果能够满足团队的订房要求,就会向客户发意向书,确认团队的订房要求。当确认该团队入住意向后,酒店可以给该团队锁房(锁房是否从可卖房中减掉,取决于 Block Status 的定义,前面已经介绍过)。

点击团队预订主界面右下角的"Grid"进入锁房界面。界面可以选择酒店所有可卖的房型及其对应的日期,直接在空格中输入房间数即可,或者用页面下方的"Range"按钮进行快速锁房(见图 3-54)。

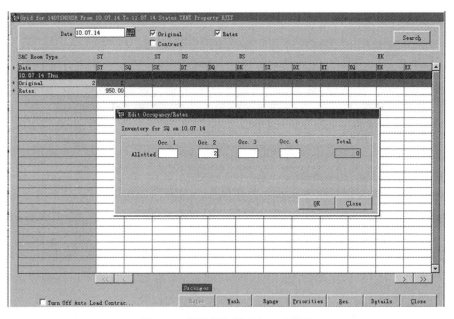

图 3-54　团队预订锁房(Grid)界面

(一)锁房(Range)

使用 Range 可以实现批量锁房。入住时间是该团队的到店、离店时间(From…to…),Room Types 是该团队允许预订的房型(取决于团队所选的房价代码)。右侧 No.of Rooms 则录入需要锁房的房间数量。

Increase/Decrease Rooms 增加或者减少团队锁房,一般是用在调整团队锁房时使用,初次锁房不需要勾选此选项。若勾选了此选项,在"No.of Rooms"中输入正整数,表示增加房间数;输入负整数,为减少的房间的数量(见图3-55)。

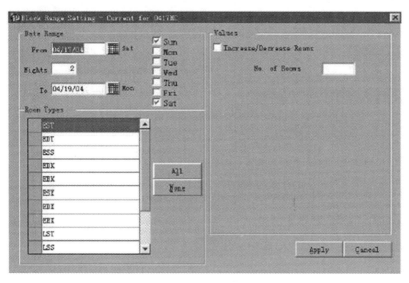

图 3-55　锁房(Range)界面

(二)减少已锁房房间(Wash)

团队的代理公司根据实际情况,调整团队在酒店的锁房。如果是增加房间数量,可以在 Range 中增加客房数量;如果是减少锁房数量,除了在 Range 中输入负整数外,还可以在 Wash 界面下进行。

右侧会显示已经锁好的房型,选中需要调整的房型,在 Wash 中定义是按数字来减少锁房数量还是根据比例来减少锁房数量。Date Range 中设置团队要减少的房型的入住时间(见图3-56)。

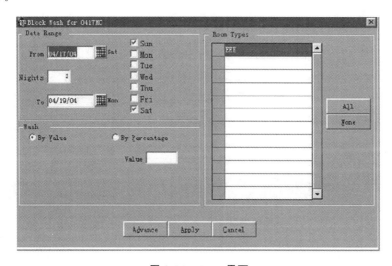

图 3-56　Wash 界面

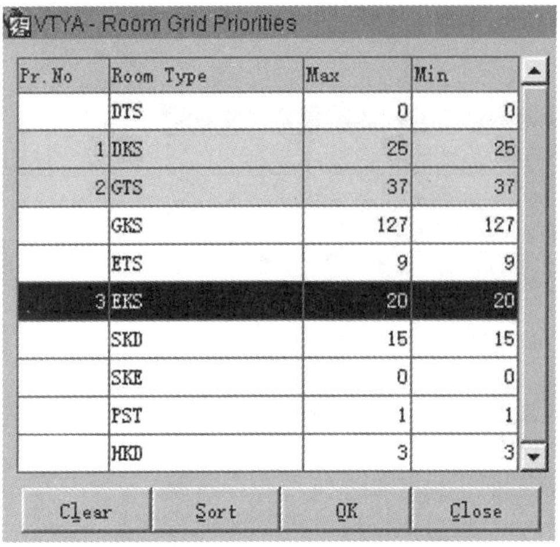

（三）优先权（Priorities）

设置酒店房型在锁房界面上显示的顺序。如果团队预订锁房时，考虑房间使用情况要对房间锁房顺序排序，则可以使用此功能，对团队的可选房型进行排序。

在这个界面上，可以直接看到房型的整体可卖房数，在锁房的时候可以参考（见图3-57）。

图 3-57 Priorities 界面

三、生成团员预订（Blocks）

团队是否可以进行团员预订拆分，取决于该团队的状态（Block Status），一般酒店要求只有团队确认入住且已经提交了担保，才会开始做团队的预订拆分，系统中一般要求团队预订状态转为 Definite。

点击 Blocks 主页面右下角的"Resv."（Reservation）功能，这时系统会弹出提示：Post master reservation will be created. Would you like to continue?

即将创建团队主账房预订（Post Master），是否继续？点击 Yes，生成团队主账房预订。

PM 房是一个虚拟房型，是用来处理团队账的地方。每个团队至少需要一个主账房（见图3-58）。

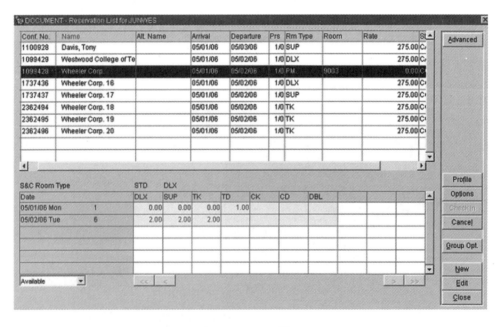

图 3-58 Blocks 界面

（一）团队预订拆分（Rooming List）

点开团员预订界面，点击"Group Opt."（Group Options）功能，用 Rooming List 功能创建团员预订（见图 3-59）。

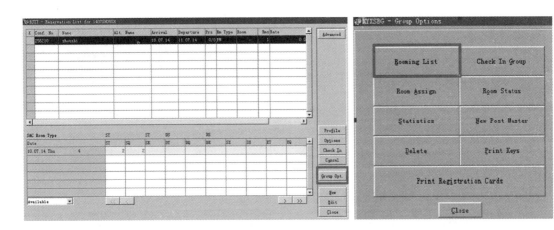

图 3-59　团队 Room List 界面

这时候出现新建预订界面，这个界面与散客预订不一样，为了保证团队预订拆分的速度，设计了一个表格形式。每一行表示一个团队预订，上面可以直接录入团员名字，到店、离店时间，入住房型和房价信息等。

左下角选中"New"表示要新创建预订。此时利用鼠标或者键盘光标逐行往下走，则可以录入一条一条预订记录，完成信息后，点击右下角的"Save"，生成每个订单的确认号 Conf. No.（Confirmation Number），即完成了团员的预订。

左下角选中"All"，表示要查看现有生成的预订，并可以直接在每行预订中更改团员预订信息。

左下方的 Search Guest Profile 表示每做一个预订，系统均会从档案中查询一下该客人的档案信息。是否需要查询，取决于酒店的要求。

在这个界面上，右侧有很多功能键，还可以直接给预订设置留言（Messages）或者跟进事项（Traces），查看或者更新团员档案（Profile），查看团队锁房（Grids），或者查看团队预订基本信息（Block）（见图 3-60）。

做完团员预订的创建后，退回到团员预订界面可以看到详细的团员预订。也可以看到当前团队的团员预订拆分情况，通过页面左下方的筛选切换，可以看到每个房型已经拆分的数量和剩余数量（见图 3-61）。

特别提示

右侧的功能键"Import List"，可以从外部导入团员名单。Opera 提供固定的 EXCEL 团队名单制作模板，直接导入系统便可生成团员预订。

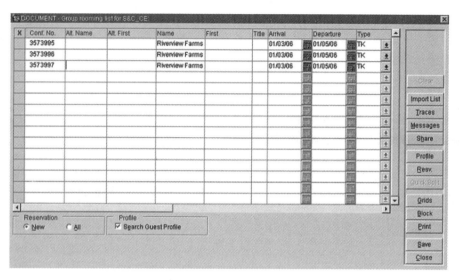

图 3-60　团队预订界面

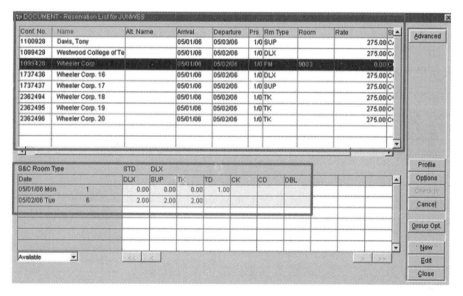

图 3-61　团队预订结果显示

(二)团员合住预订(Share Reservation)

团队团员合住是最常见的情况,特别是旅行团。在预订团队进行团员预订拆分的时候,需要进行团员的合住操作。一般有以下 2 种做法。

(1)如果在进行预订拆分的时候已经获得了团员名单,或者是确定了该团是两人一间的合住情况,就可以进入团员订单界面,选择 Group Options>Rooming List 界面。录入团员预订信息,在某一个合住的客人前面选择×,该条记录颜色变青,那么这个客人将与前面的预订人合住,形成 Share 预订(见图 3-62)。

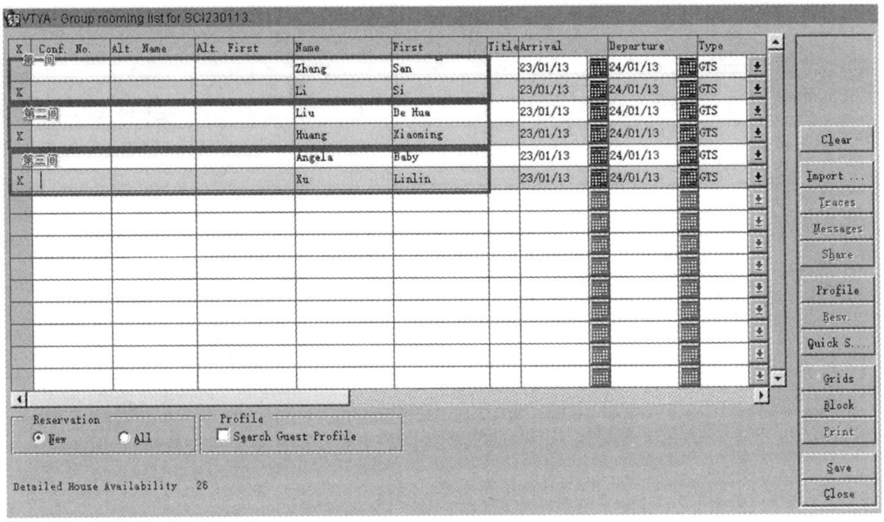

图 3-62　团队合住预订

例如,有 3 间房间合住预订。

确认合住以后,点击右下角的"Save",出现房价分摊确认窗口,选择相应的房价分摊选项,即形成了 3 个合住订单。这种方法可以快速对团员预订进行合住操作,前提是该团队提前将名单提交给预订部(见图 3-63)。

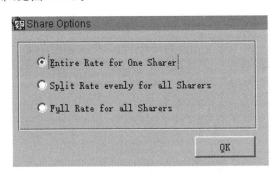

图 3-63　团队房价分摊界面

(2)在预订拆分完毕以后,再进行合住操作。有的时候,团员名单以及合住信息会滞后于团队预订拆分,或者部分团员入住后要求合住,也就是说,合住操作是后补的,这种情况在团队里如何操作呢?

首先进入团队 Room List 界面,选择左下角的"All"将所有团员名单显示出来(见图 3-64)。

选择需要办理合住的 2 个预订,点击右侧的 Share 功能,会弹出合住预订的界面,这个界面散客预订已经介绍过了,这里不再详述。出现这个界面的主要目的是定义合住客人的入住时间以及房价分摊信息。如果要取消合住,点击 Break Shr.(Break Share)即可(见图 3-65)。

对于个别的团员需要合住,也可以采取单独打开预订,用 Combine 的功能来操作,详细操作请参考散客预订模块。

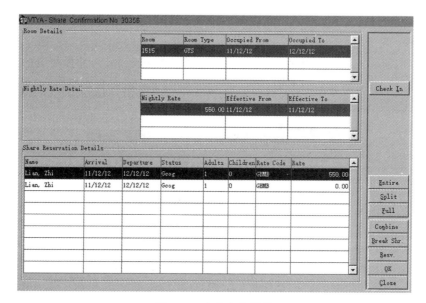

图 3-64　显示团员界面

图 3-65　定义合住团员

(三)团员预订相关信息

1.团员预订信息的修改

团员预订生成后,酒店也常常需要更改团员信息。一般,很多信息的更新是批量的,也就是每个团员预订都需要更新。为了提高效率,Opera 对团员预订的更新设计了批量的功能。

如当修改了其中一个预订的 Comments,那么系统会出现以下提示。

(1)This Guest Only:该次修改只针对本团员预订。

(2)All Guests in the Group:该次修改更新到所有团员预订中。

(3)Selected Guests:该次修改只更新到指定预订。

(4) Only Guests with Same Arrival Data：该次修改更新到到店日期相同的预订。

(5) All Checked in the Guests：该次修改更新到所有已经入住的预订。

(6) Guests in House between：该次修改更新到某段时间在店的预订。

执行完毕后，符合条件的预订就会全部被更新。对于敏感信息如房价、报价等信息，建议单独操作而不要批量更新（见图3-66）。

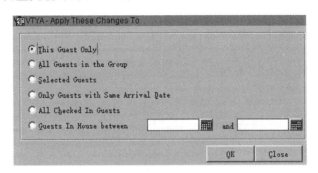

图3-66　团员预订信息修改界面

2.团员账单分账要求（Routing）

团员的部分费用一般由公司或者旅行社支付，尤其是房费。但是系统是按照订单来自动入房费的，因此，预订部或者前台在团队入住前或者入住时，根据该团队的分账要求，将团员的房费通过分账指令（Routing），要求系统自动将房费转入团队主账房PM。

选中一个团员预订，进入预订Options的Routing功能，操作与散客预订中的Routing功能一致。在做完Routing后，系统会出现批量更新团员预订的操作，选择All Guest in the Group，则所有团员预订均设置了分账指令（见上一小节介绍）。如果只是团中的部分预订有分账指令，单独选中进行Routing设置即可。

在结账的时候，为了员工更加清晰地了解该团队预订的分账要求，一般酒店会要求在Cashier Comment中注明费用公摊规则。

3.新加团员预订（Add Reservation In Block）

在团队确认团员名单后，仍然会常常要求增加团员预订。在酒店客房允许的情况下，酒店一般会同意增加新预订。增加团员新预订有多种做法。

(1) 找到团队预订Block，用添加一个Room List的方式新加一个预订。

(2) 找到一个团员预订，用Add On的功能复制一个新预订。这2种方式都能快速增加新的团员预订。

要注意的是，新增团队预订很可能需要增加团队锁房，是否允许增加团队用房取决于团队预订时的Elastic弹性锁房功能是否打开。

新的团队预订后要检查该预订，一定要关联该团队的Block Code，使用团队的房价代码，遵守账目分账要求。

4.删除团员预订（Remove A Block Reservation）

在团员预订拆分后，团员预订仍然会有变化。除了上面提到的新增团队预订，也可能是某个团员忽然不来了，需要删除团员预订的。

打开该预订,在预订界面上,将 Block Code 删除,即取消该预订与团队的关系。

注意:这里只是将该预订剥离团队,并非已经删除了预订,这个预订会变成一个一般预订,需要再执行取消操作(Cancel Reservation)。

如果只是脱离团队而不是要取消预订,那么在删除 Block Code 之后,要检查该预订的房价代码、分账要求、备注等信息(见图 3-67)。

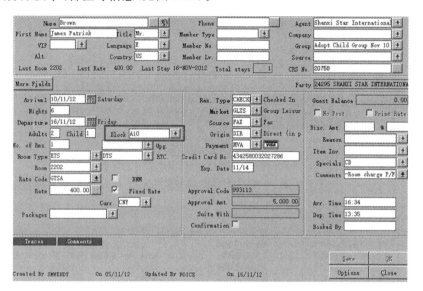

图 3-67　删除团员预订界面

四、团队预订变更

(一)团队预订改期(Shift Date)

团队预订改期的情况也常发生,这里说的改期分为 2 类:整团改期和某些团员预订改期。如果是整团改期,有以下 2 种做法。

(1)在 Block Options 中,选择 Shift Date 功能。在此录入新的到店日期即可(见图 3-68)。

注意:只有未拆分团员预订的团队预订才可以用这个功能改变行程。

(2)在团队预订主界面上直接修改 Starting Date。只有未拆分团员预订的团队预订才可以改变到店时间。

如果团员预订已经完成,那么只能先改团员预订的到店时间,然后再修改团队预订主页的到店、离店时间。团队预订的到店、离店时间一定要覆盖所有团员的在店时间。

选择其中一个团员,修改其到店或者离店时间,然后将更改更新至所有团员预订中 Apply to All Guest。需要注意的是,是否允许团队更改到店时间,取决于 Elastic 选项是否都为开放。

在变更了团队到店、离店时间以后,需要及时释放原本在团队锁住的房间数量,以免影响酒店可卖房。通过 Block Options 中的 Cutoff,手工释放多余房间(见图 3-69)。

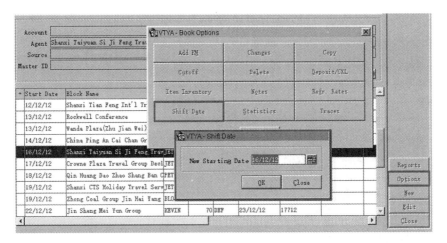

图 3-68 Shift Date 界面

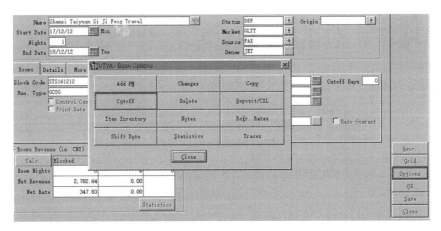

图 3-69 Cutoff 手工释放多余房间

(二)团队预订取消(Cancel Block)

团队预订如何取消要看团队的状态。

非确认团队预订(状态为查询 INQ,暂时 TEN 状态的预订)。那么可以直接将状态改为 Cancel(生意取消)或者 Lost(生意丢失)。改为什么状态取决于团队取消的原因。

已经确认的团队预订需要取消(DEF 确认状态)。如果该预订只是锁房未做团员预订,则先取消锁房(Wash),然后在将状态改为 Cancel。如果该预订已经做了团员预订,则不可以直接改团队状态了,而是应该先取消所有团员预订。然后点击 Cutoff 释放所有锁房,最后才能将团队预订状态变为 Cancel(见图 3-70)。

选中状态,保存时系统会确认操作。

点击"YES",要求录入团队预订取消原因,这个原因对于酒店掌握团队的预订取消或者丢失情况分析很重要(见图 3-71)。

团队预订的情况很复杂,上述关于团队预订(有住房的团队)只是介绍了一些基本的预订流程及常见情况的处理操作。不少酒店集团或者高端单体酒店会采购宴会销售系统,如

DELPHI 或者 Opera Sale&Catering，团队以及宴会的预订会在这个系统中创建和管理，当团队有住房要求的时候，该团队会通过接口传入 Opera PMS 当中，在 Opera 中进行锁房，预订拆分和团队入住操作（见图 3-72）。

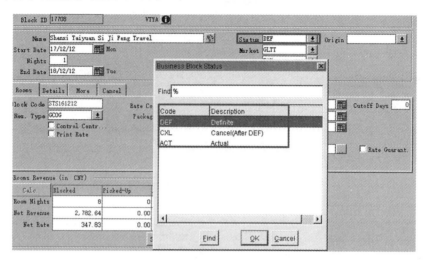

图 3-70　取消团队预订界面

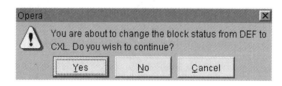

图 3-71　系统确认操作

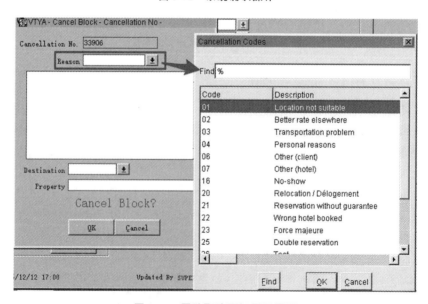

图 3-72　团队取消预订原因界面

这里没有具体提到宴会销售部分的流程和操作，大家有兴趣可以查询相关系统书籍。

第三节　酒店营销管理

一、酒店营销管理理念

(一)关于营销与推销

1.成功营销与收益最大化

完整的公关营销模块,包括房价策略、折扣控制、会员积分等,房价计划使酒店在展会等旺季能够随时浮动房租,从而使酒店的收益实现最大化。配额管理制度提高旺季房价和淡季出租率。一卡通套票方案,为客人提供最大方便,同时也加强了对套票使用的管理和监控,提供短信平台,方便酒店与住客的即时沟通,同时也有利于酒店的促销推介和对客公关以及构建完善的销售体系。提供完善的市场类别分析体系,通过每日、每月、预算多角度比较分析,帮助酒店制定宏观的市场细分策略。提供完善的业绩分析体系,包括公司、旅行社、来源、销售员、销售协议等,通过周、月度、年度的业绩排行比较,帮助酒店筛选出优质客户;通过时间区间的贡献分析,帮助酒店选取出最优的客户组合,使每天的房价最大化并保持平稳。

准确及多元化的报表系统,销售分析报表帮助解决大量的统计工作,辅助有关部门进行销售分析和成本控制分析,帮助酒店作出有利的经营决策。管理分析报表、管理类报表配合酒店管理,有效做好成本控制。严谨、细致的收入核查,通过折扣控制、转账跟踪等操作,使账务透明化,管理更为科学。

对于任何一家酒店而言,成败兴衰的关键在于能否顺利、连续地实现从商品到货币的转变,正如马克思所言实现"商品到货币的惊险一跳"。如果没能实现这一转变,就意味着人力、物力的浪费,资金周转面临困难。可见,以实现商品和货币顺利转变的营销活动,是现代酒店业经营管理的重要一环。

宾客并非被动或随意购买酒店产品和服务,而是因为其能够使宾客活动获得某种效用,得到某种满足,获得实实在在的使用价值。因而,从某种意义上说,营销是酒店向宾客提供的某种利益。可见,营销活动是酒店经营者为使宾客满意,并在此基础上实现其经营目标而展开的一系列有计划、有组织的活动。从某种程度上讲,营销是酒店产品出售给宾客前所有活动的总和,以及酒店产品走向市场后为造就满意的宾客而开展的活动的总和。

推销活动则是以酒店现有的产品作为工作的起点,研究怎样利用广告、公关、实物展示等手段来增加销售量,在增加销售量的基础上实现酒店的目标。可见,推销仅仅是营销活动的一个环节,营销的内涵比推销丰富得多。

从以产品为中心到以消费者为中心。市场营销是一种有别于销售的营销观念。以实现商品和货币顺利转变的营销活动,是现代酒店业经营管理的重要一环。传统的营销观念是"以产定销",即酒店有什么产品,能够提供什么产品,就向消费者销售什么产品和服务,酒店

宾客只能被动地接受酒店提供的产品和服务。进一步的发展是"以销定产",对传统的营销观念做了改良,但其实质还是以酒店现有的产品为基础,围绕如何把产品和服务推销给消费者,还是一种"等客上门"的经营观念和行为。现代市场营销观念是一种新的经营观念和思想。在这种营销观念的指导下,酒店的经营活动不再以酒店产品为出发点,而是以消费者为中心,以满足宾客的需求为营销的目标,是酒店的整个营销活动以用户为出发点和归宿。这种营销观念是"以需定销、以需定产"的现代市场营销观念。它要求旅游酒店必须加强市场研究,重视对消费者需求的分析,通过加强营销管理来实现酒店的经营目标。营销与推销的区别表现在以下几个方面。

(1)活动的起点不同。营销针对的是宾客需求,而推销是针对现有产品和服务。

(2)使用方式不同。营销是产品、价格、销售渠道、促销等组成的整体营销组合策略,强调的是整个过程。而推销只是广告等促销方式,是营销活动的一个环节。

(3)外延不同。营销活动不仅包括外部营销,也包括更为重要的内部营销;而推销只是外部营销。

(4)内涵不同。营销是"全员营销理念"(专职与兼职营销人员——每一位从业人员均要以造就满意宾客作为服务基本宗旨,从各级管理者到一般员工都要遵循这一宗旨,强调服务产品的整体性与连贯性);而推销只是简单地强调推销这个过程。

2.酒店营销管理

酒店营销管理是指酒店通过一系列营销手段,以合适的价格提供酒店产品和服务,满足宾客的需求,实现酒店经营目标的一种综合性管理。酒店营销管理是旅游酒店管理的重要组成部分,对旅游酒店的经营服务活动起着十分重要的作用。

进一步来讲,酒店营销管理首先是联结酒店经营服务与社会需要的重要纽带。在市场经济条件下,任何企业的产品只有与消费者需求相适应,才能实现其价值和使用价值。其次,它是提高酒店市场竞争力的重要手段。再次,它是提高酒店经济效益的必要条件。最后,是促进酒店业走向国际市场的必由之路。酒店是一项国际性产业,其销售和服务对象来自世界各地的旅游者,酒店应该与国际市场接轨,实行有效的经营活动。

(1)酒店营销的特点与对策。

酒店营销活动的特点明显受酒店产品的特点影响,从酒店产品的特殊性出发,研究酒店营销活动的特殊性和相应的对策。

其一,酒店产品的无形性,酒店营销的是以无形服务为主体的产品,决定了营销活动的脆弱性与艰巨性。其二,酒店产品的不可储存性与不可运输性特点,促进酒店规模经济效益的形成。其三,酒店产品的随意性与综合性特点,要求酒店要注重灵活和整体的营销意识。其四,酒店产品的非专利性,酒店营销需要追求独特与新颖,人无我有,人有我优。其五,酒店产品的文化性,酒店营销需要探索更深层次的内容,这是未来酒店的发展趋势。

(2)酒店营销管理内容。

其一,进行市场调查与预测。其二,确定经营目标和细分市场,在市场调查和预测的基础上,确定酒店经营目标,进行市场细分,选择目标市场——酒店市场定位,即把酒店的营销重点放在哪一类或者哪几类细分市场。目标市场的选定应以最能盈利和最容易进入的市场为佳。应具有较大的规模以保证酒店盈利,具有一定的发展潜力,存在较大的现实需求,而且不是众多竞争对手追逐的目标。其三,制订营销计划,有效配置酒店要素资源,并组织酒店产品销售。其四,有效进行酒店产品促销。其五,进行销售效益分析。

(二)4Ps营销组合策略

市场营销的因素很多,根据美国学者麦克赛斯(Maxes)的分类法,将市场营销组合的因素分为:产品、价格、销售渠道、销售促进四个方面,简称市场营销组合的"4P"策略。这四个要素的不同组合及变化,应当适应酒店经营环境的变化要求,从而可以产生许多的营销组合策略。

市场营销组合是把影响酒店经营的各种因素划分为两大类:一类是不可控因素,即各种经营环境影响因素;另一类是可控因素,包括酒店的产品和服务、价格、销售方式和销售渠道、销售促进等方面。所谓市场营销组合,就是对酒店可控因素进行最佳的组合和运用,以适应市场环境不断变化的营销战略。市场营销组合的基本要求和目的,就是要运用最合适的酒店产品及其服务,最合适的价格、销售渠道、促销方式及最佳组合,更好地满足宾客的需求,以取得最佳的经济效益和社会效益。网络营销需要企业同时考虑顾客需求和企业利润。

1. 酒店营销渠道与分类

(1)酒店营销渠道是指酒店将产品和服务提供给宾客过程中的各个环节和形式。酒店不是通过一定的销售渠道把酒店产品和服务输送给分散的消费者进行消费,而是通过各种营销渠道把宾客吸引到酒店来进行消费。销售渠道成为酒店市场营销中的重要手段和工具。

(2)酒店营销渠道分为直接营销渠道和间接营销渠道。直接营销渠道是酒店直接向宾客推销产品,宾客直接向酒店购买所需产品。间接营销渠道是酒店借助批发商、零售商、代理商等营销机构和个人在营销信息上的优势,开展营销活动。

营销渠道有长度与宽度之分。营销渠道的长度:产品从酒店到宾客这一过程中所流经的中间商数量,中间商数量越多,营销渠道就越长。营销渠道的宽度:每个环节所涉及的同类中间商的数量,这类中间商的数量越多,营销渠道就越宽。

2. 酒店营销渠道主要形式

(1)旅行社。其是酒店主要的间接营销渠道之一。它是连接旅游者与酒店的桥梁,许多海外旅游者和国内旅游者都是通过旅行社的业务活动而成为旅游酒店的宾客。

(2)航空公司与其他交通运输企业。旅游交通是旅游业的三大支柱之一,也是旅游酒店重要的间接营销渠道之一。特别是航空公司为旅游酒店提供各种包价旅游者、转机乘客及各种乘坐飞机的旅行者。随着现代企业集团化的发展,旅游酒店与航空公司联合以稳定客源,已是大势所趋。同样,加强与铁路、公路、水运及出租汽车公司等交通运输业的关系,为旅游酒店提供广泛的客源。

(3)酒店外预订系统。酒店以外的预订系统是酒店开拓客源的一个重要渠道。主要为酒店集团预订系统和独立预订系统。酒店集团预订系统与集团内各成员酒店利益一致,能够获取更多的客源,共同促进,相互发展。独立预订系统是专事酒店、旅行社预订业务的中介组织。不隶属于任何酒店,是独立的法人机构,同时接受多家酒店和旅行社的委托业务。

(4)酒店销售代理机构。许多星级酒店都在国外或大中城市、旅游城市设立销售代理机构,为酒店招徕宾客。

3.酒店促销策略

酒店营销促进简称促销,是指酒店通过采取各种方法和手段,促使消费者对酒店产品和服务产生兴趣,增强酒店吸引力,增进酒店产品和服务的销售。主要包括酒店人员推销策略和广告促销策略。

例如,假日酒店公司的重拳出击。20世纪70年代后半期,大型酒店连锁公司经常使用全国性的电视网开展其重大的广告战役。假日公司将大部分营销预算都用在了全国性的广告宣传上。营销队伍冲劲十足,决意赢得更大的市场份额。主题是"最好的惊喜是没有惊喜",甚至将其印刷在餐巾和火柴盒上。意图简单明确,告诉消费者在假日酒店住宿,不会发生任何负面的意外情况。我们——假日酒店始终是优秀的榜样;他们——其他酒店则总是糟糕的例证。此举带来的社会反映如下:

其一,积极因素——高质量的创业广告设计;对广播广告和印刷广告的合理选择;对广告推出地点和时间的合理安排;考虑总体营销策略;各种宣传材料的全面配合等。

其二,消极因素——这曾是酒店行业中影响较大的广告,足够的资金用于高质量的广告制作与传播,但它却不是一个成功的广告战役。

(1)违反了做广告的一条主要原则,永远不要许诺你做不到的事情。这些广告所带来的期望值在实际情况中没有得到满足,其结果是客人的不满意以及投诉信的大量增加。

(2)广告平台上所列及的各个方面在实际运作中并没有得到100%的兑现。特别是在一个拥有1700座酒店的大型连锁公司中,质量控制和保持质量的始终如一本来就是重大的挑战,要想保证绝对不会有意外情况几乎是不可能的。

(3)这一广告暗示本行业中的其他企业,包括其他的酒店连锁集团和独立经营的单体酒店,都会给消费者带来各种各样令人不快的意外。

这一广告战役广为人知,且为人们所谈论,就其规模、广告安排以及播出时间等方面而言,是成功的;但是,就其结果与所带来的消费者和同行的负面反映而言,这一广告战役则是失败的。特别是从本质上讲,这种广告是在"中伤"和贬低这些竞争者——得罪同行业所有其他竞争者是不明智的。

(三)4Cs营销组合策略

1. 顾客

从关注产品到关注消费者。关注消费者需求,首先要了解、研究、分析消费者需求,而不是先考虑企业能生产什么产品。酒店业营销的基本任务是寻找宾客、发现宾客、吸引宾客。基于这样的市场现状,酒店业应该将宾客作为酒店营销活动的出发点和归宿,着眼于研究宾客的需求和欲望,根据宾客的购买能力分析不同宾客的消费需求,在产品设计、价格定位、促销模式的选择上,充分考虑不同宾客的特殊性,以期实现酒店产品效用、价格定位与宾客心理的有机对接。

酒店要对宾客的需求特别敏感。国际旅游业认为,宾客需求是酒店的黄金资本。谁掌握宾客需求信息,谁就是赢家,谁就可能成为管理大师、营销大师。善于发现和预见宾客需求,并作出敏感反应。酒店在营销过程中尤其应突出满足宾客特殊需求的能力,并付诸行动。能满足宾客的特殊需求成为酒店产品质量中最有价值、最重要的部分,这种特殊的需求对酒店是一种挑战。而能满足宾客的特殊需求,往往表明酒店服务具有超越同行的质量。

2. 消费成本

消费成本,即消费者所愿意支付的成本。首先了解消费者的需要与欲求以及愿意付出多少成本,而不是先给产品定价,即向消费者要多少钱。

现代酒店面临的宾客显然带有"经济人"的显著特征,希望以较少的投入获得较大的收益,因而酒店营销要考虑的重要问题是如何减少宾客的消费总成本。宾客的消费成本是一个综合概念,包括以下层面。

(1)货币成本,即宾客购买、消费酒店的产品所支付的货币总和。

(2)时间成本,即宾客在购买酒店产品时所付出的时间代价。毕竟耽误了宾客的时间,而时间就是金钱,甚至比金钱更重要。

(3)体力成本,即宾客在购买酒店的产品时所耗费的体力价值。如酒店在机场设机场代表,就可以节约宾客的体力成本。

(4)精力成本,即宾客在购买酒店产品时所承受的心理代价,也就是宾客的精神成本。

(5)信息成本,即宾客在收集有关酒店信息时所耗费的成本。

将几项成本结合考虑,货币成本应该是最不重要的成本。宾客更愿意花高价购买可以信赖的产品,免去过多的后顾之忧,节省更加宝贵的时间和精力。

酒店应该尽量减少宾客的总成本,让宾客意识到自己购买的产品是最经济实惠的产品,从而获得最大的满意。

3. 便捷

便捷性,即消费者购买和享用入住服务的便利性。首先需要考虑宾客购物等交易过程中的方便性,而不是先考虑销售渠道的选择和策略。酒店在营销过程中,特别是在营销渠道的设计和选择上,应该充分考虑这种营销渠道能否使宾客便捷地购买到其感兴趣的产品,应考虑"如何在最接近顾客的地方出售产品和服务"。

互联网的兴起和发展使酒店在客源市场全球化的分布这一大背景下也能为宾客创造一个良好的营销通道。因而酒店在营销渠道的设计上,除了传统的营销网络外,还要研究网站的设计、推广和运用。

4. 沟通

沟通,是与消费者沟通。以消费者为中心,实施营销沟通是十分重要的,通过互动、沟通等方式,将企业内外营销不断进行整合,把顾客和企业双方的利益无形地整合在一起。营销过程是酒店与宾客的相互沟通过程。树立"营销即沟通"的理念。沟通包括内部相互沟通和与宾客的沟通两个方面。酒店内部的沟通包括管理人员与服务人员的沟通和部门与部门之间的沟通。此外,酒店从业人员十分重视每一个与宾客接触的机会,以提高其沟通的质量,收集更多的信息。

5.营销策略的缺陷

其一,如何处理宾客需求的合理性问题。酒店是要以顾客为导向还是以竞争为导向?以顾客需求为导向,但顾客需求有是否合理的问题。对宾客而言,追求收益最大化始终是其消费取向,特别是在价格的要求上永无界线。而作为经济主体的酒店也要考虑其收益平衡。如果一味追求满足宾客需求,酒店必将付出更大成本,将会影响企业的发展。如何把握好"度",实现企业与消费者的双赢? 4Cs 是顾客导向,而市场经济要求竞争导向,顾客导向与市场竞争导向的本质区别是:前者看到的是新的顾客需求;而后者不仅关注需求,还要关注竞争对手,分析竞争态势并采取积极策略,在竞争中求发展。

其二,如何强化酒店企业营销的主动性问题。如何建立一种新型、互助、对等的营销关系? 4Cs 以一种"迎合宾客的态度"要求酒店企业在营销过程中,被动地去发现和满足宾客需求,这样的策略体现了浓厚的"被动适应宾客需求"的色彩。为此,酒店企业在实践这一策略时,应该考虑以更好的方式在酒店与宾客之间建立一种新型的、互动的、对等的营销关系。而 4Cs 策略并不能形成营销个性或营销特色,难以形成营销优势。如何针对竞争对手拟定出更好的影响对策?在竞争日益激烈的市场,酒店业不仅要考虑宾客,而且应该重视竞争者,准确分析自身在竞争中的优劣势,在竞争中发展。而 4Cs 策略在扩大宾客作用的同时,却忽视了对竞争者的关注和研究。

其三,怎样赢得客户而又长期拥有客户?如何关注和研究竞争者,以实现互动和双赢? 4Cs 总体上虽是 4Ps 的转化和发展,但被动适应顾客需求的色彩较浓。根据市场的发展,需要从更高层次以更有效的方式在企业与顾客之间建立起有别于传统的新型的主动性关系,如互动关系、双赢关系、关联关系等。4Cs 没能体现既赢得客户又长期拥有客户的关系营销思想,没有解决满足顾客需求的具体操作性问题。

(四)4Rs 营销组合策略

针对 4Cs 存在的问题,美国学者多恩·舒尔茨(Done Schultz)提出了 4Rs(关联、反应、关系、回报)营销组合策略。现代企业营销的关键在于能否与消费者建立关联(Relative),能否提高市场反应速度(Reaction)、能否开展关系营销(Relation),能否得到回报(Reward)。根据这一理论,面对竞争性市场中动态性的宾客(宾客的忠诚度是变化的,会转移到其他企业),酒店企业要赢得长期而稳定的市场,就要做到如下几点。

1. 与顾客建立关联

在竞争性市场中,顾客具有动态性。顾客忠诚度是变化的,他们会转移到其他企业。要提高顾客的忠诚度,赢得长期而稳定的市场,重要的营销策略是通过某些有效的方式在业务、需求等方面与顾客建立关联,建立某些有效的方式与宾客建立一种互动、互求及互需的关系,减少宾客流失。建立关联的方式很多,各类企业不尽相同;与用户关联;与产品需求关联。

2.建立快速的市场反应机制,提高反应速度和回应力

面对迅速变化的市场,要满足顾客的需求,建立关联关系,企业必须建立快速反应机制,提高反应速度和回应力。这样,可最大限度地减少抱怨,稳定客户群,减少客户转移的概率。

网络的神奇在于迅速,企业必须把网络作为快速反应的重要工具和手段。在及时反应方面,日本公司的做法值得借鉴。日本企业在质量上并不一味单纯追求至善至美,而是追求面向客户的质量,追求质量价格比。他们并不保证产品不出问题,因为那样成本太高。而是在协调质量与服务关系的基础上建立快速反应机制,提高服务水平,能够对问题快速反应并迅速解决。这是一种企业、顾客双赢的做法。

3.注重关系营销(与宾客的关系不是其他关系)

把服务、质量和营销有机地结合起来,通过与宾客建立长期而稳定的关系,实现长期拥有宾客的目的。在企业与客户的关系发生了本质性变化的市场环境中,抢占市场的关键已转变为与顾客建立长期而稳定的关系,从交易变成责任,从管理营销组合变成管理和顾客的互动关系。

与此相适应产生5个转向:① 现代市场营销的一个重要思想和发展趋势是从交易营销转向关系营销,不仅强调赢得用户,而且强调长期地拥有用户;② 从着眼于短期利益转向重视长期利益;③ 从单一销售转向建立友好合作关系;④ 从以产品性能为核心转向以产品或服务给客户带来的利益为核心;⑤ 从不重视客户服务转向高度承诺。所有这一切其核心是处理好与顾客的关系,把服务、质量和营销有机地结合起来,通过与顾客建立长期稳定的关系实现长期拥有客户的目标。那种认为对顾客需求作出反应、为顾客解答问题、平息顾客的不满,就尽到了责任的意识已经落后了。

注重关系营销(与宾客的关系不是其他关系)。其核心是处理好与顾客的关系,把服务、质量和营销有机地结合起来,通过与顾客建立长期稳定的关系实现长期拥有客户的目标。必须注重与创造企业75%~80%利润的20%~30%的那部分重要顾客建立牢固关系。否则,把大部分的营销预算花在那些只创造公司20%利润的80%的顾客身上,不但效率低,而且是一种浪费。

4.注重营销活动的回报

一切营销必须以为宾客及为企业创造价值为目的。回报是维持和发展市场关系的必要条件。对企业来说,市场营销的真正价值在于其为企业带来短期或长期的收入和利润的能力。一方面,追求回报是营销发展的动力;另一方面,回报是维持市场关系的必要条件。企业要满足客户需求,为客户提供价值,但不能做"仆人"。因此,营销目标必须注重产出,注重企业在营销活动中的回报。一切营销活动都必须以为顾客及股东创造价值为目的。

5.4Rs理论的优势与局限

该理论的最显著的特点是以竞争为导向,着眼于企业和顾客的互动与双赢,不仅积极地适应顾客的需求,而且主动地创造需求,运用优化和系统的思想去整合营销,通过关联、关系、反应等形式与客户形成独特的关系,把企业与客户联系在一起,形成竞争优势。

4Rs体现并落实了关系营销的思想。通过关联、关系和反应,提出了如何建立关系、长期拥有客户、保证长期利益的具体操作方式,这是一个很大的进步。反应机制为互动与双赢、建立关联提供了基础和保证,同时也延伸和升华了便利性。而回报兼容了成本和双赢两方面的内容。

如与顾客建立关联、关系,需要实力基础或某些特殊条件,并不是任何企业可以轻易做到的。

二、4Ps、4Cs、4Rs 与经济型酒店营销策略

无论哪一种营销组合策略,都有其适用的企业和适用的市场,因而酒店企业应该根据外部环境和自身的条件,适时选择合适的营销组合策略,并将其综合运用,以期提高营销效果。

(一)4Ps、4Cs、4Rs 的关系

4Ps、4Cs、4Rs 谁也替代不了谁,这三种理论不是取代关系,而是完善、发展的关系。由于企业层次不同,情况千差万别,市场、企业营销还处于发展之中,所以至少在一个时期内,4Ps 还是营销的一个基础框架,4Cs 也是很有价值的理论和思路。因而,两种理论仍具有适用性和借鉴性。4Rs 不是取代 4Ps、4Cs 的,而是在这两种理论基础上的创新与发展,所以不可把三者割裂开来,甚至对立起来。所以,在了解、学习和掌握体现了新世纪市场营销的新发展的 4Rs 理论的同时,根据企业的实际,把三者结合起来指导营销实践,可能会取得更好的效果。

深度营销,综合运用传统和新型的营销手段。深度营销有别于深度分销,是取得市场综合竞争优势的营销战略。以运用产品、价格、销售渠道、促销策略为基础,高效运用顾客、成本、便利、沟通策略和关联、反应、关系、回报策略,通过高效快捷的物流、周到全面的服务、严密的市场管理等,实现与顾客的深度沟通,建立起广泛、稳固的紧密型关系,实现品牌忠诚度的最大化和市场控制力、竞争力的最大化。通过高效的品牌传播,使品牌的知名度、美誉度不断提高,最终形成品牌忠诚者群体和忠诚持久性最大化。

三种策略无法相互代替,三者互相完善和发展。至少在一个时期内,4Ps 仍是营销的基础理论,而其他两种理论是在 4Ps 基础上的创新与发展。任何一种营销组合策略,都有其适用的企业和适用的市场,因而酒店企业应根据外部环境和内部情况,适时选择、综合运用合适的营销组合策略。

(二)4Ps 营销策略下的价格因素分析

4Ps 是美国学者杰罗姆·麦卡锡在 20 世纪 60 年代提出的一个市场营销组合理论。该理论是以 Product(产品)、Price(价格)、Promotion(促销)、Place(渠道)为中心形成的营销框架。倡导以顾客或市场的需要和要求作为企业一切活动的中心和出发点,以产品策略为基础,制造商决定制造某一产品后,仍设定一个弥补成本又能赚到最大利润的价格,且经由其掌控的配销渠道,将产品陈列在货架上,并大大方方地加以促销。这部分内容从产品策略、促销策略和渠道策略三个方面来讲。

4Ps 理论中的产品策略,是指企业根据目标市场需要作出与产品开发有关的计划和决策。其主要内容是:为满足用户需要所设计的产品的功能、产品的品质标准、产品特性、包装设计、产品品牌与商标、销售服务、质量保证,还包括产品生命周期中各阶段的策略等。经济型酒店的产品主要定位于提供有限服务,功能上趋于简化。房间中不需要摆设高档,不一定有地毯,但是要有干净的床单和被子;没有酒店大堂,也没有面积利用率极低的配有卡拉

OK 和电视设备的包间 KTV 等康乐中心,把能利用的空间都变成客房;只提供简单却营养较丰富的早餐服务,不提供洗衣、停车等服务。这样的产品显然区别于星级酒店产品,然而却更加贴近多数顾客的需求。

4Ps 理论中的促销策略,是指通过人员或非人员的方法传播商品信息,帮助和促进消费者熟悉某种商品或劳务,并促使消费者对商品或劳务产生好感和信任,继而使消费者踊跃购买的活动。目标是吸引消费者对企业或商品的注意和兴趣,激发消费者的购买欲望,加速消费者的购买行动。促销的实质是卖方与买方的信息沟通,这种沟通不是单向式沟通,而是一种由卖方到买方和由买方到卖方的不断循环的双向式沟通。对于任何企业的产品,都会选择一定的促销手段来增加销售,同时更广泛地打入市场,被顾客熟悉并选择,经济型酒店产品也亦然。但是现在的酒店产品促销方式比较类似,主要都是通过注册会员提供优惠,节日或重大庆典提供买房间赠服务或折扣等方式,并且促销方式很容易被模仿,因此,具有酒店品牌特色的促销方式很难得到推广。

4Ps 理论中的渠道策略,是指企业市场营销渠道策略或商品流转通道策略。应当考虑在什么地点、什么时候、由谁将产品销售给用户。4Ps 理论认为,市场营销渠道可被看成是为顾客增加价值的顾客价值交付系统。因此,设计销售渠道必须先找出各目标市场中的消费者想从该渠道中获得什么价值,从而制定相应的销售渠道策略。在经济型酒店营销中,多数采取网络营销的渠道,并且证实了这种渠道是成功的。在当今网络极为发达的时代,人们希望足不出户就可以进行一切活动,同样对于外出选择酒店而言,消费者已经习惯不跟随旅游团而采取自助游,或者一些商务人士没有时间和精力逐一亲自到实地考察酒店,那么,通过网络营销以满足消费者要求。

(三)4Cs 营销策略下的设施因素分析

4Cs 理论是 1990 年由美国的劳特朋教授提出来,并于 20 世纪 90 年代末传入我国。该理论以消费者为导向,它提出不要卖你所制造的产品,而是卖那些顾客想购买的产品,真正重视消费者。通过暂不考虑定价策略,而去了解消费者要满足其需要和欲望所需付出的成本;暂不考虑渠道策略,应当思考如何给消费者便捷以购得商品;暂不考虑怎样促销,而应当考虑怎样沟通。

按照 4Cs 理论,正确可行的定价方法应该是依据顾客为满足其需求而愿意支付的各项成本,不仅是顾客购物时的货币支出,还包括购物过程中时间、体力和精力的耗费以及购买和使用中的风险承担。4Cs 理论将 4Ps 理论中的"产品"转变为"顾客",针对顾客的独特性采取人性化设计。在设计过程中强调创造顾客比开发产品更重要,满足顾客的需求比产品功能更重要,强调企业要从对产品的关注转到对顾客需求的重视。通过分析客人的特点,制定出满足不同客人所需的酒店产品。例如,对于背包族或学生顾客,他们只要求几晚的安身之处,因此,青年旅馆设计专门的上下床位的房间,既降低了花费,同时也满足了年轻人之间的沟通需要。针对一家三口的游客,经济型酒店提供大小床房,方便父母带着小孩出门;针对老年游客,一部分专设房间的灯光应比一般酒店更明亮,卫生间内安装防滑倒的扶手,电视机遥控板按键及电话按钮为适合老年人的视力也设计得更大些,或附带有语音提示,等等。对于选择经济型酒店的顾客来说,他们不尚奢华,但有一定的支付能力,注重安全、卫

生、方便、快捷并要求具有一定的舒适度。因此,给客人提供基本的商务设施,如宽带、网络长途电话等,并且每个房间配一大一小两张床,可供1～3人居住,有24小时热水,有空调和电话,这样简单的设施即可满足他们的需求。

在4Cs理论中,企业更注重"消费成本"。迈克·波特在其《竞争策略》一书中,曾述及"价格领导"是三种制胜竞争的有效方法之一。而其以顾客所接受的成本显得更为重要。经济型酒店的房价与星级酒店的房价相比具有很大优势。这种优势的产生最主要的是依靠成本节约。在锦江之星酒店,大堂虽然小,但是设计得很有家庭氛围,家具不用酒店式橱柜,设计成板式家具;在如家快捷酒店,房间床上用品是一般的棉制品,地上一般铺设地板而不用地毯,窗帘也一改一般酒店所采用的落地式,按照窗户大小订做,绝不浪费。经济型酒店降低能源的消耗也是有效控制成本的方法。星级酒店采用的是中央空调,一间房间开,等于每间房间开。而经济型酒店大多采用挂壁式空调,有客人入住客房就开,没有人入住就不开,大大节约了能源。在热水供应方面,普通星级酒店采用的是非常压锅炉,以柴油为燃料,不仅油料价格高,而且每天必须保持有人看护,至少需要配备4～8人。而经济型酒店只需采用一般的煤气烧水即可,大大降低了能源费用。

此外,经济型酒店员工的设置突出的是一人多职、一人多岗的特点,这也是成本控制的一个途径。例如200间客房的规模,一家三星级酒店需配备员工200人左右,而在锦江之星,人员的数量被压缩到了60～80人。一个店经理,一个助理,下面设置几个主管管理整个店。在如家酒店,管理层比一般的酒店减少了两层,没有部门经理,没有领班,大小事基本由店长负责,客房员工比例达到了1∶0.35～1∶0.3,即每100间客房只有30～35名员工,而普通高档酒店每100间客房则要100～150名员工。在7天连锁酒店系统中,平均10家店才有1名会计,而其他经济型酒店每家分店都设有1名会计。这种合理的人力分配也是减少成本的有效措施。

4Cs理论中提出的"便捷"主要是指顾客可以消费的便捷程度。这里不仅是指给客人选择预订酒店的方便,还应当包括客人在酒店内消费过程的种种方便,因为客人消费的过程也是我们销售产品的过程,这个过程的便利性也是顾客所渴望的。对于经济型酒店而言,为了能够达到交通的通畅和客源的保障,选址以市区中心或者临近地铁、公交干线的位置为主要选择对象,因此店址一般选在经济较发达的区域,一些酒店将某些原来低星级的酒店进行改造,或者选址在一些废旧厂房等位置较好,但被废弃的地方。既可避免闹市区的地价高而引起的成本增加,又可避免偏僻地区的客流不足,同时具备便利的交通条件,并为顾客提供免费停车位,酒店通过网络和宣传单为顾客提供了周边餐饮娱乐的相关信息,使入住的顾客在选择酒店的同时即可以很快地了解周边地区的情况,既方便又快捷地得到各种需求的满足,在这点上,经济型酒店不亚于高星级酒店的宣传和服务。

在4Cs理论的指导下,我们注意到,4Ps理论中强调的促销在根本上是为了增加沟通。从心理学角度来说,沟通就是"请注意消费者",对于日益竞争的市场和"顾客就是上帝"的宣传而言,"请消费者"要更加具有优势。无论采取何种方式的促销手段,最终都离不开酒店与目标市场的沟通,离不开酒店员工与顾客的沟通,这些沟通包括信息沟通和感情沟通。

总体来看,4Cs比4Ps有了很大的进步,但是从市场发展趋势看,仍然存在一些局限性。首先,企业在关注以顾客为导向的同时,忽视了身边存在的竞争对手;如果只看到了顾客所需,而没有意识到与对手竞争中的优势和劣势的存在,企业的产品同样不能广泛地推向市场。其次,盲目地以顾客为导向,会使企业付出更大的成本;顾客的需求存在一定的合理性,他们总是希望获得质量好、价格低的产品,并且不考虑企业运营成本而一味地强调降低价格,在这样的情况下,如果跟随顾客的需求则会给企业的发展造成不良的影响,因此4Cs理论在这方面有一定的缺陷。对于4Cs到4Ps的转变,其中被动地适应顾客的色彩较为浓重,而究竟怎样才能达到企业和顾客双赢,怎样能使企业与顾客之间获得平等关系才是维系顾客的关键所在。

(四)4Rs营销策略下的服务因素研究

该营销策略是美国学者多恩·舒尔茨(Done.Schultz)提出的一种全新的营销要素。在4Rs营销中注重关系的营销,即与宾客的关系。其核心即"关系",包括处理好与顾客的关系,把服务、质量和营销有机地结合起来,通过与顾客建立长期、稳定的关系,实现长期拥有客户的目标。利用"二八法则"分析,我们在经营的过程中要优先与为企业创造75%~80%利润的20%~30%的顾客建立牢固的关系。在同质、同价的经济型酒店竞争中,依靠特别的服务和与顾客的联系是最终维系顾客忠诚的关键。对于一个优秀的企业而言,不仅应该有一流的硬件设施,更应该有良好的服务环境。服务质量的优劣直接影响到顾客对该酒店品牌的认可度,从而影响着顾客是否重复性购买。例如许多酒店品牌提出员工微笑服务,耐心细致地为客人解答问题,尽可能满足客人需要。

4Rs营销中的关联(Relevance),即与顾客建立关联。在竞争性市场中,顾客具有动态性。顾客忠诚度是变化的,他们会转移到其他企业。要提高顾客的忠诚度,赢得长期而稳定的市场,重要的营销策略是通过某些有效的方式在业务、需求等方面与顾客建立关联,建立某些有效的方式与顾客建立一种互动、互求及互需的关系,减少顾客流失。建立关联的方式很多,各类企业不尽相同,如与用户关联,与产品需求关联。

4Rs营销中的反应(Reaction),即对市场的反应速度。站在顾客的角度思考,要做到及时地倾听顾客的希望、渴求和需求,并及时地答复和迅速地作出反应。在大多数企业中,现在更多倾向于说给顾客听,而不是倾听顾客说。因此,针对这样的情况,酒店对于工作效率提出了具体的指标,在前台简化入住和离店手续,提高工作速度。客人入住时尽量做到让购买程序变得简单,并且正确处理顾客问题,简化一切不必要的书写、填表步骤,帮助企业的顾客找到他们需要的产品,解释这个产品如何工作,并且做任何能够简化交易过程的事情,制定标准简化的服务流程,在处理顾客意见和投诉时及时有效等。这些事情不仅可以提高工作效率,更能使顾客对这个品牌的高效率产生忠诚。

面对迅速变化的市场,企业需要建立快速反应机制,从而最大限度地减少抱怨和客户转移概率,稳定客户群。在这方面,很多企业借助于网络手段,例如日本的企业在质量上并不一味单纯追求至善至美,而是追求面向客户的质量,追求质量价格比。他们并不保证产品不出问题,因为那样成本太高,而是在协调质量与服务关系的基础上建立快速反应机制,提高服务水平,能够对问题快速反应并迅速解决,这是一种企业、顾客双赢的做法。同样,减少抱怨的方法不仅是在每次消费过程中提供优质的服务,更重要的是在服务结束后的追踪。很多时候保持与客人的联系,不仅能够得到及时的反馈,还能够维持好与客人的关系,保持顾

客对此品牌的忠诚和信赖,使他们感到自己是这个酒店的主人。有研究显示,通常在25个不满意的顾客中只有1个人会去投诉,而其他24个人则悄悄地转移到了其他企业的产品或服务上,这就是一种隐性抱怨,并且这也是一个品牌失去顾客的重要途径之一。在国外的研究中也显示,即使是对于家具或设施有明显不满的顾客都不会主动去投诉或抱怨。曾有研究表示,一个最好的顾客往往是受过最大挫折的顾客。得到满意解决的投诉者,与从没有不满意的顾客相比,往往更容易成为企业最忠诚的顾客。一般而言,在重大问题投诉者中,有4%的人在问题解决后会再次购买该企业产品,而小问题投诉者的重购率则可达到53%。可见,若企业迅速解决投诉问题,重购率将在52%~95%。如此看来,顾客投诉并不可怕,关键是要处理好,并且对问题的处理要及时且有诚意,那么不仅不会失去顾客,反而使顾客产生对品牌的忠诚。同时通过与顾客建立长期的相互信任的伙伴关系,还可以将酒店的最新促销活动及时告知顾客,在客人外出住宿时会首先想到该品牌。

4Rs营销策略中的关系(Relation),即注重关系营销。指提供给客户符合其特点和个性的、具有特色或独特性的优质产品或服务。例如酒店对每次入住的客人作好记录,当有客人再次光临的时候,可以第一时间称呼客人的姓名,使他们感到得到尊重和重视;也可以通过记录下哪些客人有独特的要求,以提供个性化服务,例如有些客人需要在屋内摆放一些水果,有些客人对花过敏,则屋内不要摆放鲜花;有些客人起床较晚,因此打扫要晚些;有些客人是商务人士,因此需要保证网络畅通和安静的环境等。通过个性化的记录使客人下次光临时感受到同样周到的服务。此外,提高经济型酒店服务的质量和水平,还可以通过提供特色服务达到。例如,新加坡的某些酒店企业与国际学生旅游联盟合作,为到新加坡旅游的国际学生提供入住服务,学生只要出示学生卡,在住宿方面便可获得学生价,此外,拥有国际教师证的旅客和国际青年旅客也可获得相应的优惠;还有一些酒店企业为满足一家大小共同出游的游客的需要,酒店提出"边旅游边培训"项目,即大人出门游玩、购物,而那些不愿出门的孩子则可以留在酒店里参加设置的"学习训练营",不仅家长可以放心,孩子也可以增长知识,可谓一举多得。分布在奥地利乡间和中小城镇的经济型旅馆置身于自然风景之中,以家庭式的经营方式独善其身。住宿客人可享受许多额外的无偿服务,由于旅馆主人对当地情况非常了解,有时还会热情地为住客充当导游。如果客人愿意,还可以与主人一起进餐、游戏。如果恰逢小镇上的节日,主人还会邀请客人一同领略当地的民风民俗。根据中国的国情来看,许多城市依然处于城镇化进程中,因此经济型酒店的定位也不应该趋于一致,应该根据当地自身特色和实力量身打造,在这方面可以借鉴奥地利的成功经验。中国的经济型酒店也应考虑到所处地域的文化氛围,并且定位自己的特色主题,那么将给客人以独特记忆。提供这种特色的服务和人性化的服务要远远好于传统意义上相同的高档次服务。

4Rs营销理论中的回报(Reward),即注重营销活动的回报。一切营销必须以为宾客及为企业创造价值为目的。回报是维持和发展市场关系的必要条件。对企业来说,市场营销的真正价值在于其为企业带来短期或长期的收入和利润的能力。一方面,追求回报是营销发展的动力;另一方面,回报是维持市场关系的必要条件。企业要满足客户需求,为客户提供价值,但不能做"仆人"。因此,营销目标必须注重产出,注重企业在营销活动中的回报。营销活动都必须以为顾客及股东创造价值为目的,而且要兼顾社会责任。

三、新型营销方式的兴起与发展

近些年来,酒店市场日益成熟,酒店竞争日趋国际化,而且新型营销理念也广泛兴起,从而丰富了酒店管理的内容,推动酒店营销活动走上全新的道路。其中主要的营销理念如下。

(一)以主题酒店、精品酒店为代表的非标住宿

主题酒店以差异性和文化性作为酒店企业的经营卖点,成为酒店营销的新策略。主题酒店(Themed Hotel 或 Theme Hotel)通过以特定的环境、历史、城市、经历、故事等素材为主题,且通过建筑、设施、设备等硬件及氛围、服务等软件围绕主题展开,带给顾客有价值的、难忘的体验和享受。与一般酒店相比,具有明显的差异性、文化性、体验性和更为丰富的内涵。

中国国际主题酒店研究会制定的《主题酒店开发、运营和服务标准》对主题酒店的定义,即主题酒店是指以酒店自身所把握的文化中最具代表性的素材为核心,形成独特性设计、建造、装饰、生产和提供服务的酒店。主题酒店的主要特点是主题酒店的本质归结为差异性、文化性、体验性的观点。[①]

主题酒店的主要类型为:城市特色酒店、历史文化酒店、自然风光酒店、艺术特色酒店、科技信息酒店等。

(二)青年旅舍

1909 年,德国教师理查德·斯尔曼带领一班学生徒步旅行,大雨中住宿在一乡间学校,稻草铺地当床,度过艰难的一夜。这一夜,理查德·斯尔曼彻夜未眠,萌发组建青年旅社的新想法。认为青年应该亲近自然,"所有的男孩女孩都应该走出校门,参加远足,留宿青年旅舍"。1912 年,世界上第一个青年旅舍在德国一个废弃古堡(Altena)中诞生,即以"安全、经济、卫生、隐私、环保"为特点,奠定了青年旅舍的基本结构,室内设备简朴,备有高架床、硬床垫和被褥、带锁的个人储藏柜、小桌椅、公共浴室和洗手间,有的还有自助餐厅、公共活动室。青年旅社深受广大青年欢迎,发展迅猛。

青年旅社在国际上已经有几十年的历史,一般位于交通较为便利的地方,政府多给予财政补贴。国内青年旅社兴起于广东,主要是大学生甚至是高中生的背包族,这部分客源十年后进入白领阶层,故地重游的兴趣较浓。因而发展青年旅社既能满足现实要求,又能培养长远客源。

青年旅舍 1998 年进入中国,在广州、珠海、肇庆建立了中国第一批国际青年旅舍,发展迅速,中国内地的国际青年旅舍分布在各大城市,并向较为偏远的地方推进(四川稻城、西藏

---

① 邹益民,彭雪蓉:《主题酒店产品顾客体验关键要素的探索性研究》,旅游论坛,2008(1);欧荔:《中国主题酒店文化融合的思考》,旅游科学,2003(3);秦浩,孟清超:《主题酒店的定位研究》,商业经济界文荟,2004(4);袁世伟:《主题酒店产品开发与模型选择》,商业时代,2005(17);张明,廖膺:《浅谈主题酒店及其体系建立》,桂林旅游高等专科学校学报,2006(5);赵益民:《浅析国内主题酒店的开发》,经济师,2007(10);田晓银,任晔:《主题酒店成就中国酒店业新发展》,中国旅游报,2007(11);董芳:《休闲产品主题化发展与经营》,旅游科学,2004(6);认为依其重要程度依次为文化性、体验性、地域性、差异性等特征。

拉萨、青海西宁等)。

中国青年旅舍发展前景广阔,青年旅舍正在吸引了全球四分之一的客源。青年旅舍在中国沿旅游线路的发展模式已经成熟,加上近些年中国本土"背包游客"规模的迅速扩大,青年旅舍在中国发展的黄金期即将到来。青年旅舍让人们体会了一种轻松的氛围,感受了一种浪漫理想的旅行理念,会使更多的人投入其中。

本章小结

预订是酒店与客人达成"预订协议"并进行房控的一个过程。预订的功能:新建预订、查询预订、更新预订、生成报表;用房量控制、取消预订、确认订房、等候名单、房间分配、预付押金收取及房间共享等。这些功能有助于为客人提供个性化服务。

Opera提供了多个不同的预订流程供客人选择,这些可选流程适用于不同的酒店类型和相关的操作标准。酒店可以根据实际情况选择一个最适合酒店管理思路的流程。

在个人预订主界面上,看到预订到店当天的具体房价。如果客人停留时间较长,Opera提供Rate Info.功能可以查询客人在店期间每天的房价信息。包价是附加在房价上的项目。其他预订信息包括预订折扣、信用卡预授权、特殊要求、预订备注信息、预订附加信息。预订其他功能包括随行人员、预订相关程序操作(复制、取消、订金等)、宾客服务(客人方位、提醒、服务跟进)、其他。团队预订内容包括新建团队预订、锁房、生成团员预订、团队预订变更。

酒店营销组合策略类型包括4Ps、4Cs、4Rs,无论哪一种营销组合策略,都有其适用的企业和适用的市场,因而酒店企业应该根据外部环境和自身的条件,适时选择合适的营销组合策略,并将其综合运用。酒店管理新型营销理念是以主题酒店、精品酒店为代表的非标住宿,以及青年旅舍。

思考题

1. 预定与预订的区别是什么?
2. 预订的功能是什么?
3. 个人预订的主要程序是什么?
4. 由于度假酒店周末与非周末房价有较大的差异,如何对客人入住期间的价格代码进行操作?
5. 团队预订的主要流程是什么?

6.为某家庭(夫妻俩、一儿一女)4人预订三间房、住两晚,需要1000元订金。(价格自选,房型自选)

7.替与酒店有协议的公司介绍来的两位客户办理预订,住两晚,房费由该公司承担,入住客人需要酒店免费提供一个电源插座;餐费由客人本人自理。

8.A先生夫妻与父母、弟弟夫妻共6人,赴海南度假,为期一周共五晚,需要预订标准间3间,父母的房费由A先生与弟弟平均分摊。

9.给某旅行社新建一个团队预订,在酒店住三个晚上,第一晚需要20间客房,第二晚需要22间客房,第三晚需要20间客房。

10.某公司在酒店预订14间客房,其中标准间11间,单人间3间,订金3万元。该公司为酒店的会员,房费将由公司直接转账给酒店。

11.某公司5名员工,其中4女1男(其中1对是夫妻)。在酒店预订4间客房共3晚。要求每个人开具一张发票,并将期间的餐费及其他费用打入账单。一同出差的人中,有1男1女(非夫妻)只住了2晚就提前离开,并要求提前开具所有人的发票用于报销。其余的人继续留宿。在计算机上如何实现以上过程?

12.为3类客人建立预订:第一次入住酒店无重名客人;曾经入住酒店的客人;系统内有名字的第一次入住的客人。

13.预订工作中,如何平衡简化流程以提高效率和细化流程以便采集更多数据之间的关系?

14.市场划分对于酒店营销的意义是什么?如何对市场进行有效划分?

15.如何利用市场分析改进酒店的经营管理?

第四章

前台管理

酒店提供服务的核心部门是前台,包括客人接待、办理入住、处理客人入住期间账务、结算退房、换房、制房卡等。前台管理模块的功能囊括了前台人员每日工作的主要内容,帮助前台提高服务速度和效率。

前台管理的功能主要如下。

(1)查询当天是否有预订的客人(In House Guest),或在客房允许的情况下,为没有预订的客人办理入住。

(2)办理入住、客房分配(Room Assignment);团队入住(Group Check In);假房入住;分房(Room Assignment),一般用于排当天到达的房间,查看房态。团队主账假房,又称 PM(Pay Master)房,为团队会议、婚宴、大型活动准备的专门用来抛账的一个房号,所有的费用都会在这间房里显示出来。但事实上,酒店没有这间房。这是酒店管理中的一个操作法则。

(3)其他服务,包括换房(Room Move)、入住、加床、交押金、借用物品、黑名单、留言、提前离店服务等。

Opera 强大的预订分房功能可以帮助员工掌握酒店房间的使用情况,并根据客人要求快速找到适合客人的房间。

Opera 在提高团队入住办理效率上也是非常有用的,提供了快速分房和批量制卡、批量办理入住的功能,可以帮助前台高效率处理团队业务。

Opera 系统与房卡制作系统之间有接口,在客人入住的时候,发送相关客人信息到制卡系统,自动制卡;同样客人离店的时候,离店请求也会发送至制卡系统,房卡自动失效。

第一节 散客预订

前台可以使用该功能快速查询当天预抵的客人信息。这个界面与预订模块的查询界面类似,在此不再对每一项含义进行解释。这里直接把前台常用的 Check In、Walk In 以及打印客人 Reg.Card 的功能罗列在右侧,方便操作(见图 4-1)。

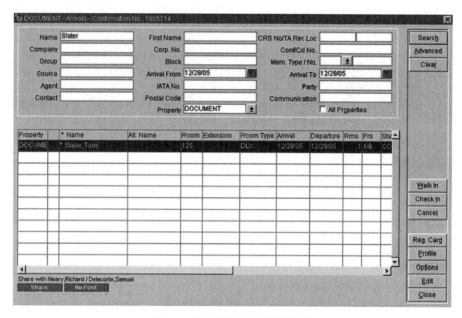

图 4-1 预抵客人信息查询界面

一、散客预订办理入住(Check In)

一般办理入住的流程是:出示证件——查询预订——选择房间——支付押金——办理入住——入住单签字,入住办理完成。

客人抵店后,前台需要确认客人名字以及预订,为其办理入住手续。客人需要提交身份证明证件,支付入住押金后,在系统中进行入住操作。在中国,客人的身份证件信息是需要传送到公安局备案的,一般前台会将客人身份证件信息扫描后录入系统客人档案中。

(一)预抵预订分房(Room Assignment)

酒店一般会在客人到店前先把房间分配好,以提高入住办理速度。选中客人预订,点击"Room",系统会打开可用房查询界面(Available Room Search)。

前面章节已经提到过,客人档案中可以存储客人喜好以提供更加人性化的服务,如楼层偏好、吸烟/非吸烟、房间特征等(每一间客房在后台设置的时候均已定义好了它的楼层,吸烟/非吸烟以及客房属性特征),如果客人档案中有这些要求,那么在分房的时候,系统会自动考虑这些要求来找与之匹配的房间。当然可以分配给客人的房间,一般要求是干净房。如果客房特别紧张,提前分房时,前台也会考虑给客人分配当天已离店但还未清洁的脏房。如果要取消已经分配的房间号,直接打开预订界面,删除房间号码即可(见图 4-2)。

对于散客预订,酒店通常会对即将预抵客人的预订提前分房,以提高入住速度。Opera 提供专门为批量预订分房的界面 Room Assignment。在这个界面上,可以根据房型查询预订,或者房间喜好查询预订,然后点击"Assign"按钮,进行房间查询并分配房间(点击 Assign 功能出现 Available Room Search 界面)(见图 4-3)。

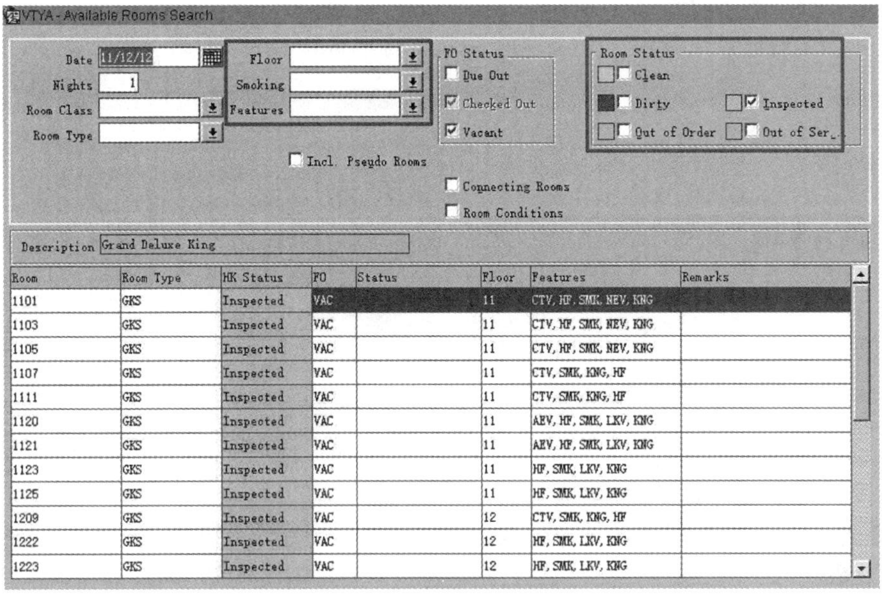

图 4-2　客房分配界面

团队预订的批量分房,也是使用这个功能。

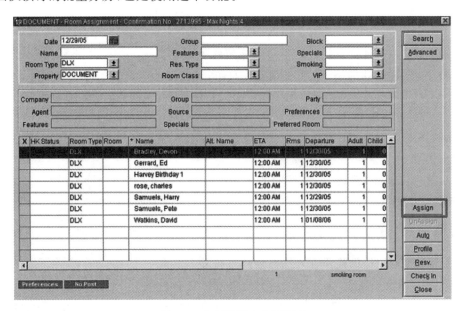

图 4-3　为预抵客人分配客房

（二）入住押金(Check In Deposit)

酒店入住一般需要在入住时支付一定金额的押金,可以是现金,也可以是信用卡预授权。如果是现金,在系统操作入住后,员工登录到客人账单界面进行付款(Payment)的操作（参照 Cashiering 模块中 Payment 的具体介绍）。如果是预授权,首先应该在银行 POS 机器上执行银行授权操作,然后需要将信息录入 Opera 系统中(Opera 提供银行信用卡支付接口，即可以将银行刷卡机器上刷卡的信息，自动传入 Opera 该订单中）。要手工记录预授权信息，打开客人预订选项 Reservation Options 中的 Credit Card 功能（见图 4-4）。

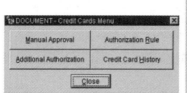

图 4-4　信用卡预授权界面

信用卡基本信息会显示在授权页面上，方便员工核对信息。录入授权金额以及授权代码即可（授权代码可以在银行卡单上找到）。如果没有接口，这个信息在 Opera 系统中只是起到一个备注的作用，通过报表可以比较出客人是否消费超出授权金额；如果有接口，在该预订结算的时候，会将结算信息自动发送到银行进行授权消费操作。

如果预授权录入错误，则需要进行冲抵。冲抵时，授权金额录入等额负值及相同的授权代码，即可在系统中冲抵该笔错误授权。

（三）办理入住（Check In）

给到店客人办理入住是前台最基本也是最重要的一项职能。在 Arrivals 这个功能下，快速查询客人订单，选择房号、支付押金后就可以在系统中办理入住了。

点击"Check In"，该预订即会变成在店状态（Checked In），酒店需要打出 Reg.Card（Registration Card）临时入住登记单，客人需要确认签字（见图 4-5）。

当点击"Check In"按钮后，该房间的入住信息会被发送到制卡机器上，制出客人房卡。

（四）合住预订办理入住（Sharer Check In）

合住预订的入住与单独预订入住办理的流程基本上是一致的，对于房价由谁来支付，前台员工需要在办理入住时再确认一遍。一般来说，房费由哪个预订承担，押金也应该在那个预订上处理支付。

在打开预订完成押金支付后，点击"Check In"按钮，办理完其中一个预订之后，系统会自动弹出提示框（见图 4-6）。

如果合住的人同时入住，则选择"Yes"，2 个合住预订同时办理入住。

如果合住的人入住时间不一致，则选择"No"，待另外一位客人到店后办理入住。

特别提示

如果客人在预订期间，已经用现金支付过 Deposit，那么当该预订被 Check In 时，该笔现金会自动转入客人账单中，变为该预订的押金。如果客人要改变押金方式，则前台需要对前期支付的这笔现金进行退款操作，具体操作详见 Cashier 收银模块的 Paidout 操作。

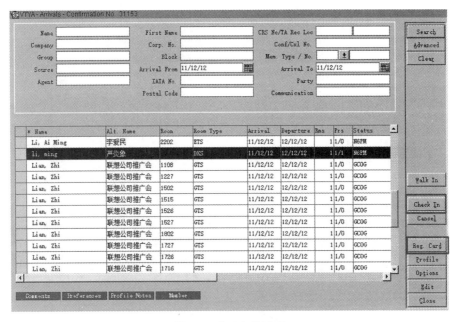

图 4-5　办理入住界面

图 4-6　合住预订

二、办理散客到达入住（Walk In）

不是所有的到店客人都有预订的，这类到店要求入住但未提前预订的客人，叫做"Walk In"客人。

在 Arrival 功能界面上，点击右侧"Walk In"功能来执行这种客人预订，做一个 Walk In 的订单，其操作过程与做一个预订订单是相似的。在系统中，它们是同一个订单处理界面。在办理 Walk In 时，一般直接分房、收取押金后直接办理入住（Check In）（见图 4-7）。

注意：以上系列操作是连贯的，如操作途中终止重新查询预订，则系统视该订单为一个预订而非一个 Walk In。

具体订单操作不再详细赘述，操作与预订订单入住过程一致，只是不能中途退出预订界面。

Walk In 在系统中有单独的统计报表，酒店比较关注每日 Walk In 数量，因为一般 Walk In 的客人都是以门市价入住，比一般预订采用的折扣价收益更高。Walk In 的数量以及趋势，会决定酒店收益，决定留多少房间迎接"Walk In"客人。

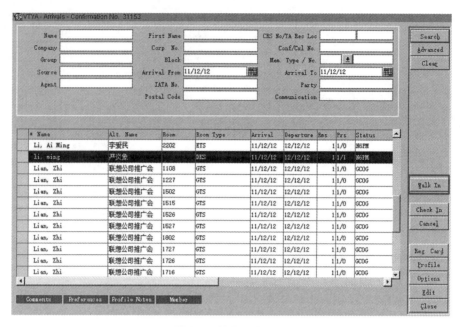

图 4-7 散客入住界面

第二节 团队分房和入住办理

团队锁房量大,办理入住的量也大,为了缩短团队办理入住时间,酒店一般都会对即将到店的团队提前分房,提前打印入住登记单,提前做出团队房间钥匙。

酒店可以像处理散客预订一样,分房,打印入住登记单,制作钥匙。Opera 中也提供针对团队分房和入住办理的功能,可以提高团队接待效率。

一、团队分房(Group Room Assignment)

一般团队会要求尽量住在靠近楼层的房间,实际上酒店在房源允许的情况下,也会尽量将团队成员安排在相近楼层中。可以通过选择 Floor 以及 Start from Room 来限制分房。

利用前台(Front Desk)中的 Room Assignment 分房功能,实现团队快速分房。

查询出目标团队后,点击"Auto"按钮(见图 4-8)。

一般团队分房也不会太在意某个团员的个人特别需求,除非在 Check In 的时候提出来,酒店会根据要求换房。在为团队提前分房时,因此这里的 Use Associated Preferences 不会被选中。

点击右下角的"Start",系统会根据操作者录入的条件,找出合适的房间号(见图 4-9、图 4-10)。

图 4-8 团队分房界面

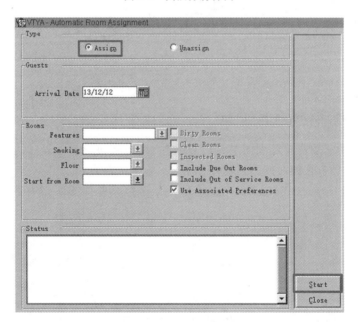

图 4-9 自动分房界面

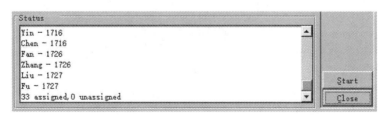

图 4-10 根据录入条件找出房间号

此功能也可以在团队 Block 中操作：分完房间以后，有的酒店会做出团队的 Registration Card，可能跟散客内容有所区别，这个取决于酒店。只要把团队的入住登记单（Registration Card）模板预设进系统，系统可以批量打印出来，功能见图 4-11 的 "Print Registration Cards"。

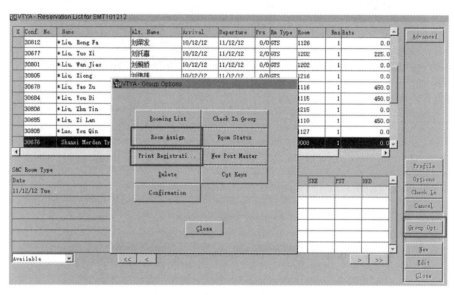

图 4-11　预设打印团队入住登记单

二、团队入住（Group Check In）

团队入住操作一般需要等到团员到店以后执行，团队的房卡可以利用制卡机单独提前制出来，在系统办理入住的时候不再需要制卡。

在团队预订 Business Block 中，快速办理团队入住，功能如图 4-12 中所示。

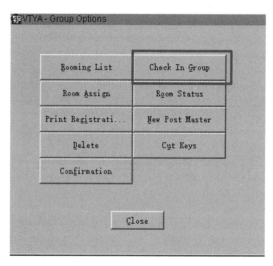

图 4-12　团队办理入住

点击"Check In Group",会出现许多选项,分别如下。

Check In:是否 Check In 所有已经分房的预订,不管房间是干净房还是脏房(预离的脏房是允许分配的,这点要注意)。

Cut Key:按何种规则制房卡,如果房卡已经提前打印出来了,则不再需要制卡。

Print Registration Card:是否打印团队 RC 临时入住登记单,如果已经打出来了,则不再需要打印。

Messages:如果团员有留言信息,是否需要打印。

选项选择完毕后,点击"Check In",则所有符合条件的团队预订即完成入住了(见图 4-13)。

注意:一般来说,团员是不需要额外支付押金的,团员的部分费用(主要是房费)也是由团队主账房支付。因此,押金也是由主账房来支付的。

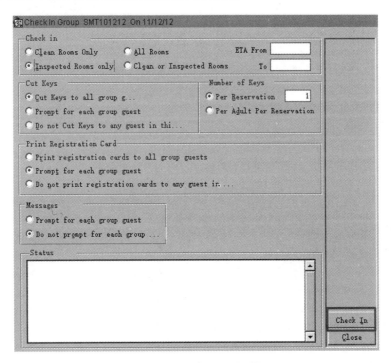

图 4-13　Check In Group 界面

第三节　预订变更

一、换房(Room Move)

客人入住后,由于客人不满意要求换房,或者酒店自身原因不得不给客人换房,前台员工需要在系统中执行换房操作 Room Move。换房有可能会导致房价的变化。是否变更房价,酒店需要根据具体情况处理。

在 Reservation Options 预订选项中,点击"Room Move"(见图 4-14)。

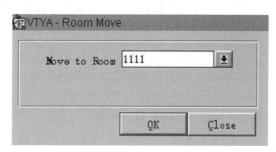

图 4-14 Room Move 界面

通过下拉箭头,打开 Available Room Search 界面,也可以直接录入目标房间号,点击"OK"。这时候系统会提问,需要把原来的房间改为什么状态。一般都会选择把房型变为"Dirty",哪怕客人可能只是进入房间坐了一小会。由客房部人员检查后再出售。选择状态后,预订的房间号就变了(见图 4-15)。

特别提示

如果换房时,目标房间号与原来房间号的房型不一致,那么系统会有提示,是否改变房型 RTC(决定房费的房型)。如果是免费升级,那么不需要改变;如果是客人付费升级,那么就需要改变 RTC,让订单价格相应发生变化(见图 4-16)。

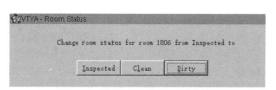

图 4-15 换房后原客房房态是否修改

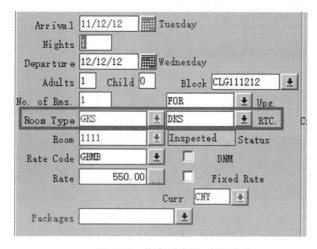

图 4-16 换房后房型、房价变化

另外,换房也可以用来操作合住。如果两个预订一开始是分开的,办理完入住或者在店期间期望两个预订变为合住预订,用 Room Move 功能可以自动完成合住,当然合住以后的房费需要额外处理。

二、客房升级(Upgrade)

(一)免费升级(Free Upgrade)

酒店常常会对某些订单进行免费升级,可能是由于会员优待,或者由于客人投诉,或者客人预订房型卖完了等。Opera 系统中有 Room Type 跟 RTC(Rate to Charge),其中 Room Type 是客人入住的房型,而 RTC 是决定客人付费的房型。一般情况下,这两个地方的房型是一致的。如果是免费升级(Free Upgrade),就会出现不一致的情况。免费升级意味着客人无需额外付费就可以住到更高级的房型。因此 Room Type 是客人最后实际入住的更高级的房型,而 RTC 是升级以前的房型,预订房价不变。

例如,客人预订的是 DTK 580 元/房晚(RTC),到店后升级至行政大床房 EBS(Room Type),房费 980 元/房晚,客人实际支付的是 580 元/房晚。

(二)付费升级(Upsell)

付费升级也是常见的情况,客人愿意付出更高的房费换至更好的房型,则 Room Type 与 RTC 是同时变的,房型也是一致的。房价会由原来的初始房型的房价变为目标房型对应的房价。

三、取消入住(Cancel Checked In)

取消入住即将本来已经办理入住的订单取消变回预订状态,而不是删除预订。取消入住的原因,可能是前台员工误操作将未到店的客人操作了 Check In,又或者客人已经到店,但是不满意服务而要求离开等,取消入住有两个条件:第一,必须是入住当天内取消,过了夜审则无法再取消预订;第二,客人未发生费用。

取消入住后,客人订单状态由“在住”(Checked In)变成“预期到达”(Due In)。

取消入住后,前台工作人员根据实际情况修改该房间的房态。如果是误操作,则可以将房间保持为干净房,但如果客人已经进入房间,则建议将房间变为脏房,或者请客房部尽快确认房态再处理(见图 4-17)。

* Name	Alt. Name	Room	Room Type	Arrival	Departure	Rms	Prs	Status
China Lenovo Group		9010	PM	11/12/12	12/12/12	1	0/0	CHECKED IN
China Lenovo Group 2			DTS	11/12/12	12/12/12	1	1/0	GCOG
Cleaning Folio	RM 9600	9600	PF	11/12/12	11/12/12	1	1/0	DUE OUT
*Ding, Qi	丁奇	0901	DKS	11/12/12	14/12/12	1	2/0	CHECKED IN
*Ding, Qi	丁奇	0816	DTS	11/12/12	12/12/12	1	1/0	CHECKED IN
*Ding, Qi	丁奇	0816	DTS	11/12/12	12/12/12	1	1/0	N6PM
Ding, Qi	丁奇	0802	DTS	11/12/12	12/12/12	1	1/0	N6PM
Ding, Qi	丁奇		DTS	11/12/12	12/12/12	1	1/0	N6PM

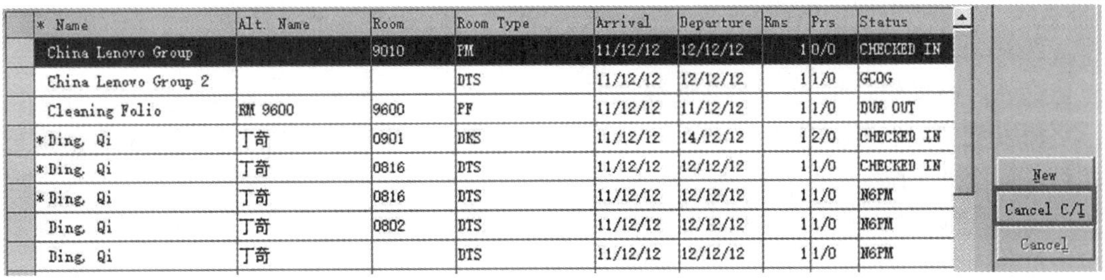

图 4-17 取消入住界面

第四节 对客服务

一、客人留言(Messages)

此处的客人留言与客人预订中的客人留言是同一个功能,只是预订中的留言只针对该预订,而这里的 Messages 可以查看所有预订以及在店客人的留言情况。方便前台或者总机同事处理客人留言。

总机一般每天不定期需要处理客人的留言信息,打印出留言条或者电话通知客人。可以根据留言状态筛选留言(Received/Unreceived),也可以结合客人状态查询留言(见图 4-18)。

图 4-18 Messages 界面

对于留言的处理一般如下。

Received:接收留言。一般在确认客人已经收到留言之后,将该留言状态改为已接收状态。如果是误操作,则进行取消接收操作即可。

Print:打印留言,将客人留言打印出来,用信封包装好后递送到客人房间。留言条的格式可以预设进系统。

New:可以在这里直接给客人留言。总机用得最多,如果客人电话进来要求留言,在这里可以查询客人房间并快速完成留言操作。具体的留言操作不再详细介绍,可以参照预订模块的 Messages 介绍。

Delete:删除客人留言,这个一般需要权限控制,主管或经理级以上才会给予删除权限。

二、工作跟进(Traces)

此处的 Traces 功能与客人预订中的 Traces 是同一个功能,只是预订中的 Traces 只针对该预订,而这里的 Traces 可以查看所有预订以及在店客人的工作跟进情况。方便前台或者其他部门同事集中查询处理跟进事项(见图 4-19)。

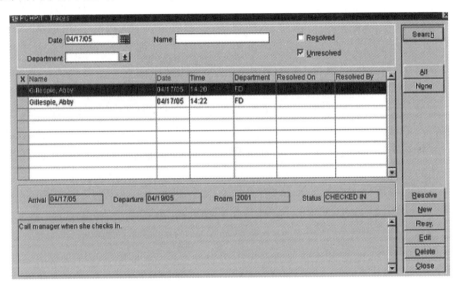

图 4-19 Traces 界面

每个部门(Department)可以在这里查询需要本部门跟进的事项,可以分别查询已处理(Resolved)和未处理(Unresolved)的事项。

页面下半部分可以直接看到该事项所属的订单信息和跟进的内容。

具体操作如下。

Resolve:处理完事项后,将状态变为已解决。

New:各部门可以在这里直接录入跟进事项,而无需再回到预订订单中处理。具体的新建事项操作不再详细介绍,可以参照预订模块的 Traces 介绍。

Delete:删除跟进事项。一般需要权限控制,主管或经理级以上才会给予删除权限。

第五节　前台功能要素

一、科学管理,实现酒店效益最大化

进入 21 世纪以来,酒店业的发展日新月异,竞争也异常激烈。酒店前厅部(Front Office),是酒店组织客源、出售客房,并为宾客提供各种接待服务的综合性部门,是整个酒店业务活动的中心,是酒店的核心部门。前厅是酒店的门面、酒店文化的展示窗口,也是客人进入酒店室内的第一个空间,使客人产生对酒店室内空间的第一印象。前厅引导客人了解

酒店的文化，展示酒店的风采。前厅部作为酒店的窗口，直接代表了整个酒店的形象，前厅的装修风格就起到了这样的作用。顾客进入酒店，首先接触到的是其建筑艺术性，再从装修风格体会到其文化特色，形成直观的第一印象，很好地起到了传播酒店文化、市场定位的作用。现代企业管理需要沟通，通过一定风格的装修来传播企业的文化信息也是一种有效的沟通方式。

不仅如此，前厅部还承担了酒店的大量工作，重要性不言而喻。前厅管理主要涉及的内容包括客房预订、接待准备、前厅接待、入住登记、礼宾服务、叫醒服务、问讯服务、查询服务、代客留言、贵重物品保管、取存行李、兑换外币、收银服务、处理各种信息、综合协调各部门服务等。可以看出，前厅的一系列工作都是围绕顾客入住酒店的需求来进行的。所以，前厅常常被比喻成"网络中心""神经中枢""大脑"等，前厅是客人住店、离店的集结交会场所和各种信息的汇集处，是给客人留下第一印象和最后感受的部门。因此，前厅部的服务和管理水平直接影响客人对酒店的评价，前厅部员工的服务质量显得尤其重要。"对客人来说，前厅代表着酒店的管理人员，客人会根据自己在前厅受到的服务而对未曾露面的酒店负责任人产生或好或坏的看法。"

酒店前厅部具有较强的即时性特征，是整个酒店业务活动的中心。前厅部的经营业务非常广泛，从客房预订、接待宾客、分送行李到电话电传、外币兑换、收银结账、票务服务、贵重物品保管等，涉及面广、专业性强、信息流动变化快。因此，前厅部要求配备高素质的员工并进行高效率的工作，才能保证顺利地销售酒店服务产品，全面联系和协调酒店各部门。前台常被比喻成"网络中心""神经中枢""大脑"等，这些称法都肯定了前厅在现代酒店的中心地位。

前厅负有重要职责，前厅的工作极富吸引力，综合协调各部门服务，以提高酒店效益。前厅一方面直接为客人服务，另一方面又指挥和调度整个酒店业务经营活动。前厅的服务管理非常重要，其服务质量和水平关系到整个酒店的服务质量和信誉。迎宾员要服装整洁、仪表大方、精神饱满；迎送工作要熟练自如、热情周到；行为举止要规范标准、礼貌文明，给宾客留下良好的印象，不可问及宾客不便回答、不宜回答的问题。前厅员工处于酒店活动的中心，从事预订业务、销售客房产品，处理各种信息等工作，前厅是与客人直接接触的主要部门，是酒店的主要收益中心，每天要面对大量的酒店通信信息，如客源市场、客房出售、营业收入、客人投诉等。前厅要及时处理这些信息资料，向有关部门提供经营决策参考。

前厅经理的工作极富挑战性。许多酒店管理人员都被酒店前厅的氛围吸引，宾客来自各行各业、五湖四海，在酒店探亲访友、举行各种特殊的庆祝仪式，或是召开、参加会议和进行各种事务活动。客人抵达酒店的时间、举行会议的时间、房价、餐饮服务、交通服务，甚至每个岗位管理人员与客人之间发生的不愉快，都需要马上处理。前厅经理应该积极地收集客人可能需要的信息，并设计相应的程序将这些信息发到各个部门。这些信息对于其他部门更好地为客人服务来说是非常重要的。

哈特里纳等人（Hartline, et al 2003）对酒店不同部门服务的作用进行了深刻研究，他们结合斯尔沃曼和格罗沃尔及凯多第和特济昂关于顾客对酒店服务的感知类型，将服务分为必要服务（Necessary Cues）、希望的服务（Desirable Cues）、消极的服务（Passive Cues）和中性服务（Neutral Cues）。按照哈特里纳等人的解释，必要服务指顾客认为服务是绝对必要的和关键的,并期望这类服务传递应准确无误。如果缺少这类服务或不能准确传递,顾客将以此对服务质量给予较低的评价,而且无法以其他服务来弥补。顾客常以一个或多个必要服务为基准来对质量进行评价。如果这一条件满足了,顾客将根据希望的服务和消极的服务来调整其对质量的总的感知。希望的服务指顾客希望在服务中提供的内容不是必需的,如大厅或天井的特色、室内游泳池和免费早餐等。这类服务也称为满意要素,即好的服务会增加顾客的满意度,而取消这类服务也不会导致顾客的不满。提供好的希望的服务可能会导致顾客对质量评价基准的提高,但另一方面,取消或不好的服务会让顾客对服务质量的评价偏低,但不会导致对总的服务质量评价为不可接受。消极服务指顾客认为理应提供的服务,包括停车场、信用卡的使用、热水淋浴等。只要这类服务满足顾客的最低要求,顾客就不会注意到它们,也不会影响顾客对服务质量的评价;一旦这类服务失败或不存在,这势必影响顾客对服务的感知。消极服务不会带来顾客的表扬,只会带来顾客的抱怨,因此有人称之为不满意要素。但只要必要服务满足了顾客的要求,消极服务的不足不会导致顾客评价质量为不可接受。中性服务既不会得到顾客表扬,也不会导致顾客抱怨。它们可能不会引起顾客的注意或一旦出现服务失误,很容易改正。中性服务对顾客评价服务质量没有影响。在哈特里纳等的研究中发现,顾客把前台服务看作必要服务要素,把停车看作希望服务要素,同时把行李员服务看作中性服务要素。前台、行李服务、停车服务构成整个前厅服务。由此可见,前厅服务的主体是前台服务,前厅不同服务的重要性在顾客的眼里也是不一样的。我们应该根据这一发现对酒店的前厅服务质量进行评价,从而诊断酒店前厅服务是否满足顾客的要求,并加以改进。

(1)预订管理,集成酒店各资源。通过预订管理,可将客房、餐饮可租资源进行集中管理,全面支持预订管理;提供多角度预订统计及预测分析,各类可用资源以图表方式直观显示;可预见未来任意时间段的各类可用资源数量,并可直接在上面进行预订操作。

智能预订管理,散客预订自动建立客人客史档案,自动识别历史客人,并调入历史客人的完整档案资料;团队预订支持返程团,自动调入原始订单信息,简化预订手续;协议客户预订自动带入协议客户联系人、电话、市场、客源以及合同房价;会员客户登记会员卡号,系统自动进行会员打折积分;智能 package 包价处理,如房含早、加收服务费、赠送客房洗衣等;各种特殊要求(包括接待要求、客房要求、结账要求、餐饮要求等)登记在案,通过信息共享,使前厅、客房、收银、餐饮等部门及时了解客人的需求,实现对客"一条龙"服务。

通过订单处理,可整单复制订单,也可复制订单中的任一项目;在预订的同时可进行分账户、分房处理;进行订单的订金管理;可自动生成预订回执,通过互联网或传真机进行发送;自动调取客人档案及订房信息,打印住房登记单,快捷地预订查询,系统内置多种常用查询(今日新增预订、今日应到预订、今日取消预订、未审核预订等),用户无需输入任何条件即可完成需要的查找;智能模糊查询,用户无需输入完整条件,即可完成查找;日期输入简便,只需输入数字,系统自动完成日期计算。

智能超预订控制,可按保证预订、一般预订、临时预订、候补预订等顺序确定处理优先级;可设定各类房间的超预订数量,在超过该数量时系统自动给出超预订提示。房态查询,从多角度、全方位掌控客房资源,显现客房最新入住情况统计及房间出租分析状态。

（2）科学控制房价。严格的房价代码控制体系，依据淡平旺季、市场、客源、会员条件设定不同房价代码体系，对房价进行严格控制；根据客人住店天数、实时出租率自动控制房价，实现酒店效益最大化；协议客户签订的合同价自动带入到订单处理；所有涉及房价的修改必须进行授权，并自动进入操作稽核。

（3）完整的报表体系、综合查询及统计分析。全方位、立体化掌握酒店的信息，按客源、市场、渠道、行业、国家、地区、客房等级、楼层等方面进行多角度、全方位的酒店经营分析；柱状图、饼状图、曲线图等多规格图形化数据呈现，可实现详尽的即时查询；可以快速生成财务、收银等核算报表；提供多种销售分析报表。

夜审管理针对每日数据核查统计；报表系统提供足够的著名酒店报表样张，使酒店在综合分析上借鉴高星级酒店管理经验；开放的数据字典，酒店可根据需要自定义各种报表；建立在酒店业务流程基础上的自动制证系统，业务数据即时自动入账，可以根据管理的需要增进核算深度，制证过程电脑化、自动化，财务数据分析及时、细致、准确；同时支持集团企业的财务管理，以跨地域设置集团账套与分店账套。

二、差异定价策略，提高闲置客房利用率

（一）实行差异定价策略的必要性分析

1.需求、供给和成本在酒店的客房定价中的重要作用

酒店产品的特点是实行差异定价策略的首要因素。市场和对住宿的需求决定了房价的上限，而酒店的变动成本决定了房价的下限。房价上限是特定的市场环境条件下，消费者可以承受的最高价格。房价下限是一家酒店在收入足可抵消全部固定成本的情况下所定出的最低价格。如何实现酒店在向一个细分市场的客人销售打折客房的同时，又能保证另一个细分市场（愿以更高的房价入住的客人）的收入不至于减少。市场需求量的上升或下降、市场对房价变化的敏感程度以及本酒店是价格领袖者还是追随者等都对客房定价决策产生影响。

通过采用划分标准和其他限制性房价政策，酒店能尽可能地扩大其在目标市场的营业收入，同时避免来自高房价细分市场收入的减少。一种等级定价法在连锁酒店中的表现是品牌延伸。以万豪国际酒店集团为例，其最初产品叫作万豪酒店，定位为高价高品，即超出平均水平的价格，超出平均水平的服务，包括软件和硬件。后来，又推出高于这个水平的方案，可以称为极高价极高品，即JW万豪酒店。之后，万豪又推出适合商务旅客的万怡酒店，当推出更加廉价的汽车连锁旅店时，便不再使用万豪品牌，而是使用Fairfield Inn。这就体现了不同的价格，提供不同档次的软硬件服务。当目标公司效益好时，其雇员公务旅行可选择住万豪酒店或JW万豪酒店；当公司效益不好时，为了感受万豪的酒店文化，可以选择万怡酒店，甚至Fairfield Inn。也有顾客，当公务旅行时，选择万豪酒店或JW万豪酒店；当私人旅行时，选择其他档次的万豪集团的酒店。

2.差异定价策略能够带来理想利润

采用客人划分标准，这些划分标准是一些合理的原则和限制性条件。在这种划分标准

下,客人能根据自己的需求、消费方式及愿意接受的支付水平而将自己划归到合适的房价类别中去。这种划分标准包括提前预订和不包退货的提前购买。这些划分标准也允许那些对价格比较敏感的客人享受更低的房价,但客人对客房进行选择的余地将会减小,而那些以全价入住的客人则可以随意挑选他们所喜爱的房间。这种划分标准的重要作用在于,酒店在向一个细分市场的客人销售打折客房的同时,又能保证另一个细分市场(愿以更高的房价入住的客人)的收入不至于减少。[①]

这种定价中有所区别的策略也很容易向客人解释。每种房价都有其合理性。运用一个房价区分系统,酒店就能对它所有的客房进行收益管理,并能在销售旺季少打折而在销售淡季多打折。

这种有所区别的定价方法的缺点是它比其他的定价方法更难管理。它要求酒店建立复杂的预订系统和收益管理系统,而且酒店还必须有一个相对于市场来说比较稳定的正常房价。

通过采用划分标准和其他限制性房价政策,酒店能尽可能地扩大其在目标市场的营业收入,同时避免来自高房价细分市场的收入的减少。航空公司采用的"周末逗留"要求就是一个极好的划分标准。这种标准将休闲旅游旅客(一般愿意在周末逗留)和商务旅客(一般不愿意在周末逗留,而是希望办完公事就走)成功地区分开来。

划分标准必须和闲置客房的控制程序结合起来,以获得最大的收入。这就超出了目前大多数酒店采用的收益管理的要求。虽然收益管理在销售旺季时对高价客房的销售非常有效,但一旦酒店在销售淡季对客房实行打折,那些平时按客房牌价入住的客人可能会先考虑入住打折的房间,这势必减少客房的收入。而对这个问题,收益管理并不能很好地解决。所以,收益管理中对闲置客房的控制就必须和对市场进行细分的划分标准结合起来,这样才能使酒店获得最大的收入。

(二)关于酒店客房定价策略的探讨

需求差异定价法包括市场细分定价法和时间定价法两种形式。

1.市场细分定价法

在这种情况下,酒店采用合理的原则和限制性条件等划分标准,对不同的顾客划分为不同的细分市场,不同的细分市场对酒店同样的客房和服务,支付不同的价格。顾客能根据自己的需求、消费方式及愿意接受的支付水平而将自己划归到合适的房价类别中去。这种划分标准的重要作用在于,酒店在向一个细分市场的顾客销售打折客房的同时,又能保证来自另一个愿以更高的房价入住的细分市场的收入不至于减少。因此,通过采用划分标准和其他限制性房价政策,酒店能尽可能地扩大在目标市场的营业收入,同时避免来自高房价细分市场的收入减少。市场细分定价法一般有以下几种形式。

(1)商务房价,公务旅行者是使用酒店频率最高的顾客,因此公务旅行者几乎是所有酒店追求的目标。为了吸引这些顾客,一般要协商制定特别鼓励价。额外的吸引力通常包括可以免费或优惠使用特殊的商务服务,如秘书、周末私人助理、传真设备、计算机、复印、会议

[①] Denney G.Rutherford 著,梁晓波,王才美,刘亚琴译:《现代美国饭店营销与管理》,湖南科技出版社,2001年版。

室、电视会议设施、多媒体会议设施、可能的外语翻译服务等。

(2)公司房价(部委办房价),酒店将一些大公司或对酒店服务设施利用率很高的公司或政府机关作为服务对象,并对其长期惠顾提供低廉的房价,对其使用酒店的其他服务项目提供一些特价的优惠。这一策略的另一种形式是让顾客加入某一专门俱乐部。该俱乐部不仅提供酒店各种服务项目的折扣,并且为其在相关的商店购物、订票、租车、旅游提供优惠。目前国内的订房中心即是这一形式。

(3)会议房价,举行会议、培训、庆典、特别文化或体育活动的专业团体、行业团体、商业团体以及社会团体总在寻求最实惠的酒店。大多数酒店均力争获得此类业务并且推出可商议的最低房价、餐饮折扣等。另外,酒店将房价和其他额外服务项目捆绑混合在一起,从而使顾客难以与其他竞争酒店的价格进行比较。在会议优惠中,酒店常常为会议举办人提供交通及其他特殊安排。

(4)旅行社房价,与旅行社协商制定的特殊打折房价,是旅行社营销自己包价旅游的关键。从酒店的角度看,折扣可以由同一时间入住的客房数量来弥补。

2.时间定价法

在这种情况下,不同季节、不同日期,甚至不同钟点,酒店都可以采取不同的房价。由于旅游团体市场随不同的季节而变化,公务旅行者在周末和节假日很少入住酒店,因此,酒店可通过时间的划分,尽可能扩大目标市场的收入。时间定价法一般有以下几种形式。

(1)节房价,按照酒店经营的淡旺季,分别确定旺季最高价格、淡季最低价格和平季价格,以吸引不同细分市场的顾客。尤其是对团体顾客,往往分别制定不同季节的不同房价,对非团体顾客往往制定淡季的促销小包价。

(2)周末(节假日)房价,商务人士或会议组织者一般倾向于计划在工作日使用酒店设施。因此,大多数酒店在周末和节假日都有大量空房。周末(节假日)房价旨在用特别优惠的房价吸引顾客在周末入住酒店或吸引本地顾客入住。

(3)日价,酒店为白天入住的顾客,如会议人员、误机人员等所专门制定的房价。此类房最长使用时限一般不超过6小时,并在18时前退房。日价可以使酒店客房在一天内出租两次,增加酒店客房收入。

客房部在酒店中占有极为重要的地位,其有效的管理,不仅能够为酒店带来巨大的经济效益,同时对酒店品牌的提升也极为重要。客房卫生清洁程度,设施物品是否齐全,员工是否热情、周到,服务项目是否齐全,都是客人衡量是否"物有所值"的重要依据。客房的价值是在依赖客房服务设施的基础上,通过客房员工提供的服务体现出来的,员工的态度、言行都要融入每项服务之中,从而对宾客的满意度产生重要的影响。

在竞争激烈的情况下,只选择在硬件水平上着手显然很难达到目的。鉴于此,从"以人为本"方面着手则更有新意,实行科学的"人本管理",提高客房的服务质量,实现提高经济效益,增强竞争能力,提升酒店品牌形象的目的。

(三)马里奥特集团定价试验

20世纪90年代,美资马里奥特酒店集团在拉美扩大业务进行并购,是马里奥特酒店集团拉美扩大战略的重要一步。马里奥特酒店集团在全世界60个国家和地区拥有2600家品牌酒店,主要面向高收入董事、游客和贵宾等消费人群。马里奥特酒店集团在美国所有的马里奥特酒店和部分欧洲的马里奥特酒店实行差异定价策略。公司对许多客人的划分标准进行了试验,这些客人划分标准将客人分成了许多不同类型的细分群体。试验阶段的房价划分标准如下。

试验一:1990 年 12 月进行第一次试验。开展假期促销活动,179 家马里奥特酒店推出了 49 美元(天·间)的假期折扣房价,但要求苛刻,客人需提前 14 天购买(预付全部房费),而且不退房费。在这个平时属于淡季的期间内,179 家马里奥特酒店共出售了 54000 个间天数,比往常增加了 70%。在提前购买的客人中,11% 的客人声称如果没有这次房价打折的促销活动,则根本不会考虑外出旅行。

试验二:1991 年夏季继续举行第二次试验。马里奥特公司宣布:如果客人提前 14 天或 21 天购买的话,房价打 6 折。马里奥特酒店公司的目的在于调查客人对这次打折所施行的限制条件(必须提前 14 天或 21 天购买)有何反映。结果,客人非常踊跃用信用卡订房,并表示不会退房。结果是有 25 万个间天数被预订,是原计划的 2 倍,而这 25 万个间天数中的 2/3 是纯增加的业务。

试验三:1991 年 11 月 12 日至 12 月 2 日和 1991 年 12 月 13 日至 1992 年 1 月 5 日这两个时间段里,马里奥特酒店公司又进行了一次提前购买的促销活动。标出的房价是 49 美元、59 美元和 69 美元,而对客人提出的要求是必须提前 14 天购买。

试验四:1992 年冬季的几个月里,推出了提前购买的促销活动。目的是评选客人在这个商务旅行比夏季或节假日要多的季节里,客人对这次促销活动的反映。

实验成果如下。

(1)酒店业对马里奥特定价试验的反映:反映各不相同,有些酒店公司认为这种试验并没有根据客人需求不同及时进行调整,而有的酒店公司则已经开始实施增加的差异房价计划,酒店预订系统处理差异房价的能力将直接影响到对差异房价的决策。

(2)客人的反映:虽然上述试验并不退还客人预付的房费,但客人并没有像酒店业主所预言的那样,对马里奥特酒店进行抱怨。事实上,通过运用一系列结构合理的打折条件,马里奥特集团已经真正让客人很容易地明白了酒店业的客房购买过程。在最初的两个试验之后进行的市场调查显示,有 2/3 的调查数据表明客人认为这些房价打折的限制条件非常"合理"或"公平"。在选择了提前购买的客人中,有 87% 人表示如果酒店再进行这样的促销活动,他们还将积极参加。调查显示,在选择了提前购买的客人中,有 87% 的人属于休闲旅游人员。

在这些试验和市场调查的基础上,马里奥特酒店集团坚信,差异定价方法是一种正确的发展方向,至少在打折房价的制定中是这样。马里奥特酒店集团采用的客人划分标准有以下几个方面的特点:将商旅客人与休闲旅游的客人分开;客人很容易理解这些划分标准,并且能够接受;通过这种划分标准制定的差异定价策略能够吸引那些本来不会入住马里奥特酒店,甚至根本不会外出旅游的客人下榻马里奥特酒店,从而增加酒店的营业收入。

关于差异定价的探讨。实行差异定价法可能会带来一系列关于道德、管理中的争论,如商务旅客的反映和由于不退还房费所引起客人抱怨之类的问题。"仅仅根据某些客人预订的不同和某些客人愿意提前支付房费,就对不同的客人实行不同的房价吗?"许多酒店经营

者都对这种根据这两个条件对不同客人收取不同的房费的做法心存不安。这个问题随着期望的设定和对客人的引导而定。在对市场进行细分时,酒店提供了不同的产品,并提供了不同的价格。即使房间的设备条件一样,一间在客人抵达酒店的那个晚上才售出去的客房和一间客人抵达酒店30天前就预售出去了的客房本来就不是同一种产品。通过市场细分,酒店至少能够满足两个不同细分群体的需要;对休闲旅游的客人来说,如果他很早之前就提前购买了客房,那他就能享受到极为优惠的房价;而对商务客人来说,如果出更高一点的价钱,即使抵达酒店的时间很晚,他也能顺利入住。

诸如"不退预付款"之类的限制条件很明显是一种酒店转嫁风险的方式(主要是防范那些放弃预订、没有如期抵达的客人)。为了降低风险,酒店宁愿通过房价打折的方式对客人进行补偿。如果仍有房间没有售出或者预订被取消,酒店就面临实实在在的机会成本的问题。所以,如果客人愿意在酒店不退还房费的情况下预付房费,为酒店承担这部分风险的话,那么这间客房与那些可能被取消预订的客房就不是同一种产品,而酒店也愿意通过减少房费的形式来对这些客人进行奖励。

商务出差还是休闲出差?商旅客人应该厌烦"资助"休闲客人吗?商旅客人的房费通常比休闲客人的房费要高。但事实上,出售一间客房的变动成本很低,房价中超过变动成本的部分都用来弥补酒店的固定成本。由于酒店的固定成本较高,所以额外的、以任何价位出售的间天数都能增加酒店的收入。因此,正因为是通过对休闲客人实行折扣房价而获得的额外收入,才能有效地阻止房价的上涨,使商旅客人能够以合适的价格入住。从这个意义上来说,商旅客人和休闲客人是"互相资助"的。

客人的抱怨?实行差异价格是否面临客人服务的问题,尤其是当客人不能满足打折条件或在提前购买了客房之后又要更改的时候,问题更为突出。与讨价还价的定价方法不同,实行差异价格在向客人解释打折所要求的条件时,酒店并没有任何损失;而讨价还价损失的却是酒店实实在在的收入。

结论:经济学的需求和供给理论要求酒店必须使用细分价格,以取得最大收入,并弥补酒店的巨额固定投资。现在,许多酒店正使用一种可以被形象地描述为"争价"的方法(即客人与酒店就房价讨价还价)来对客人进行细分。这就会使那些不了解这种定价方法的客人感到糊涂,甚至疏远酒店;而那些精于讨价还价的客人又会使酒店面临新的问题。

对价格进行细分的一个合理方法是使用细分标准或某些合理的原则和限制条件,根据客人的不同需要、购买行为和愿意接受的房价水平对客人进行细分,马里奥特酒店集团进行的一些试验,如对不退还房费客人的打折、对提前购买的客人提供优惠房价,都是非常成功的。

三、酒店预订——与客人的合约

(一)关于酒店预订

预订是酒店运营必需的血液,其作用非常明显:对客人来说,他们将知道自己有了一个下榻之地;对酒店经营者来说,他们将知道自己的一些客房已经租售出去。预订如此频繁地发生,以至于客人和酒店经营者都没有进行深入的思考。预订,即使仅仅是一个电话预约,都是一份合同。而且我们进行的一个小小的研究表明,许多酒店经营者已经认识到了这个问题。

假设一位客人填写了一张酒店入住登记表,申请在某天预订该酒店的一间客房,而酒店也回信表示接受预订。如果当事人(预订客人)如期抵达酒店时却被告知没有客房的话,酒店是否违背了与这位客人的签约?反之,如果客人一直没来,使酒店在销售旺季白白地让一间客房空闲着,那么酒店又如何投诉客人?在这些问题上存在着合法权利的划分。

一般认为,任何预订,只要有提出方和接受方,就形成了一份合约,并不需要客人应酒店的要求预付订金或进行其他方式的确认。当一家酒店和一位想要住宿的客人达成了协议,并在协议中规定了酒店必须在某一特定时间、一个特定的价位为客人预留一段时间的客房时,如果酒店和客人中任何一方违背了这一协议,那么一方当事人有义务赔偿另一方当事人的损失。协议可以是口头的,也可以是双方当事人之间的电报或通信。那么,口头预订的地位如何?通过电话进行预订便是典型的口头预订,或酒店与客人之间的合约大多属于这种。但口头合约有其缺点,就是很难对它进行证明。预订是不是有约束力的合约问题,在很多年前就出现在法庭上的案例中。

在酒店预订的实践中,酒店经营者与客人之间的关系是一种非常少见的商业关系,这种商业关系的特点是双方当事人很少会因对方违约而真正提起诉讼。如果酒店违约,不让客人入住,客人很可能会另找一家酒店。即使找不到,由不方便所带来的实际损失也不会很大。如果客人违约未到,酒店通常可以将客房出售给另外的客人,酒店就不会起诉以追回损失。即使客房没有租售出去,酒店的货币损失也不会很大。除非客人为了小数额的赔偿必须回到酒店现场,或酒店为追找未到的客人而必须去很远的城市,一般而言,双方当事人都不会要求数额很大的赔偿,双方也不愿意花很多的钱去聘请律师和向法院起诉。如果双方当事人的损失都不是很大,并且也不愿意起诉,那么预订是不是合约的问题是不是就无关紧要了?预订就是一份合同,因而在特定的情形下,酒店有可能面临损失。在欧美等国,如果发生了酒店拒绝预订客人的情况,客人会要求酒店赔偿,酒店面临巨额损失。

(二)超额预订引发的思考

在酒店预订满员的情况下,由于酒店产品具有不可转移与不可运输等特点,又由于酒店预订形式的特殊性,根据酒店业内人士多年的经验,一般认为正常情况下需要做超额预订,即需要做120%左右的预订。因为一般情况下,20%左右的客人可能会在预订后不来入住。但是,如果超额预订的20%的客人如期到达,将给酒店造成麻烦。从前的解决方法是,经得客人的同意,安排客人到周边相同或者更高层次的酒店入住,并由酒店负责所有费用。否则如果客人投诉,对酒店的影响相当不利。目前,随着高科技的发展,这样的纠纷越来越少。因为在客人预订酒店时已经留下客人的联系方式,在酒店预订满员的情况下,可以通过电话询问客人是否如约入住,通过信用卡预订等更多的方式确定真实的预订。

酒店业经营有淡平旺季之分,在旺季或重大会议期间,房间供不应求,服务空间的有限性决定了客房的接待能力有限,造成顾客资源流失,服务质量下降;在淡季大量客房空闲,出租率一般只有30%~60%,没有地理优势、品牌优势的酒店客房出售率则更低,造成大量酒店资源的闲置和浪费。而客人通过互联网、电话等多种方式获得酒店的预订服务,可大大解决空闲房间的问题。据调查,美国有70％的网民会通过互联网在线预订的方式进行酒店预订,但在中国,这个比例仅为5％。随着中国使用互联网人数的增加,以及在线酒店预订市场和出入境旅游慢慢走向成熟,在线预订可以填补中国旅游市场内高端商旅市场和境外酒店信息资源及服务的空缺。

网络预订可使商务客人在淡旺季保证出行,使休闲客人获得优惠的价格。一般情况下,网络预订,只要有提出方和接受方,就形成了一份合约,并不需要客人预付订金或进行其他方式的确认。网上酒店预订完全免费,无地域和时间限制,享受比酒店前台更低的价格,还可以优先订房,避免耽误行程。

本章小结

前台是酒店提供服务的核心部门,主要涉及的内容包括客房预订、接待准备、前厅接待、入住登记、礼宾服务、叫醒服务、问讯服务、查询服务、代客留言、贵重物品保管、取存行李、兑换外币、收银服务、处理各种信息、综合协调各部门服务等。

Opera前台功能包括查询预订、办理入住、其他服务等。前台接待对象包括散客(有预订、无预订)、团队。为有预订散客办理入住程序包括预抵预订分房、入住押金、办理入住或合住预订办理入住。Opera中也提供针对团队分房和入住办理的功能。为了缩短团队办理入住时间,酒店一般都会对即将到店的团队提前分房,提前打印入住登记单,提前做出团队房间钥匙。

预订变更包括换房、客房升级(免费或付费)、取消入住。酒店对客服务内容包括替客人留言、工作跟进。前台或者其他部门同事可以查看所有预订以及在店客人的工作跟进情况。

前台功能要素,一是科学管理,实现酒店效益最大化;二是差异定价策略,提高闲置客房利用率。

思考题

1. 如何为无预订的散客办理入住?
2. 如何进行换房操作,房态会有什么变化?
3. 在Opera中如何进行客房升级操作?
4. 同一单位的两位男性员工合住同一客房,房费同一人承担,如何进行操作?
5. 某先生预订了一间房(价格RACK,房型SKN),但到店后发现SKN这种房型已经没有了,酒店只能将房型免费升级为BTW,如何完成这一流程操作?
6. 某先生周四在酒店预订了一间房(价格RACK,房型SKN),住4晚,但酒店周五、周六、周一只有BTW房型,为客人完成预订,办理入住。

7.某旅行社计划招徕一个50人的团队,但实际上只来了35人,其中有5对夫妻,单身15人(10名男性)。住宿计划如下:5对夫妻安排住大床房,单身男性,8人合住标准间,2人住标准间;单身女性,3人住单人间,2人合住1个标准间。出于管理的需要,这些客人需要尽可能安排在相邻的客房,或者尽可能安排在同一个楼层。导游只负责客人在酒店住宿费、行李搬运费,其他费用由客人自己承担。由于旅行团第二天一早要出发,希望前台预先弄好发票,以便快速离店。

8.为一位已经入住的客人延房3天,并查看其账单。

9.给某一在店客人留言,告诉其次日下午有来访的客人,14:30—16:30该客人在酒店的某一会议室等候。

10.为某旅行社平台客人锁房,要求所有客人住在在同一楼层。

11.前台是必须的吗?现代技术的采用和服务流程的改变对于前台设置有什么影响?

第五章

客房管理功能

第一节 房态管理

Opera PMS 客房管理模块可以实时跟踪酒店客房的状态,客房的状态包括脏房、清洁房、维修房(OOO)、暂时停用房(OOS)、空房、锁房等;同时,该模块可以帮助管理客房清洁任务的分配,客房人员用工统计及客房耗品管理等;差异房功能让酒店及时掌握前台与客房的房态差异以便及时调整。

酒店的房态(Room Status)类型有如下几种。

Occ:Occupied,在住客房,住店客人正在使用的客房。

Vac:Vacant,空房,暂时未出租的房间。

Clean:已打扫完毕的干净房。

Dirty:已使用的脏房。

Inspected:打扫干净且已检查过的干净房。

VC:Vacant and Clean,空房已清洁。

VD:Vacant and Dirty,空房未清洁。

OC:Occupied and Clean,在住已清洁房。

OD:Occupied and Dirty,在住未清洁房。

OOO:Out of Order,维修房。客房由于设施故障需要时间修理,也称为"大修房"(严重坏房),可以不计算在酒店客房出租率中。

OOS:Out of Service,暂时停用房。客房只是有很小的故障(如灯泡或水龙头坏了)或者因某种原因需要临时锁住该房,这种客房一般在计算当日的出租率时包括在内。

OOO、OOS一般要从前台可卖房中屏蔽,否则前台员工一旦卖给客人,可能会引起客人的投诉。锁房功能中可以设置状态有效期限,当有效期限过后,酒店一般要求系统将其状态恢复成空脏房(VD)状态,经过清扫后,方将房态变更为空干净房(VC)。有的酒店会将VC房视为可卖房,有的酒店则要求经过客房领班或主管检查,房态改为"Inspected"后才视为可卖房。

该模块还会涉及的酒店名词如下。

FO Status 前台状态:Vacant 空房,Occupied 锁房。

Reservation Status 预订状态,系统中的订单状态会有以下几种:Arrival 预抵房、Arrived 已到店、Stay over 过夜房、Due out 预离房、Departed 已离房、Not Reserved 未预订房、Reserved 已预订房、Day Use 日用房。

一、房态管理模块操作

客房管理模块(Rooms Management)包括客房管理(Housekeeping Management)、客房清洁列队(Queue Room)、房态设置与管理、派工管理等功能。系统页面如图5-1所示。

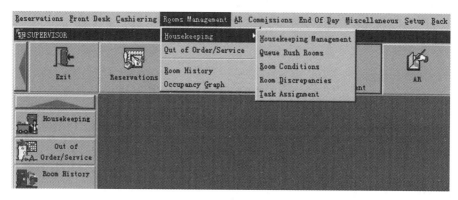

图5-1 客房管理界面

(一)登录界面

客房员工登录 Housekeeping Management 界面,进行客房状态管理。此界面最重要的作用就是修改房态(Room Status)(见图5-2)。

界面的上半部分提供了客房各种状态的查询条件。右上角的"Advanced"还有更多隐藏条件可供查询,操作者根据需要快速查询到目标房间(见图5-3)。

Room Status:房态指客房的各种状态,如干净、肮脏、临时维修房(OOS)、大修房(OOO)等。

FO Status:指客房是空房还是锁房。

Reservation Status:指客房的预订状态,如该客房的预订是预离(Due Out)、已离店(Departed)还是过夜房(Stay Over);各种状态前文已经介绍过,此处不再详细赘述。

房态更改:大部分酒店尤其是星级酒店,客状态一般可以通过客房中的电话进行状态变更,即服务员打扫完或者检查完房间后直接通过电话更新 PMS 系统中的房间状态。

在 Opera 系统中手动改房态,可以逐个房间更改状态或者批量更改房态。

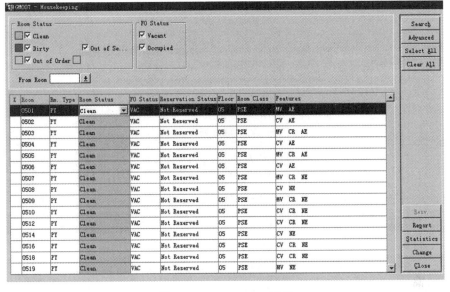

图 5-2　Housekeeping 界面

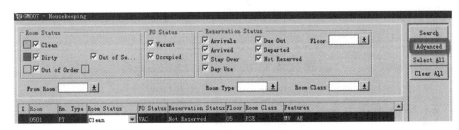

图 5-3　Housekeeping 界面 Advanced 设置

(二)房态更改

1.逐个客房更改状态

逐个客房更改状态,常用于对某个房间的状态变更(见图 5-4)。

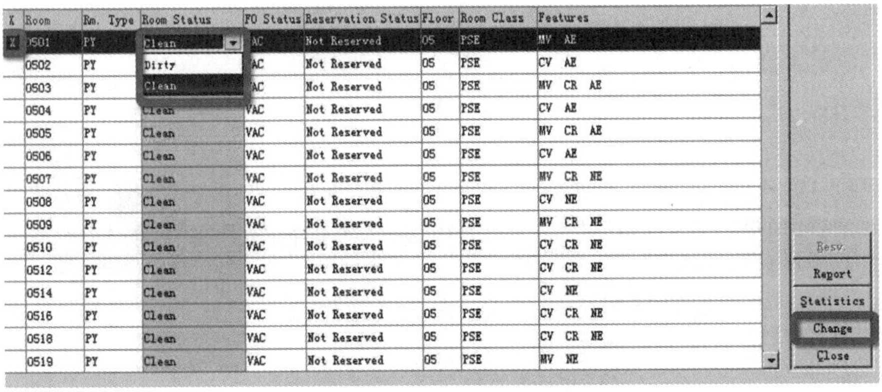

图 5-4　Room Status 修改界面

方法一：在客房号码前选中，直接点击"Room Status"的下拉箭头，选择对应状态即可（见图5-5）。

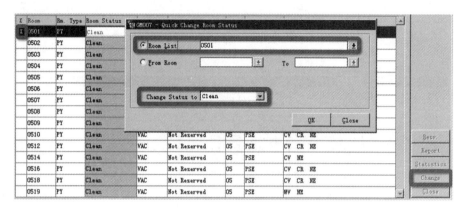

图 5-5　Room Status 修改界面(1)

方法二：在客房号码前选中，点击页面右下角的"Change"按钮，出现以下对话框。List 默认选中的房间号码，在 Change Status to 后面的下拉箭头中选择目标房态（见图5-6）。

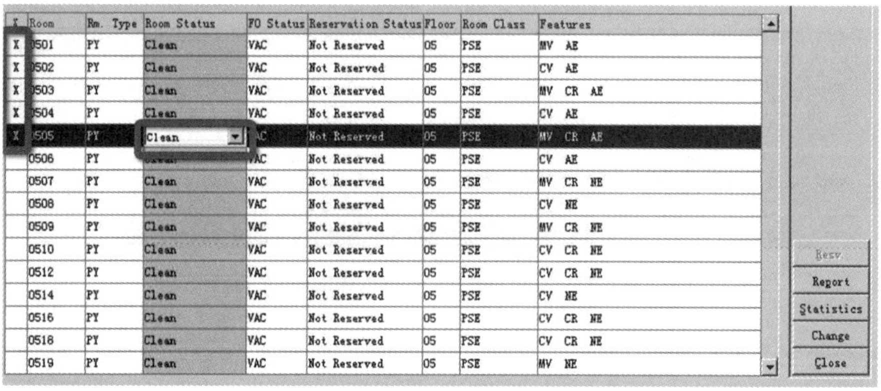

图 5-6　Room Status 修改界面(2)

2.批量房间状态同时更改

方法一：在客房号码前选中，点击"Room Status"列的下拉箭头，选择对应状态后，所选的房间均会被更新为新状态。

方法二：在客房号码前选中，点击页面右下角的"Change"按钮，出现如图5-7所示的对话框。

Room List 默认选中的房间号码，在 Change Status to 下拉箭头中选择目标房态。

方法三：直接点击"Change"按钮，在 Room List 中选择目标房间，在 Change Status to 下拉箭头中选择目标房态。

如果要修改的房间号码是连续的，或者按照楼层来批量修改房间房态，可以通过"Floor"这个条件来选择对应房间，或者直接点击"Change"按钮，在小窗口上利用"From Room…to…"定位连续房间，更改房态。

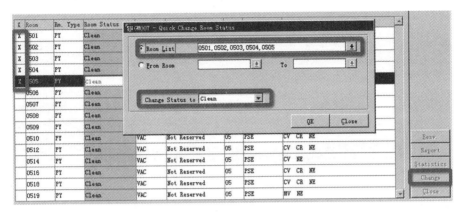

图 5-7 批量房态修改界面

二、房态设置与管理

实时房态流程与预订管理。客房的房间状态包括空房、占用房、清扫房、自用房、维修房、预订房六种房态,这六种房态的转化需要充分必要条件,空房通过开房变为占用房,占用房通过退房变成空房,空房通过预订配房或者临时预订变成预订房。

房间增加"是否脏房"属性,夜审后在住房间自动变为脏房。当前房态是当前客房的状态,未来房态是客房的未来房态。

功能界面介绍:"房态设置窗口"界面左侧是房间的过滤条件,中间是房间信息,下方是房间操作记录,右侧是前台发送的消息。

查询菜单下有在住宾客、在住客房、按楼层查询房间、按房型查询房间、扫房工作情况统计、退房信息查询、客人事件查询。房态菜单下有当前房态、未来房态、房态一览。事件菜单下有开房操作、换房操作、续住操作、房价修改、免费退房。操作菜单下有刷新、输入房号、置可用、置清扫、置维修、置自用、客房遗失物、拾物、借物管理。扫房工作情况统计可以查询服务员工作量统计,退房信息查询可以查询前台与客房中心的通信日志。

功能按钮有"置自用""置维修""刷新房态""置可用""置打扫""迷你吧"使用功能按钮实现房态的转变及客房记账功能。

(一)房间使用条件(Room Conditions)

房间使用条件(Room Conditions)功能可以让酒店对某些房间定义使用条件。比如,酒店需要设置展示房(样板房)供客人或同行参观展览,那么可以将该房间设置为 Show Room;或者客房部需要告诉前台某些房间的特殊布置以备特殊分房使用,则可以对该房间进行使用条件设置。

房间使用条件的使用分为两类:一类是该客房被定义后前台不可见,不能对其进行分配;另一类是该客房被定义后前台仍可见。究竟使用哪一种方法,取决于该定义的目的(见图 5-8)。

打开"Room Conditions"功能,列表上会列出酒店所有房间,清楚地显示房间的状态以及房间特征(Features)。选择目标房间,点击右下角的"New"开始定义房间条件(见图 5-9)。

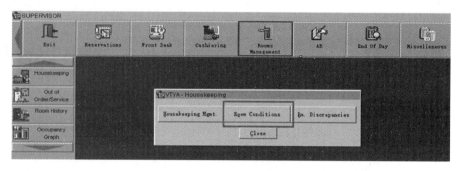

图 5-8 Room Conditions 界面

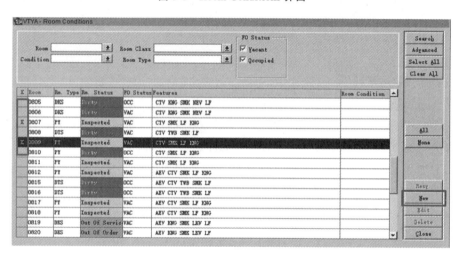

图 5-9 定义房态查询条件

(二)差异房(Room Discrepancy)

差异房,也称为"矛盾房",即酒店客房的前台查询房态与客房部实际房态不一致。如该客房前台查询为空房而客房状态仍是锁房(Sleep),或者前台显示为锁房而客房检查显示该房已空(Skip)。表 5-1 所示为前台与客房差异比较。

表 5-1 前台与客房差异比较

类 型	Front Desk 前台	Housekeeping 客房
Skip 遗漏房	Occupied 住房	Vacant 空房
Sleep 沉睡房	Vacant 空房	Occupied 住房
Person Discrepancy 人数矛盾	登记为 1 人	查房时发现实住 2 人

差异房产生的原因较多,以下为几种常见原因。
(1)客人已经付清账目,但前台收银未做电脑处理。
(2)客人已经换房,前台接待人员尚未及时更换电脑信息。
(3)客人已经抵达酒店,前台接待人员尚未及时将客人信息输入电脑。
(4)客人在店但外宿,客房部查房后定义空房。

差异房可能导致客房资源闲置和浪费,或者出现一房两卖的情况,可能引起游客的投诉,因此,差异房检查要引起酒店管理层的高度关注。一般酒店每天至少检查差异房情况4次,夜审前也要打印差异房报告,由前厅和客房部一起进行差异房的核实处理(见图 5-10)。

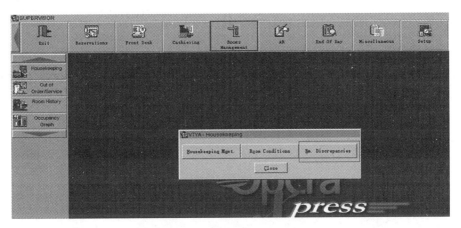

图 5-10　Room Discrepancy 界面

点击"Room Discrepancies",如果有差异房出现,会直接显示在该页面的列表上。如图 5-11 所示。

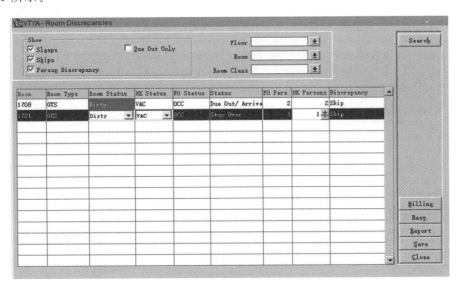

图 5-11　更改差异房状态

差异房列表中,可见"Room Status"与"FO Status"是不一致的,因此导致差异房,在"Discrepancy"列上可以看到差异类型。

这里特别提到"FO Person""HK Person",前台订单人数与客房查房确认人数,这个Person 差异主要是由客房人员查房后录入系统中的人数与订单人数差异造成的。一般在高端奢侈酒店以及顶级度假酒店会用得比较多,因此人数对客房耗品成本影响较大时才会关注这个差异。

更改差异房状态，一般需要核实客房订单以及消费信息，那么系统页面的右下角可以方便地直接查看该客房的预订（Reservation）和账单（Billing）。

（三）OOO/OOS 房管理

OOO/OOS（Out of Order/Out of Service，维修房/暂时停用房）的意义在前文已经介绍过了。这里需要特别提到的是，如果客房被定义为 OOO 房，则它将不参与客房出租率的计算；如果客房被定义为 OOS 房，则不影响客房出租率的计算。如酒店客房 100 间，OOO 房 5 间，OOS 房 3 间，已卖房 30 间，则出租率一般视为 30/(100－5)×100%，因此该操作权限一般只给客房部领班及以上级别人员，或者是前台经理以上级别人员。

选择 Rooms Management＞Out of Order/Service，进入设置界面（见图 5-12）。

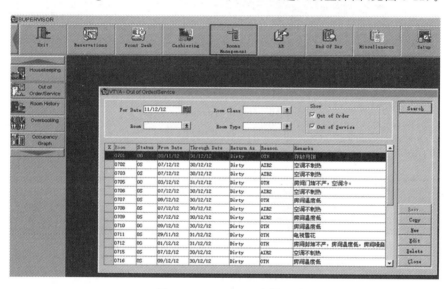

图 5-12　OOO/OOS 房界面

现有的 OOO/OOS 房会显示在页面的列表里，界面上半部分提供按房间房型查询条件，帮助快速查询现有 OOO/OOS 房。点击页面右下角的"New"，开始设置 OOO/OOS 房（见图 5-13）。

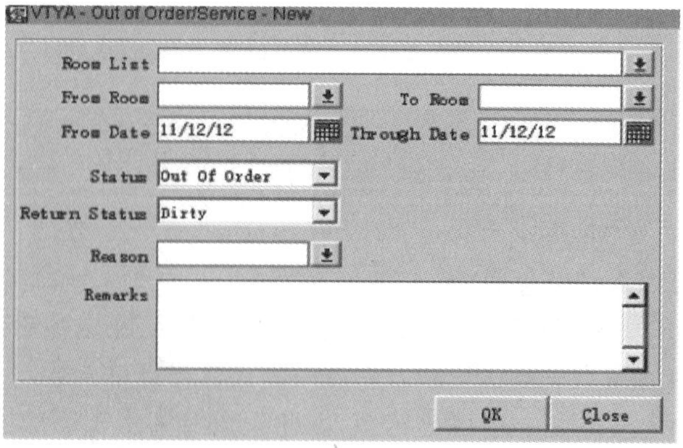

图 5-13　Out of Order/Service 界面

Room List：选择一个或者多个目标客房，如果目标客房是连续的，也可以用"From Room to Room"功能直接定位客房。

From Date/Through Date：选择目标客房被锁定的时间段。

Status：目标客房的锁定状态（OOO 或者 OOS）。

Return Status：定义客房被锁定至某个时间点被系统自动释放后的状态，一般设置为"Dirty"。客房人员检查清洁后方可改为干净房。

Reason/Remark：锁定客房的原因和补充说明。

如果操作错误或者需要提前释放锁定的客房，则在 OOO/OOS 列表中，选中删除即可。客房状态一般会自动释放为"Dirty"。

第二节 派 工 管 理

一、清洁任务派工单（Task Assignment）

酒店客房部每天都要对客房进行清洁打扫或者检查。管理者每天需要将清洁任务分发到每位客房清洁员。系统提供非常便利的清洁任务派工单（Task Assignment）功能，用于客房员工分配的客房清洁工作分配。派工单的操作支持逐个客房派工和批量客房派工（见图5-14）。

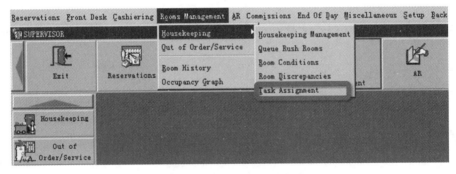

图5-14 Task Assignment 界面

与派工单有关的概念及其设置如下。

Housekeeping Credit：客房清洁任务量，一般叫做当量。假如打扫一个标准间需要45分钟为1个当量，打扫套房需要90分钟为2个当量。在系统中对每一个房间赋予对应的清洁当量。系统在派工时会自动累计这些当量来平均任务量。

Housekeeping Attendants：客房清洁人员，系统按照上班的清洁人员来派工。

Housekeeping Section：客房区域。如果客房楼层很大，每一层楼可能由2～3个清洁人员负责，那么需要按照区域来派工单，可以设置房间所属的楼层区域。当系统按照区域派工时，会自动将该区域房间汇总显示。

点击"Task Assignment"，出现派工单列表界面（见图5-15）。

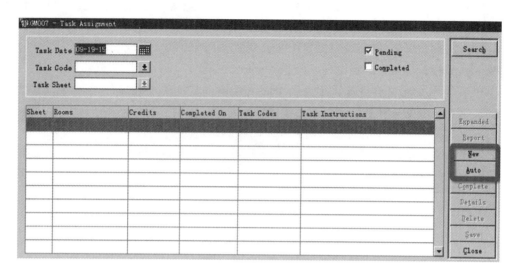

图 5-15 派工单列表界面

(一)手动逐个客房派工

点击页面的"New",出现如图 5-16 所示的界面,点击"New Room",从列表中的下拉框选择目标房间,每次只能选择一间房,可以对已选择的房间录入清洁任务指示"Room Instructions",此方法一般常在对个别房间安排特殊任务的时候使用。

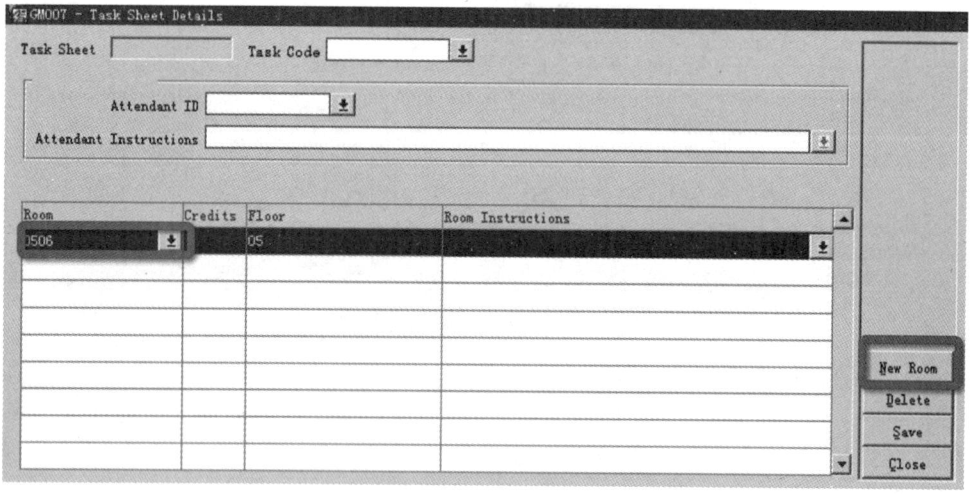

图 5-16 手动逐个客房派工界面

完成后,选择保存,返回派工单列表页,然后选择右侧的"Report"功能打印派工单。手动选择的房间会生成在一张 Task Sheet 上,即一张派工单。从打印弹出的对话框中可见,派工单有很多种风格,选择哪种风格取决于管理层的决定并将在系统后台配置好(见图 5-17)。

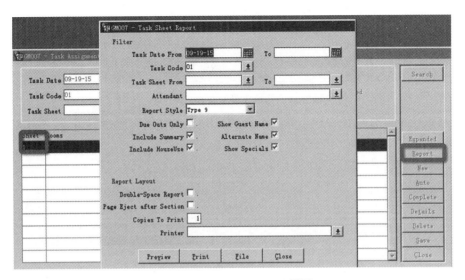

图 5-17　Task Sheet Report 界面

(二)批量客房派工

在派工单列表页选择"Auto",进行批量派工(见图 5-18)。

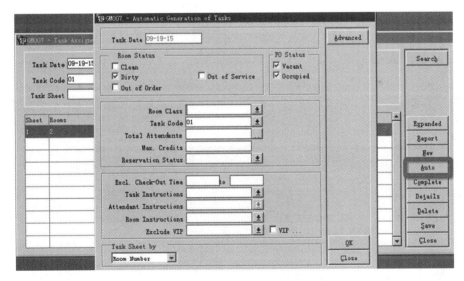

图 5-18　Automatic Generation of Tasks 界面

系统也可以根据预设置的条件,实现自动派工。预设置条件主要包括如下几类(如页面)。

(1)按照客房清洁任务量平均派工(Max Credits)。这是最常用的方式,可以平均每张派工单的工作任务量。

(2)按照楼层派工(Task Sheet by Floor)。

(3)按照房间号码顺序派工(Task Sheet by room number),Floor、Room Number 这两个条件,楼层主管用得比较多,可以将清洁工负责的楼层或者房间打印在一起进行客房检查(见图 5-19)。

图 5-19　根据预设置条件,自动派工

(4)按照客人级别派工(VIP),如果对某些 VIP 客人需要提供特别服务,则可以用这个打印出派工单。

(5)按客房预订状态派工(Reservation Status)(见图 5-20)。

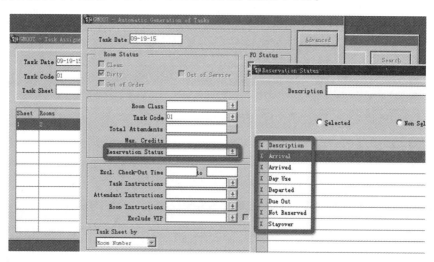

图 5-20　按客房预订状态派工

上述条件组合派工。完成派工条件的录入以后,点击"OK",即出现派工单的表格(见图 5-21)。

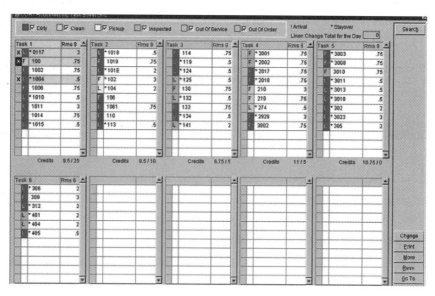

图 5-21　派工单界面

房间状态用不同的颜色明显区分开,每个账派工单有哪些房间,状态是什么,多少任务量,清楚地标示出来。派工单之间可以互相调整房间,选中某个房间直接拖拽至另一张Sheet中即可。调整完毕后,点击打印,即可将派工单打印出来分发。

二、客房历史(Room History)

客房历史(Room History)功能可以帮助酒店快速查看某间客房的历史入住情况,是前厅部、客房部常用的功能。除了可以根据房间号码查询,还可以根据客人信用卡信息直接查询订单(见图5-22)。

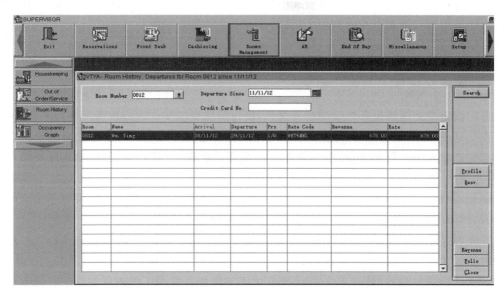

图5-22　Room Management 中的 Room History 界面

列表上显示查询订单的主要信息,如果希望了解更加详细的信息,可以点击右侧的"Reservation(预订信息)""Profile(客人档案)""Revenue(订单收益)""Folio(明细消费等信息)"。

第三节　客房服务质量探讨

酒店客房部(Room Division),亦称为房务部(Housekeeping),是酒店向宾客提供客房产品、组织客房服务加快客房周转的主要部门。客房是酒店的主要设施,也是酒店营销的主要产品载体。根据不同宾客的需求,客房的类型主要有单人间、标准间、套房、豪华套房、总统套房等。

出租酒店客房是酒店的主营业务之一,客房是酒店行业销售的最重要的产品,酒店的所有业务几乎都是围绕着客房的出租来进行的。客房是客人在酒店中逗留时间最长的地方,因此客人往往把客房服务的水平作为评价整个酒店服务质量的标准。他们需要拥有自己的空间,期望对客房有一个"家"的感觉。所以,对客房的维护便显得尤其重要。客房服务人员

应该关注客人在住店期间的心理需要,为客人提供一个舒适、安全、清洁的房间。美国康奈尔大学酒店管理学院的学生花一年的时间,调查了三万多名顾客,其中60%的人把清洁、整齐作为酒店服务的"第一需求"。

客房管理包含客房清洁保养、公共区域卫生、客房服务、客房安全与突发事件处理、物品租借、送餐、擦鞋洗衣等内容。客房中心的主要功能是查房、改房态、打扫房间、维修房、房间账务输入、一次性消耗品使用、客房酒水管理等。

有形设施与无形服务是构成客房服务质量内涵的两个方面。完整的服务质量不仅体现在酒店设备设施、服务项目、服务环境等技术性质量上,而且还体现在服务程序、服务态度和服务技能等功能性质量上。由于消费者的"晕轮效应",在消费者体验服务过程中,任何一个方面或环节出现问题都会影响到服务质量,这也就是酒店业常说的"100-1=0"的内涵。因此,客房服务质量评价的标准应包括以下几个方面。

一、构建文化氛围与诚信机制

好的酒店文化能够提升员工的服务意愿,使得员工更加发自内心地为顾客服务,而消费者在接受这种服务、感受这种企业文化的同时会自发地提升对本酒店服务质量的认同。诚信道德是文化氛围的重要体现,酒店企业必须遵守商业道德,履行诺言,自觉地接受顾客的监督,并通过优质的服务,形成良好的市场声誉,增强顾客的信任感;同时,酒店要为顾客提供定制化、个性化、多样化的服务,满足每一位顾客的特殊需要。承诺是影响服务预期的重要因素,酒店应该加强这些因素的控制,使其对顾客和服务质量形成良好的影响。

加强服务质量管理。"优质服务=常规化服务+个性化服务"。客房服务不能仅仅停留在提供的标准化、规范化的共性服务上,而应该在挖掘以顾客为导向的细微服务上下功夫,这样才能区别竞争对手,增强竞争力,不断扩大客源市场。我国一些酒店的员工在服务质量方面与国外酒店相比还存在着一定的差距。

服务质量首先取决于员工素质。员工的素质包含员工的道德水准、文化修养、业务技能等诸多方面。员工的行为举止是顾客的第一印象,这种印象往往导致顾客对客房服务的最基本评价。因此,员工素质的高低和服务质量的好坏直接影响到顾客对客房酒店服务质量的整体评价。其次,服务质量也取决于员工的服务态度。员工的服务态度,关系到顾客对饭店的直接印象,员工服务态度热情、主动、文明,顾客则有宾至如归的感觉;员工服务态度恶劣、粗暴、冷漠,顾客则心灰意冷,不会再来。客房服务应提倡"以客为本""人本管理"的服务理念,做到尊重、关注、信任客人,提升客人的安全感和舒适感。因此,服务态度是客房服务质量评价的重要标准。最后,工作效率是体现服务质量的重要方面。服务质量评价标准还表现在工作效率方面,如服务人员的响应速度、提供服务的便利快捷、处理问题的及时得当等,都是评价服务质量的重要依据。

质量监督与检查机制。酒店内部必须建立专门质量控制、监督、检查的运行机制,并使之制度化、常规化。这种机制的完善与否也是服务质量评价的重要方面。其一,加强技术质量管理,酒店企业不仅应采用高新科技成果,创造高效的服务操作体系,为顾客提供更加快捷、舒适、卫生的优质服务和服务环境,而且应将高新技术设备质量管理工作作为整体质量管理工作的一个重要组成部分。其二,即时补救管理,对于服务上出现的差错,想尽一切办法进行补救,重视差错补救工作,将其列为服务质量范畴的重要组成部分,力求不断提高酒店的整体服务质量。

二、客房服务基本原则

(一)个性化服务原则

个性化服务是指在服务过程中尽量满足每一位宾客的个性需求,而要做好个性化服务,完善的客房档案的建立是必不可少的。它要求酒店在服务过程中留心收集每一位住店客人在吃、住、行、游、购、娱等全方位的需求信息,有了这些信息,就可在接待方式、客房氛围、菜肴美味等各个细节方面满足客人的个性化需求,让每位再次光临的客人产生一种受重视的感觉,在心理上得到一种受尊重的满足感。

(二)人情化服务原则

服务工作的过程是宾客和服务人员之间共同交流的过程,这个过程如果缺少感情的投入就会使客人与服务员之间产生一种距离感,使服务的满意率下降,因此,要求服务人员做好人情化服务,在对客服务上加大感情的投入,强化把客人当家人、当朋友的理念,处处为客人着想,时时为他们提供方便,使每一位到酒店的客人都能享受到"回家"的温馨。

(三)有形化服务原则

做好服务的有形展示,使酒店服务的价值表现于有形,可以增加酒店服务工作的透明度,使客人对酒店产生长久的信任感。例如,结账时提供详细的消费清单,菜肴食品的现场制作,精美的宣传图片册等等。服务工作的有形化,可以创造良好的消费气氛,增加销售。凡是客人看到的都是整洁美观的,凡是提供给客人使用的都必须是安全有效的,所以员工对客人必须是热情友好的。这是做好有形化服务工作的精髓。

(四)市场化服务原则

酒店与市场的连接点是宾客的需求,有宾客的需求才有市场。围绕宾客的需求,让使客人满意的服务取得良好的效益是现代酒店的经营基础。所以在服务中,必须有市场化的眼光,一切服务要围着客人的需求开展。

然而,服务所关注的是自身产品的完善而不是客户的需求,当客人的需求超出酒店的服务程序和范围时,往往要求客人来适应酒店既定的服务模式而不是顺应客户作出令他们满意的调整,这是违背市场发展的规律的,久而久之宾客满意度会下降,经济效益也会随之减少。所以,服务必须以市场需求为导向,在不违背原则的情况下,尽量做好"超常规服务"以满足客人的要求。"只有满意的宾客,才会有满意的效益",是每一位服务工作人员应树立的科学理念和应具备的素养。

本章小结

　　Opera PMS 客房管理模块可以实时跟踪酒店客房的状态,客房的状态包括脏房、清洁房、维修房(OOO)、暂时停用房(OOS)、空房、锁房等。

　　客房管理模块包括客房管理、客房清洁列队、房态设置与管理、派工管理等功能。其中,房态设置与管理内容包括房间使用条件、差异房、OOO/OOS 房管理。派工管理包括清洁任务派工单、客房历史。客房历史功能可以帮助酒店快速查看某间客房的历史入住情况。

　　客房服务质量评价的标准是构建文化氛围与诚信机制、客房服务基本原则(个性化、人情化、有情化、市场化)。

思考题

1. 客房房态有哪些类别?房态管理模块有哪些功能?
2. OOO 房与 OOS 房有什么区别?设置过程要注意哪些问题?
3. 如何批量更改房态?
4. 如何进行客房批量派工?
5. 在酒店周一的例会上,销售部通知前台:周二要将某一行政客房用作酒店参观用房(Show Room),要求对该客房进行"大清扫"(Deep Cleaning),并设置成停用房(OS)。
6. 酒店工程部准备对 5 楼的客房进行大保养,要求将 5 楼的客房设置成待修房(OO),工程完成后,所有房间的房态为"脏房",提醒客户服务员清扫。
7. 某职业学校的学生被分配到酒店客房实习,他们只承担客房服务员三分之一的工作量,请预测未来一个月需要的员工人数,并合理安排员工的作息时间。

第六章

收银管理

收银管理(Cashiering)是酒店前台管理系统中的重要组成部分,也是酒店前台主要的工作之一。收银工作包括客人押金收取、客人消费入账、账单金额调整、客人付款、账单挂账、账单打印、客人退款、客人退房等。根据服务对象的不同,前台对收银的管理分为散客账户、团队账户、应收账户等。[①] 团队账户通常用于团队接待,应收账户通常是财务给协议公司或者个人开通的一个酒店应收账户,在前台操作中更多只是将客人账户余额挂账到相应的应收账户中而不是直接管理应收账户。

客人结算支持多种支付方式,包括现金、支票、信用卡和应收挂账,以及当下比较流行的支付宝、微信等付款方式。在多酒店模式环境下,Opera 系统还支持各营业场所的跨酒店相互入账。

酒店的每一种消费项,在系统中都被冠以一个入账代码,叫做 Transaction Code。同样,收银工作涉及账目的调整,那么每个消费项都会指定对应的调账代码,叫做 Adjust Code;日常账务的处理需要有严格的执行标准,虽然每个酒店都有差异,而一个标准化的客账体系,需要标准化的入账代码为基础。

Opera 中收银模块(Cashiering)主要包括账单(Billing)、快速入账(Fast Posting)、快速退房(Quick Checkout)、收银其他功能(Cashier Functions)、关账(Close Cashier)等(见图 6-1)。

---

① 穆林:《酒店信息系统实务》,上海交通大学出版社,2011 年版。

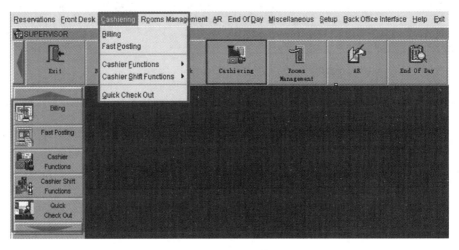

图 6-1　Cashing 界面

第一节　收银模块操作介绍

一、收银登录（Cashier Login）

Opera 系统中,每位涉及收银模块的员工均需要配置对应的收银代码（Cashier No.）,用来记录该员工当班期间的所有账务处理。收银员工每次进入收银模块均需要录入密码（密码与登录 Opera 的密码一致）（见图 6-2）。

图 6-2　Cashier Login 界面

一般情况下,收银员工的 Cashier No.具有唯一性,这样有利于追踪个人账务明细,维护个人账务处理安全。

前台员工在上班时,需要开账（Open Cashier）,在当班结束后,需要关账（Close Cashier）,这样一个周期,被称为"一个班次"。流程上特别注意的是收银员在下班时,需要按酒店要求核对当班各类账目并在系统中执行关账（Close Cashier）的操作,系统会要求收银员核对实际账务与系统账务,从系统中打印出当班次的收银报告,再加上实际交易单据,交付于财务部,这才算完成本班次的所有工作。

一般在关账时,核对的账务包括现金收取(Payment)、现金退款(Cash Paidout)、信用卡(Credit Card)、借记卡(Debit Card)、挂账(City Ledger)、外币兑换(Foreign Exchange)等。

二、客人账单(Billing)

在开始介绍客人账单处理之前,首先要澄清一个概念,Opera 的账单主体是人而非房间,也就是说 Opera 中的每位客人均有一个账单(Billing),而不是每间房一个账单。这点与国内很多本土 PMS 有区别。如一间房住 2 个人,那么每个人都有独立账单。也可以理解为每个预订就对应一个账单(因为一间房住 2 人,系统也是需要创建 2 个预订的)。

每个账单(Billing),系统可以允许细分为 8 个账页(Window),可以分别处理客人不同类型的消费。因此,大家要注意 Billing 与 Folio 的区别。

登录收银模块,首先看到所有在店客人的账单基本信息以及账户余额情况(见图 6-3)。

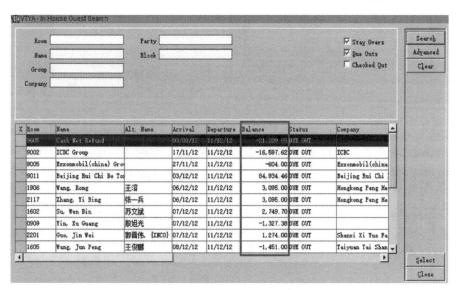

图 6-3　House Guest Search 界面

系统提供多种查询条件,包括房间号码(Room No.)、客人名字(Name)、团队代码(Block)、团队名称(Group)、公司名称(Company)等,也可以根据客人的入住状态(Status)来缩小查询范围,包括过夜客人(Stay Over)、预离客人(Due Out)、今天到店客人(Arrivals)、已离店客人(Checked Out)。

列表中,若客人的账户余额(Balance)为正数,表示客人需要支付的消费金额;若账户余额(Balance)为负数,表示酒店需要退还给客人的金额(Paid Out)。

打开客人账面有 2 种方式:选择某个客人,点击右下角"Select";选中某个客人,直接双击打开(见图 6-4)。

客人账单页面上的信息量很大,在此分区域介绍。

P1:展示客人预订基础信息,包括到离店时间(Arrival/Depart)、入住房价(Rate)、所属公司或者团队,当前的账户余额(Balance)。

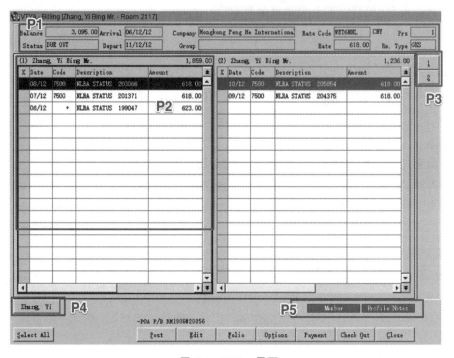

图 6-4 Billing 界面

P2：账面主体是客人的消费明细账目。包括账目入账时间(Date)、代码(Code)、金额(Amount)等。在有些账目前面会看到"＋"，表示该账单由多个子账目合并而成，点击"＋"可以打开明细，展开后双击"－"即可合并。

P3：前面提到 Opera 为每个客人准备了 8 个账页，如图 6-4 所示，该客人的账面就分为了 2 个账页(Window)，每个账页(Window)的右上方均列出该账页的余额。在页面的右侧边栏处，可以直观地看到该客账分了几个账页(Windows)，点击上面的数字可以在不同账页间直接切换。

P4：页面的左下角，显示该账单的客人名字。为什么在此还需要显示客人名字呢？因为有时候酒店出于某些原因需要同时打开多个客人账面进行比较和处理，Opera 系统支持同时打开 6 个客人账面，这 6 个客人的名字就会排列在此处(见图 6-5)，员工可以很方便地切换账面，提高服务效率。

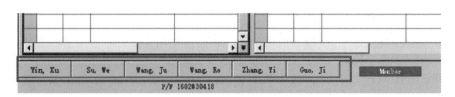

图 6-5 同时打开多个客人界面

P5：预订时一些关键信息的红色方块备注信息提醒，也会出现在客人账面上。前面预订界面也接触到此类红灯。举例说明，前台会对某个客人创建退房 Alerts，用于提醒办理该客人退房的员工注意和了解一些特殊事项，如押金收取金额、是否需要对客账特殊处理、提醒客人离店时备忘事项等,这类提醒Alert就会在打开客人账面的时候自动弹出(见图6-6)。

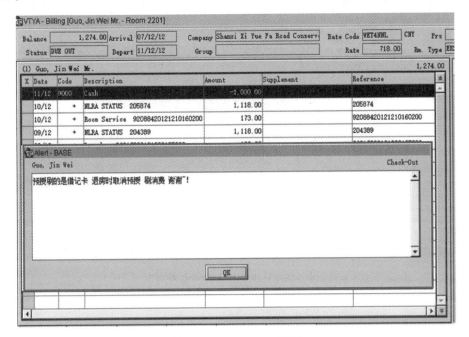

图 6-6　Billing Alert 界面

(一)入账(Post)

入账(Post),即是将客人消费录入客人的账户中。点击客人账面左下方的功能键"Post",打开如图6-7所示的录入界面。

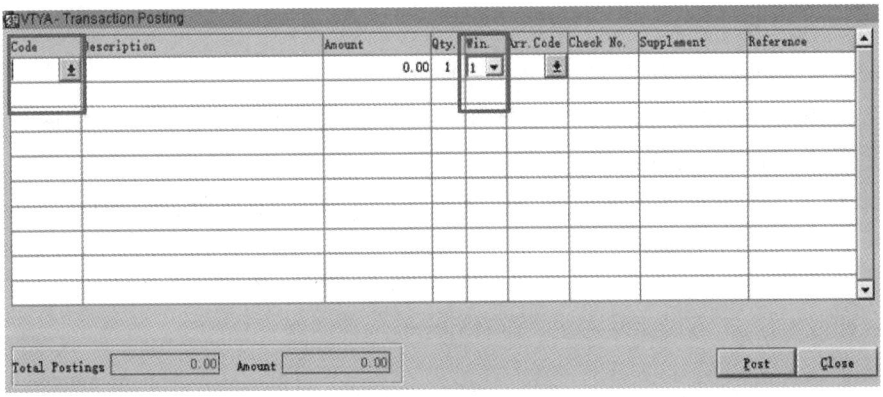

图 6-7　Post 界面

选择需要入账项目的Transaction Code,输入对应金额、数量,以及入账备注等信息,点击右下角"Post"即完成入账。可同时在列表上,顺序录入(Post)多条账目(见图6-8)。

这里可以看到窗口"Win."(Windows)的选择,表示操作员可以自定义该笔账目录入在哪个账面下,一般从哪个账面进入的Post页面,此处默认为那个账面的编码(见图6-9)。

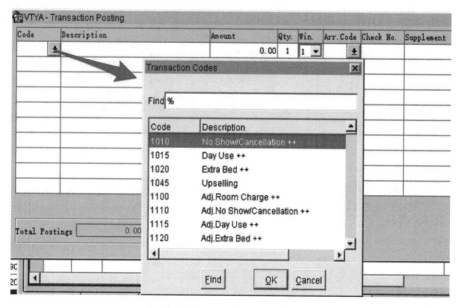

图 6-8　Transaction Posting 界面

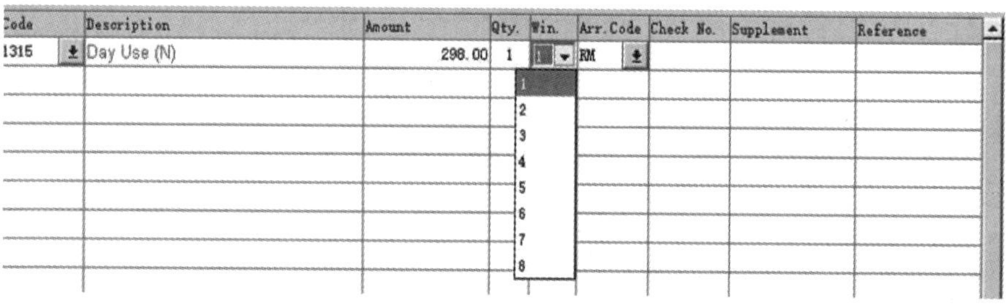

图 6-9　选择要入账的账页

Check No.：单据号。如果录入的账目有账单号则应该在此录入。

注意：如果多笔账目录入同一个账单号，则系统认为这是同一个单据下的账目，会将这些账目合并显示在账面上，前面"+"显示。

Supplement：账目信息备注，一般手工输入账目的一些备注信息。

Reference：也是一种账目备注，一般由系统自动生成，用于存放单据号或者该账目的操作痕迹。

入账过程中，员工可以随时在左下角看到已经入账的账目总额。

（二）客人付款（Payment）

Payment，顾名思义是用来将客人的付账录入系统。一般酒店的付款方式大同小异，包括现金（Cash）、信用卡（Credit Card）、挂后台应收账（City Ledger）、支付宝（Alipay）、微信（Wechat）等。

在客人账面下方，点击"Payment"按钮，打开付款界面（见图 6-10）。

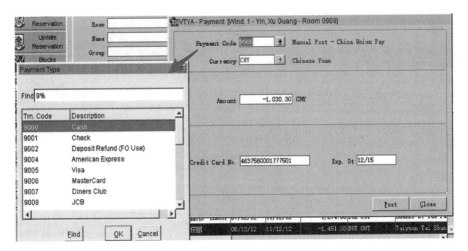

图 6-10　Payment 界面

跟消费入账代码一样,系统中需要对每一类付款也设置对应的 Transaction Code,因为属于付款类,所以也叫 Payment Code。

执行付款时,付款方式会默认为预订界面上客人选择的付款方式和消费余额,如果是信用卡付款,也会自动显示客人的信用卡信息。如需变更付款方式,点击下拉箭头选择新的方式即可。

(三)账目调账(Adjustment)

在酒店实际运作中,常常需要对已经发生的客账进行调整。账目调整分为两类:一类是折扣冲减(Adjustment),另一类是错账纠正(Correction),实际在系统功能上并没有分开,统称为 Adjustment,只是酒店业务流程上对两种类型的操作做了规范。

这里的 Adjustment,业务上也叫做 Rebate,是对已经发生账目的部分冲减或全额冲减,这个调整一般要求有授权签字方可执行,不限于是当天发生的账务还是以前发生的。Rebate,冲销、冲减,但该功能键一般用于酒店服务有过错,主动给减免客人的一些免费,如吃饭时发现了异物,衣服洗褪色了。

Correction 则一般要求必须是当天发生(Same Day)的,当事人入错的账必须由当事人纠正(Same Person),必须用同一个财务代码入账(Same Code),金额必须是错账的相反数冲抵(Minus Same Amount),也就是常说的要满足"4S"条件。

在系统中,酒店常常通过 Post 这个功能来进行账务调整,利用特定的入账代码和金额的正负数来实现。Post 功能不再详述。

选中某一笔账,鼠标右键选中"Adjustment",出现如图 6-11 所示界面。

这里只着重介绍最常用的第一种 Adjust by selected postings,对于选中的要调整的账目,可以直接录入调整金额(负数表示减免),也可以输入调整的百分比,并输入原因和备注,点击 OK,系统会使用选中的目标账目绑定的折扣代码自动调整,非常方便。当然前提是,在系统设置的时候,每个消费入账代码均已绑定了对应的调整代码(Adjustment Code),这样在利用该功能去调账的时候系统才会自动识别代码来进行入账调整(见图 6-12)。

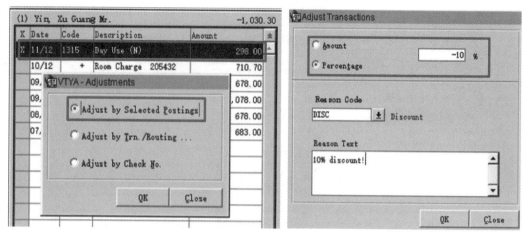

图 6-11　Adjustment 界面

图 6-12　Adjust by selected postings 界面

（四）账目转账（Transfer Transaction）

通常遇见的转账一般有以下几种：客人本人账面内账页之间的转账（Transfer to window）；不同客人账面之间的转账；房间之间的转账。

（1）客人本人账面之间的转账。基于客人需求，通过不同账页对客人账目进行分类，可以采用 Transfer to Windows，也可以直接用鼠标在账页之间拖动完成转移。

选中某笔账目，鼠标右键，点击"Transfer to Windows"，选中要转入的账页（有多少账页取决于为该客人创建了几个账页）（见图 6-13）。

（2）不同客人账面之间的转账以及房间之间的转账的操作。选中目标账目，鼠标右键选中"Transfer Transaction"（见图 6-14）。

注意：转账时页面虽然写着选择"Room"，但是打开的是在店客人信息列表，可以选中其他房间，也可以选中合住的另外一位客人预订转账。

选择"Transfer"即可完成转账。账目的转账操作会被系统自动记录在该账目的 Reference 中以备跟踪（见图 6-15）。

第六章
收银管理

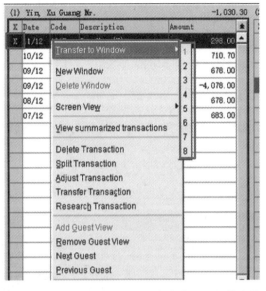

图 6-13　Transfer Transaction 客人本人账目间转账界面

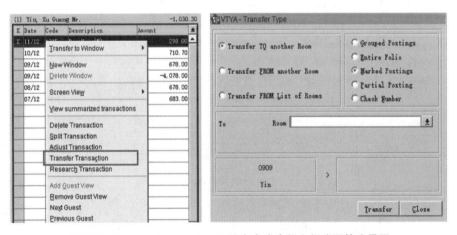

图 6-14　Transfer Transaction 不同客人或房间之间账面转账界面

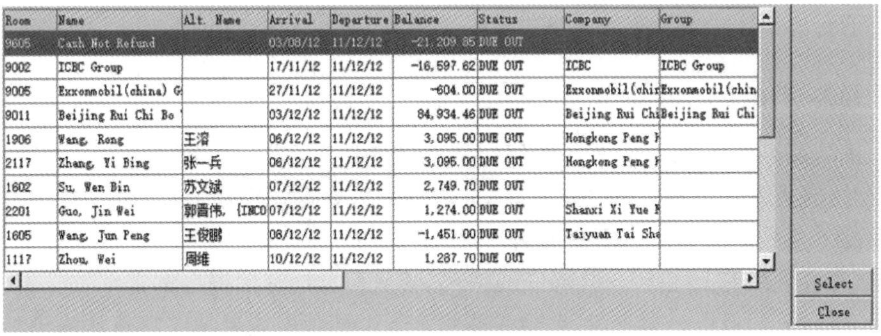

图 6-15　Transfer Transaction 转账结果

179

(3)转账页面其他功能。Transfer from another Room:从其他房间转账目过来。Transfer from List Rooms:从其他多间房转账过来。

右侧还可以定义,需要转入哪些账目,是整个账单 Entire Folio? 指定账目 Marked Postings? 还是转入某个单据号下的消费 Check No.? 取决于客人的具体需求。

(五)编辑查看账目明细(Edit)

在业务处理过程中,经常需要对客人账单内容(费用类型、金额)进行编辑、查看。系统提供非常详细的账目跟踪。

选中要查询的账目,点击页面下方的"Edit"按钮。可以全面清晰地看到账目发生的明细信息,包括金额、入账人、账单号码、入账时间、备注等(见图6-16)。

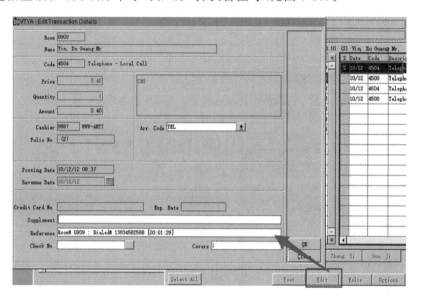

图 6-16　Edit 编辑查看账目明细界面

Posting Date 与 Revenue Date 这两个时间有什么差别呢? Posting Date,消费入账时间;Revenue Date,计入酒店收入时间。用一个例子来解释,比如客人有一个包价(Package)SPA 券 500 元,2 天内用完即可。这张券 500 元,在入住的时候已经计入客人账单中,因此 Revenue Date 为 Check In 当天,客人在第二天消费了其中 200 元(入客账冲销预提的 500),那么这笔消费的 Posting Date 即是第二天。

(六)结账/退房(Settlement/Check Out)

在讲述结算退房功能之前,先了解酒店结账退房常见的几种场景。

场景一:客人有现金押金,退房时抵销费用后仍需要退还余额,或者更换付款方式要求退还押金(Balance<0),退款后退房离店。

场景二:客人消费余额大于 0(Balance>0),客人付款结算后退房离店。

场景三:客人消费由公司支付,前台需要将客人全部消费或者某些消费挂账到指定的应收账户中,剩余部分客人在付款结算后退房离店。

场景四:客人提前离店。

场景五:客人只结清消费项但是不退房。

场景六:客人提前一天结算房费,以提高次日退房速度。

对于不同的结算场景,系统中的操作是不相同的。为了让大家对系统以及业务有比较好的了解,下面分场景来介绍操作。

(1)场景一:客人消费余额小于 0(Balance<0),即需要退款后再退房。打开客人账面后,会显示需要退还多少金额给客人(见图 6-17)。

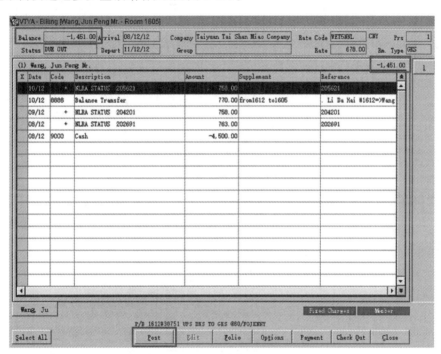

图 6-17　账单界面(Balance<0)

酒店需要退还 1451 元给客人,点击"Post"进行退款操作,退款使用特殊的代码,通常把退款操作变成 Paidout(见图 6-18)。

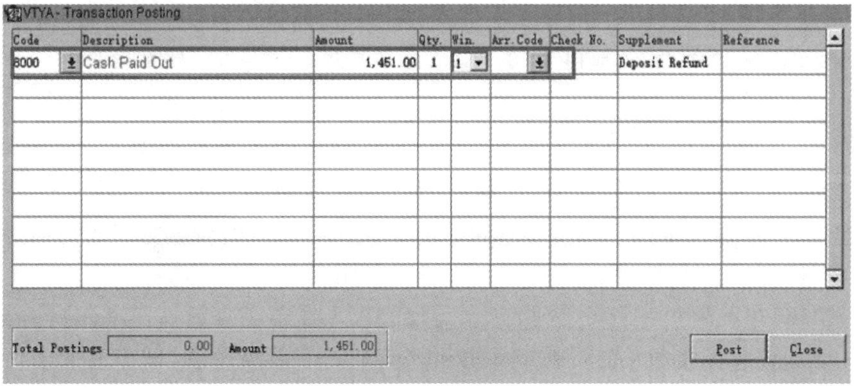

图 6-18　Post 界面

Post完毕后,系统会自动打出退款单据以备客人签字和财务审查(系统预设,每个酒店自定义单据格式)(见图6-19)。

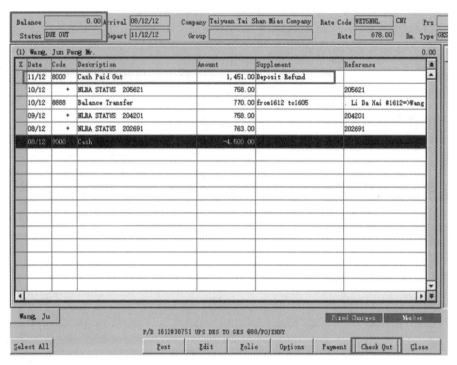

图 6-19　Check Out 界面

完成退款后,点击账面下方的"Check Out"按钮,即完成客人结算退房。退房后客人状态从"Due Out"变成"Checked Out"。

(2)场景二:客人消费余额大于0(Balance>0),客人需要先付款结算后退房离店(见图6-20)。

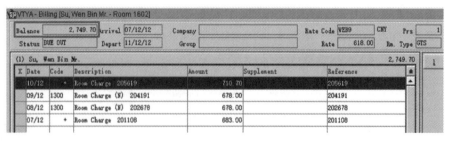

图 6-20　账单界面(Balance>0)

直接点击下方的"Check Out",出现付款界面。选择相应的付款方式支付后,系统自动将此房退房,预订状态从"Due Out"变成"Checked Out"(见图6-21)。

(3)场景三:客人消费由公司支付,前台需要将客人全部消费或者某些消费挂账到指定的应收账户中,剩余部分客人在付款结算后退房离店。一般情况下,该客人属于协议公司,享用公司协议价。要将客人的某些账目转入公司应收账户,首先满足3个条件:第一,客人预订与该公司档案关联;第二,公司已经分配了应收账户并允许前台转入;第三,需要定义好哪些账目需要转入公司应收账户。一般需要把要转入后台的账目都提前放到一个单独的账页下,账页上方的付款者应该是公司名字(见图6-22)。

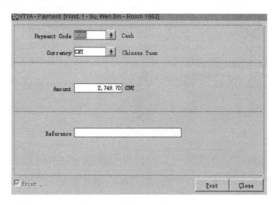

图 6-21　Payment 界面

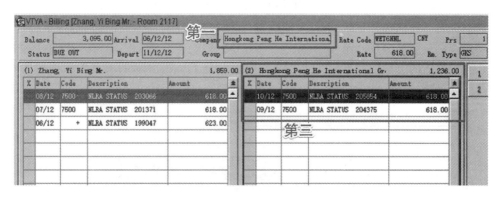

图 6-22　协议公司客人账单界面

点击"Check Out",选择一个特殊的结账方式"City Ledger"(有的酒店叫做"Direct Bill"),结算金额是默认该账页(Window)的余额,进行挂账操作(见图6-23)。

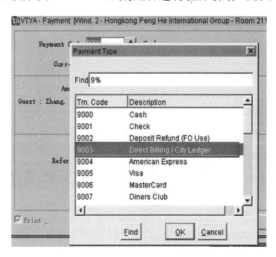

图 6-23　协议公司 City Ledger 界面

一旦挂账错误,系统允许当天内做冲销,系统叫作 Reverse Direct Bill(见图 6-24)。

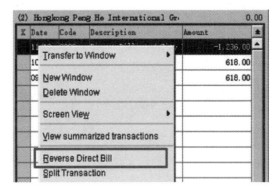

图 6-24　Reverse Direct Bill 界面

(4)场景四:客人提前离店。这种情况经常发生,一般酒店有两种做法,一是先把客人原来的离店日期改成当天,然后做正常退房处理;二是直接用退房中的"Early Departure"功能来退房。用第二种的优势在于,系统可以统计每天实际有多少客人提前离店,而采用第一种处理方式的订单则不会在此统计中。

非当天离店的订单的状态是 Checked In 或者 Stay Over。因此打开此客人账单的时候,下方显示的是"Settlement"而不是"Check Out"按钮(见图 6-25)。

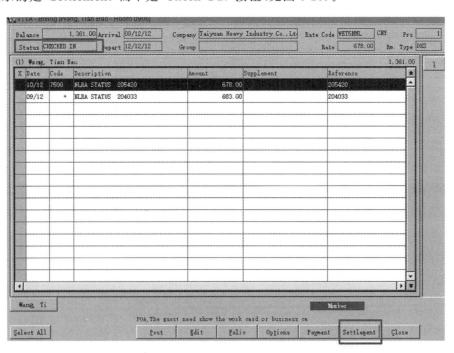

图 6-25　账单界面

点击"Settlement",可见 Early Departure 选项(见图 6-26)。
随后根据常规付款结算步骤处理即可。

注意：如果客人退房时的余额小于0需要退款，在执行Early Departure操作之前，应先进行退款（Paidout）。

（5）场景五：客人只结清消费项但是不退房。这种现象也比较常见，进入客人账单后，根据客人要求，选择"Payment"付款即可。如果付款日期非客人离店当天，那么也可以选择"Settlement"中的"Interim Bill"付款。Interim Bill功能是结账但不退房。

有一种情况比较特殊，如果客人需要提前将费用转入公司应收账但是不退房，则只能选择"Interim Bill"来执行City Ledger挂账，因为Payment功能下，是看不到City Ledger这种付款方式的（见图6-27）。

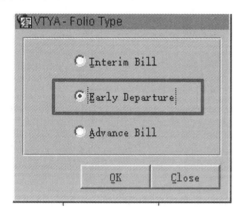
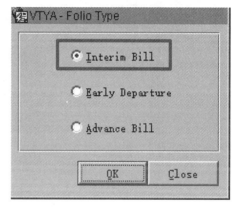

图6-26　Early Departure（提前离店）界面　　图6-27　Interim Bill（结清消费项但不退房）界面

（6）场景六：客人提前一天结算房费。常常会遇到有客人喜欢提前把账单结清以加快次日退房速度。系统支持提前录入房费需求。在账单的"Settlement"功能下，有个"Advance Bill"选项，就是用来处理此类业务的。选择"Advance Bill"后，系统会让操作员选择需要提前录入几晚的房费，选择"Tonight"转入当晚房费；选择"Nights"，可以定义提前转入几天房费；选择"Entire Stay"则会将整个入住期间的房费均转入账单中。大部分情况下都是提前1天录入，极少数情形下要求一次录入多天的房费的。执行完后可见客人账单上会看到刚转入的房费（见图6-28）。

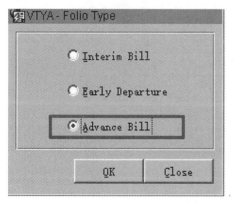
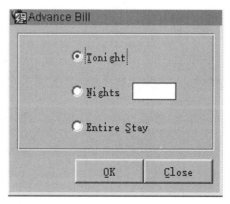

图6-28　Advance Bill界面

（七）客人账单（Folio）

系统支持在线预览客人账单以及按需打印，系统支持 20 种账单格式，可以满足不同客人的账单风格需求。选择账单的下方"Folio"功能。可以直接打印或者预览客人账单，账单风格是系统默认风格（系统可设置酒店采用哪种风格）。如果要改变默认账单风格，请选择右上角的"Folio Style"（见图 6-29）。

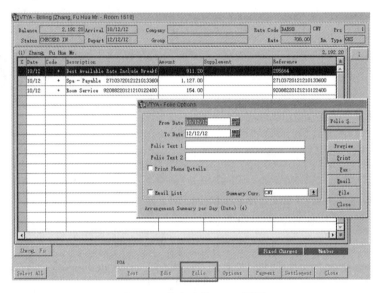

图 6-29　客人账单 Folio 界面

不在此详述每一种账单风格。比较常用的账单风格主要有以下几种。

(1) Detailed Folio(Date)显示每一笔账目明细。

(2) Transaction Code Summary Per Day(Code)根据入账代码每天合并显示 1 条。

(3) Arrangement Summary per Day(Date)根据账单描述分类显示消费项。

(4) Summery by Check No.(Date)根据账单号合同单据消费（见图 6-30）。

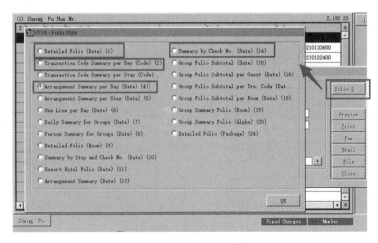

图 6-30　Folio Styles 界面

(八)账单其他功能(Billing Options)

除了前面介绍的客人账单处理的常用功能,Opera 还提供了更多处理客人账单的辅助功能,打开账单下方的"Billing Options"功能(见图 6-31)。

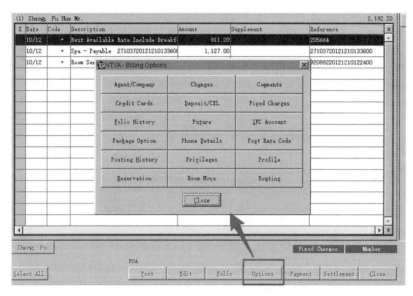

图 6-31　Billing Options 界面

收银员在处理客人账务的时候,常常需要打开客人订单的更多信息,或需要处理除付款、结算之外更多的账务。

(1) Agent/Company:在页面上可以直接打开预订关联的公司/旅行社档案。

(2) Comments:备注。可以在此查看原有备注明细,也可以直接新加备注信息。Reservation Comments 的具体操作经参考预订管理部分。"Cashiering Comment"(收银备注)会出现在客人账单下方,显著提醒结算注意事项(见图 6-32、图 6-33)。

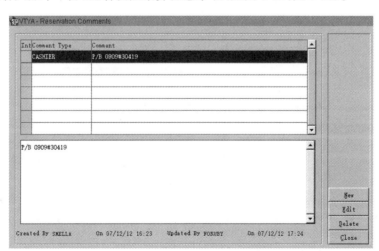

图 6-32　Cashiering Comment 界面(1)

图 6-33 Cashiering Comment 界面(2)

(3)Credit Cards:如果客人是采用信用卡授权,在此可以快速查看信用卡预授权代码、金额。结算的时候,可以通过这里快速查看客人授权情况,而无需再打开订单查看(见图 6-34、图 6-35)。

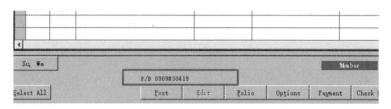

图 6-34 Credit Card History 界面

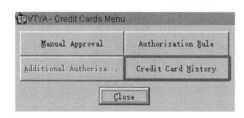

图 6-35 Authorization History 界面

(4)Fixed Charges:具体操作参考预订管理部分。固定收费可以按天收取,也可以按每周、每月、每季度收取,系统自动根据设定的规则,往客人账单下入账。如果员工收银时对固定入账费用有疑问,可以在 Options 中直接进入固定费用界面查看(见图 6-36)。

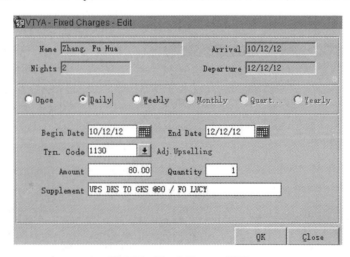

图 6-36 Fixed Charges 界面

（5）Phone Details：如果客人有电话费用产生，这个界面可以单独查阅客人每一笔电话明细并支持打印电话清单。Opera 系统跟电话计费系统会有数据接口，这里的电话信息是电话计费系统传送过来的（见图 6-37）。

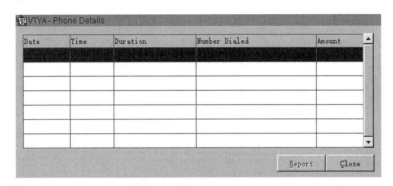

图 6-37　Phone Details 界面

（6）Posting History：这里详尽地记录了该客人的消费入账历史。可以看到账目的转账记录以及哪些账目发生了更改（见图 6-38）。

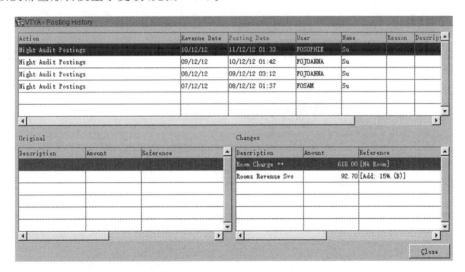

图 6-38　Posting History 界面

（7）Reservation/Profile：从这里可以直接打开客人的预订及档案，便于随时获取客人更多订单详情。

（8）Room Move：换房，这个功能具体在预订模块介绍过了，前台在给客人换房之前，一般会先查看客人消费，因此从客人账单可以直接执行换房操作，而不需要再打开预订界面。

（9）Routing：分账指令，方便在结账的时候快速了解客人账目的分类处理。其实在这里，很多时候用 Routing 功能来帮助归类客人消费，以便提高账单整理效率。Routing 具体操作可参考预订管理部分。

三、快速入账与结账

（一）快速入账（Fast Posting）

快速入账是 Opera 系统为了满足部门业务处理要求，提高入账效率而设计的。大家可以从主菜单 Cashiering 中直接打开快速入账功能（Fast Posting）。因为跟账务处理有关，系统会要求登录 Cashier 模块（见图6-39）。

［操作步骤］Cashiering→Fast Posting

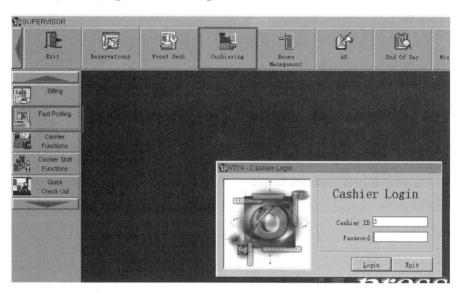

图6-39 Fast Posting 界面

登录之后即可以打开快速入账界面（见图6-40）。

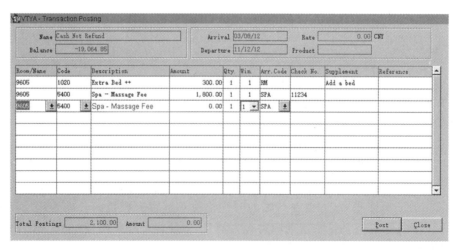

图6-40 Transaction Posting 界面

与客人账单中的 Post 功能不同的是,界面上多了房间号码的选择。员工可以快速在此界面上录入目标房间号以及消费明细,直接将费用入账到客人账单中而不需要打开客人账单。页面上半部分会显示当前入账客人的基本信息。使用这个功能比较频繁的包括客房部录入洗衣费用、客房小酒吧费用或者礼宾部录入租车费用等。

(二)快速结账(Quick Check Out)

快速结账,是 Opera 为提高结算退房速度而设置的。在快速结账(Quick Check Out)中,只显示当天要预离房(见图 6-41)。

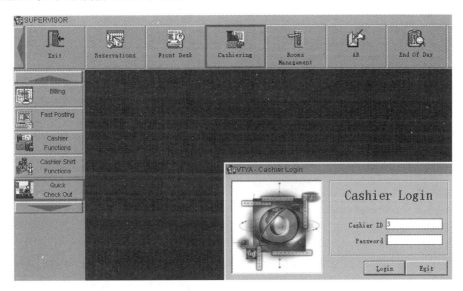

图 6-41 Quick Check out 界面

[操作步骤]

Cashiering→Quick Check out

这里的退房与在 Cashiering Billing 功能下退房有何区别呢？在 Cashiering Billing 中,如果要给客人退房,打开客人账单页面,根据客人账目情况结算退房,尽管客人的余额已经为 0。在快速结账页面下,如果该订单的余额不为 0,那么它的结算和退房流程跟在 Cashiering Billing 功能下无异,需要先执行结算操作再退房;如果客人的账户余额已经为 0,那么在这里可以直接点击退房功能完成退房,而且允许一次同时执行多个余额为 0 的订单的退房。对于团队,大部分费用是由团队主账支付的,团员账单一般少有费用产生(除非个别团员有超出标准消费),那么利用快速结账这个功能,就可以快速实现团员余额为 0 的订单的批量退房(个别有额外消费的团队个别处理),这样大大提高了退房结算效率。实际在运作中,酒店会常使用快速结账来处理团队退房,一般不会在此操作散客退房。

下面用一个团队的例子来说明此功能的使用(见图 6-42)。

通过查询条件快速搜索某个团队的全部订单,选中所有余额为 0 的订单,点击页面功能键"Zero C/O",系统会将选中的所有订单实现退房,预订状态变为"Checked Out"。

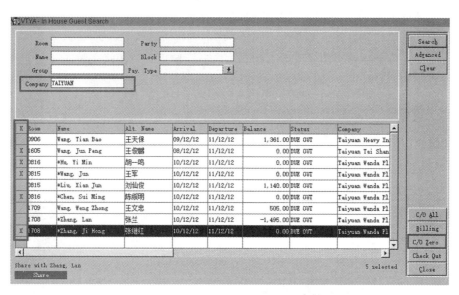

图 6-42 In House Guest Search 界面

对于余额不为 0 的订单,选中以后,可以在这里直接点击"Billing"进入客人账单,根据实际情况结算后退房,此处理与在 Cashiering Billing 中的操作一致。

四、收银其他功能(Cashier Functions)

前面主要是围绕客人账单的处理介绍了客账处理相关的功能和业务使用场景。日常业务中,酒店收银还需要处理客人账单之外的收银相关的业务。打开 Cashier Functions,出现如图 6-43 所示界面。

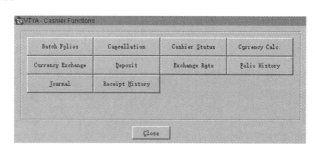

图 6-43 Cashier Functions 界面

Cashier Report、Cashier Status、Journal 这 3 项请参考第七章的内容。

高星级酒店一般接待外宾,提供外币兑换的服务。酒店会根据当天的牌价在 Opera 系统录入常用外币兑换的兑换率(Exchange Rate)(见图 6-44)。

当有客人要求兑换外币时,可以通过 Cashier Functions 中的"Currency Calculator"功能先进行兑换换算(见图 6-45)。

Buy Rate:买入价,可以理解为酒店向客户买入外汇或外币时的牌价,系统默认的买入价。

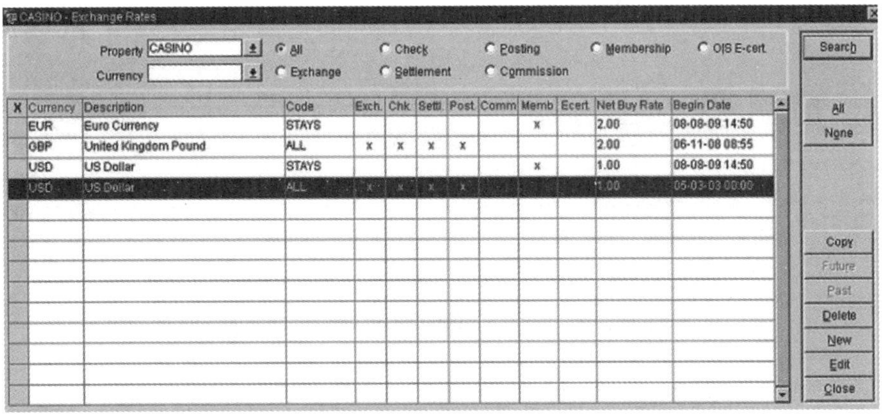

第六章

收银管理

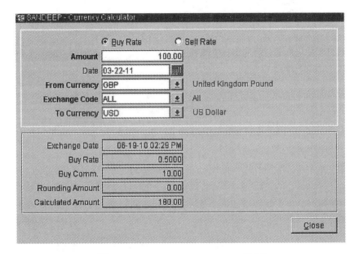

图 6-44　Currency Exchange 界面

图 6-45　Currency Calculator 界面

Sell Rate：卖出价，指卖出该外币时的价格。

选择 Buy Rate，Amount 中一般填需要兑换的金额，并录入兑换汇率牌价日期（Date），从何种外币（From Currency）兑换为何种外币（To Currency），系统会在下面显示兑换计算结果。比如客人要将 100 美元兑换成人民币，当天的买入价是 1∶6，那么 From Currency 选择 USD，To Currency 选择 CNY，下面计算结果会显示当前汇率多少以及兑换目标外币的金额。

在执行外币兑换时，打开"Currency Exchange"功能（见图 6-46）。

一般酒店不会对非住店客人提供外币兑换服务。在系统中进行外币兑换，必须选择客人房间号或者客人档案，以确认兑换人的住店信息和身份信息。

客人需要进行外币兑换视为酒店买入外币，因此，系统默认选择"Buy Foreign Currency"，录入对应的币种和金额，系统自动完成换算，点击"OK"即完成兑换过程，系统会自动打印出外币兑换单据以供客人签字确认（可以根据酒店和当地银行要求自定义单据格式）。

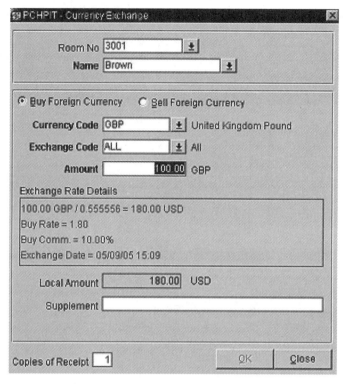

图 6-46 Currency Exchange 界面

五、关账（Close Cashier）

关账（Close Cashier）是每位收银员工每个班次必须执行的业务。员工下班时需要按酒店要求核对当班各类账目，包括现金收取（Payment）、现金退款（Cash Paid Out）、信用卡（Credit Card）、借记卡（Debit Card）、挂账（City Ledger）、外币兑换（Foreign Exchange）等。完成核对后在系统中执行关账（Close Cashier）的操作，系统会要求收银员核对实际账务与系统账务，从系统中打印出当班次的收银报告，再加上实际交易单据，交付于财务部，这才算完成本班次的所有工作。

前面已提到过，每位收银员都有自己的收银 ID，一般每个收银员都对应一个独立的 ID 号。关账时核对账务就是核对该班次下这个 ID 处理过的所有客人账目（见图 6-47）。

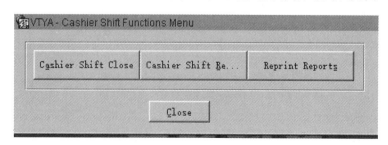

图 6-47 Cashier Shift Functions 界面

下面根据一个普遍的关账流程来介绍系统如何配合收银对账和关账。

(一)核对本班次账务功能

(1)Journal:这里会详细列出该ID下一天内处理过的所有账目明细(见图6-48)。

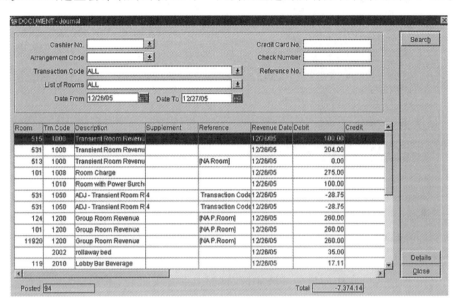

图6-48　Journal界面

(2)Cashier Report:这里将账目分为7类,所有影响关账Balance的账目都分类显示在此处,包括Cash Report、Check Report、Foreign Currency、Credit Card Report、AR Settlements Report、Miscellaneous Payments Report、Deposit Transfers Report(见图6-49)。

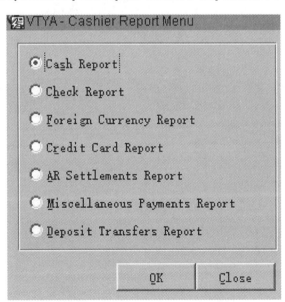

图6-49　Cashier Report Menu界面

选择希望审核的类别,点击"OK",即出现该类别下的本班次执行的账目明细,员工可以逐项进行核对。Details 功能也可以让员工进一步查看该笔账目更多的明细信息,必要时可以把账目打印出来核对(见图 6-50)。

图 6-50　Cash Report 界面

(3)Financial Transaction Reports:可以打印出各位收银员自己当天处理过的所有账目明细。有的酒店财务部会要求员工在关账后提交此份报表以备案。

财务部根据收银员提供的这些关账凭证,再加上系统中报表,来审核大家的账目处理是否异常,财务部常用的报表包括 Financial Transactions、Cashier Audit、Cashier Summary 等(见图 6-51)。

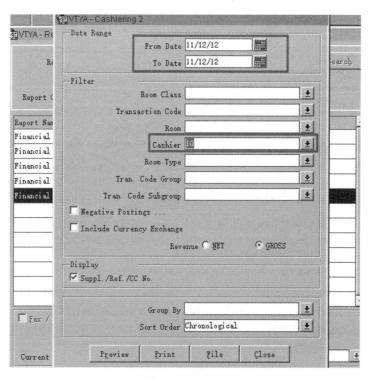

图 6-51　打印某位收银员当天所有的账目明细

（二）关账

账目核对后，系统如何执行关账以及注意事项：选择"Cashier Shift Close"，首先出现该 Cashier ID 本班次进行的所有账目操作，Number 表示账目的笔数，点击右下角的"Details"可以查看具体该项消费的入账明细（见图 6-52）。

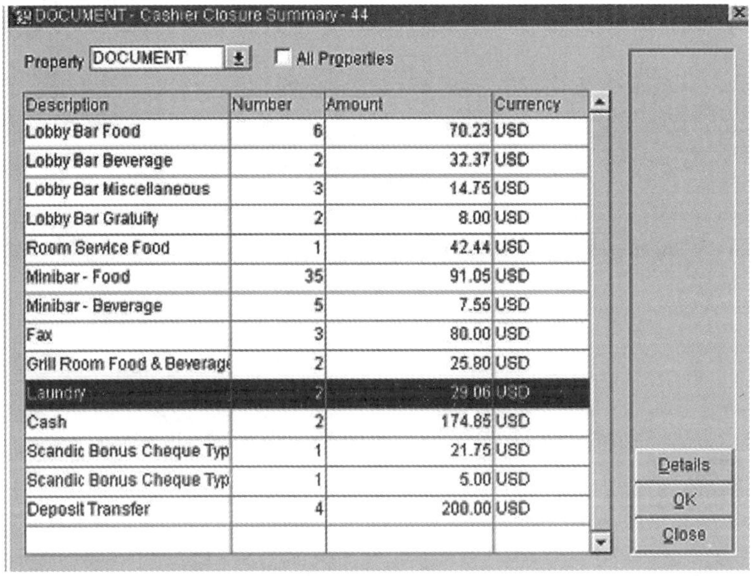

图 6-52　Cashier Closure Summary 界面

核实无误后，点击"OK"，即可进入关账页面（见图 6-53）。

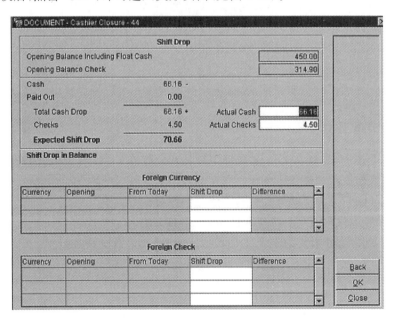

图 6-53　关账界面

Open Balance,可以把它理解为收银员本班次的备用金。酒店会给每个收营员一笔备用金,用于客人退款、兑换或者其他现金交易。

Cash 显示本班次处理的现金账余额,Paidout 显示本班次处理的退款金额(注意,外币兑换也被视为一种现金 Paidout,也会被统计在这一项中),这 2 项的汇总就构成了当班次所有现金交易(Total Cash Drop),Check 显示本班次的支票交易。

现金 Cash 加上支票 Checks 的总余额就是本班次需要投入财务的余额。

Foreign Currency 显示当班次操作过的外币现金兑换记录。

Foreign Check 显示当班次操作过的外币支票兑换记录。

核对完手上的现金/支票余额与系统统计,确认无误后,点击"OK",即完成关账操作,系统会自动打印出分类关账报表(Cash Report、Check Report、Credit Card Report、Foreign Currency Report、AR Settlements Report、Miscellaneous Payments Report、Deposit Transfers Report),有的酒店财务要求收银员把此处打印的报表与纸质账务凭证一并交给财务。

第二节 夜审管理

酒店审计,也称为夜间审计(简称"夜审"),通常在深夜执行。夜审的作用是在一个营业日结束后,对当天所有发生的数据,包括订单、交易等进行核对、统计、汇总,生成夜审报表,备份数据,跳转新的营业日期的一个过程。夜审意味着结束一个营业日,开启下一个营业日。

尽管从技术层面看,夜审可以在任何时间完成,但是一般酒店应该严格限定夜审时间,原因是:准确的夜审时间有助于形成规范的夜审程序,防止错误夜审的发生;准确的夜审有助于全酒店收银员合理安排工作,也提高酒店日收入统计的准确度。① 夜审工作一般由财务部人员(强调夜核工作的财务职能),或总台接待人员担任(强调房态管理职能),也有的酒店安排电脑部员工担任。②

使用 Opera 的大部分高星级酒店,夜审一般由前厅部值班经理级以上人员负责。

一、夜审准备工作

夜审是一个过程,尽管在 Opera 系统中只是几分钟的操作,但是在系统执行之前,员工需要做大量的数据核对和准备工作。

具体工作可以归类如下(仅供参考,酒店之间稍有差异)。

(1)准备和有效性检查(Preparation and Validation)。

① 检查是否有预订未到的客人(Due In Guest)。如果有的话,应与客人确认后,根据实际情况对预订进行取消或改期到店处理。若不处理,夜审后此部分客人会转成 No Show 状态。

---

① 穆林:《酒店信息系统实务》,上海交通大学出版社,2011 年版。
② 刘伟:《前厅与客户管理》,高等教育出版社,2007 年第 2 版。

② 检查有无预计离店而未离店的客人(Due Out Guest)。如果有的话，应与客人确认后，根据实际情况对预订进行结账退房或改期退房处理。若不处理，系统不允许执行夜审。

③ 进行差异房的检查。若有则先执行差异房的处理。

(2)限制访问(Limiting Access)。检查有无未汇总账的收银员。所有收银员在过夜审时必须将其一天的收银工作做一个汇总并在系统中关账。系统在过夜审时要检查每个收银员的账是否已经汇总，并形成相应的关账报表。

(3)值班经理需要完成房价、房态、收入等信息的审核和统计工作。

二、夜审程序

夜审程序按照预设的流程逐步自动进行，用户可以自定义夜审步骤，如加入档案完整性检查等。夜审是由系统自动运行的，夜审结束后，住店客人的房费自动进入客人的电子账户，系统营业日时间也更新成新的一天。系统可以打印出部分统计报表，如财务收入报表、入住统计报表。所有夜审报表的数据都是以夜审开始前的统计为准的(见图6-54)。

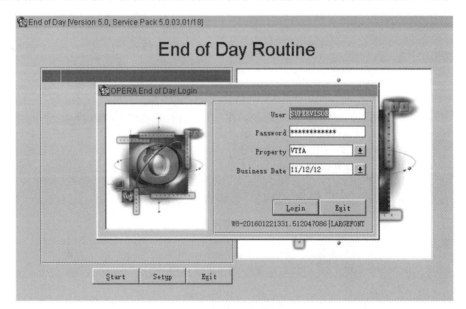

图 6-54　夜审界面

登录夜审模块，需要进行收银模块登录，之后进入夜审流程。

系统夜审程序如下。

(1)Country and State Check：检查客人方案中是否已填写国家信息。

(2)Arrivals not yet Checked In：应到未到的客人，系统会自动筛查 Due In 的客人，如果发现有，需要根据情况做改期或者取消预订处理，否则夜审后该预订就变成一个 No Show 预订。

(3)Departure not Checked In：检查是否有预离店的客人，如果有的话必须解决，否则系统夜审将会被停止。系统会自动筛查 Due Out 的客人，如果发现有，需要处理才能继续执行夜审。

(4) Automatic Closure of Open Cashiers:一般要求各个收银员在夜审前关账,如果有收银员未关账,则系统此步骤会自动关闭仍未关账的收银员账号。

(5) Roll the Business Date:系统日期翻新的一天。

(6) Posting Room and Tax:将客人的房费入客人的账户中,除了客人房费,还有其他的一些固定费用会在夜审中直接入账,如客人固定收费项目(Fix Charge)、包价细项(Package)等。

(7) Run Additional Procedures:处理夜审需要完成的其他一些功能。

(8) Print Final Reports:打印夜审报表。

报表打印完毕后,系统提示夜审完成即可退出(见图6-55)。

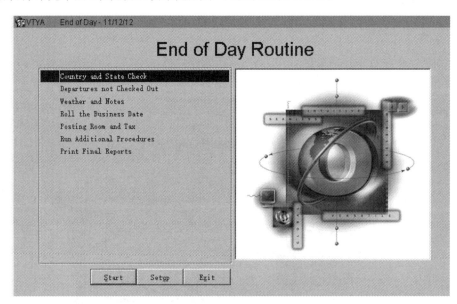

图 6-55　夜审完成界面

本章小结

　　收银管理是酒店前台管理系统中的重要组成部分,也是酒店前台主要的工作之一。收银工作包括客人押金收取、客人消费入账、账单金额调整、客人付款、账单挂账、账单打印、客人退款、客人退房等。根据服务对象的不同,前台对收银的管理分为散客账户、团队账户、应收账户等。

　　Opera 中收银模块主要包括账单、快速入账、快速退房、收银其他功能、关账(Close Cashier)等。一般情况下,收银员工的 Cashier No.具有唯一性。Opera 中的每位客人均有一个账单(Billing),每个账单,系统可以允许细分为 8 个账页。在系统中,酒店常常通过 Post 这个功能来进行账务调整。

　　快速入账、结账是 Opera 系统为了满足部门业务处理要求,提高入账、结账效率而设计的。在快速结账中,只显示当天要预离房。

夜审意味着结束一个营业日,开启下一个营业日。一般酒店应该严格限定夜审时间。使用Opera的大部分高星级酒店,夜审一般由前厅部值班经理级以上人员负责。

夜审程序按照预设的流程逐步自动进行,用户可以自定义夜审步骤。夜审结束后,住店客人的房费自动进入客人的电子账户,系统营业日时间也更新成新的一天,系统可以打印出部分统计报表。

思考题

1. 快速退房与在Cashiering Billing功能下退房有何区别呢?
2. 为某一客人入账,内容包括入住期间每天的鲜花费、洗衣费。
3. 在计算机上完成一次夜审,观察夜审过程中可能遇到的问题。
4. 在夜审中断后重新启动夜审程序,并通过查看错误日志或将日志传递给技术支持人力,明确错误原因。
5. 前台服务员为一位长期住店的客人制作账单,要求:住宿费单列;餐费、洗衣费及其他所有杂费均统计在一张报表中,客人续住。
6. 某旅行社在酒店预订了两间客房,住一晚,这两间客房的所有费用均由旅行社结账。
7. 某公司最近严重拖欠了付款,酒店决定将其账户纳入"禁止使用(Restricted)"在的状态,注明该应收账户以后付款时将被禁止支付的原因;与此同时,发现该账号上一笔款式严重超期(超过了90天),通知相关部门每天催该公司财务部门,直到其付清以前所有的欠款。

第七章

应收管理

应收账款(AR,Accounts Receivable)指通过信用完成销售而导致的对酒店的食宿费用或其他费用的负债。应收账款的对象是给酒店授权挂账的公司或旅行社,余额通常由酒店会计部门按月进行结算。

使用 Opera 应收模块的好处体现在以下几个方面。

(1)跟踪应收账户的消费和付款变化,实施账龄分析,帮助酒店与客户建立更好的协议关系,改善酒店现金流。

(2)消费自动前台挂账转入,后台灵活处理消费审核、付款、调整等各种应收业务。

(3)丰富的应收账户以及账龄分析报告。

(4)严格的挂账限制便于管理协议账户挂账控制,降低财务风险。

(5)严格的权限管理保障酒店应收信息的安全。

应收账款管理模块功能:应收账款管理模块通过应收账户的管理,得到真实的账期的详细情况,方便更好地控制酒店的运作和现金流,同时应收模块为酒店提供了完整的客户信息,使酒店能够详细分析出账户的客户类型,并根据不同的客户类型来进行账龄分析。Opera 中的应收账款模块功能非常全面,包括应收账户管理、前台挂账审核、信用卡应收处理、应收账户处理(查询、账号详情及账龄分析)、应收账款月结单/催款信等,清晰跟踪账户消费变化,根据业务需求,快速处理账户交易、付款、调整等。[①]

登录 AR 账号必须授予一个收银 ID(Identification,身份证明),每次登录 AR 模块均需要登录收银 ID 账号(见图 7-1)。

---

① 陈为新,黄崎,杨萌稚:《酒店管理信息系统教程——Opera 系统应用》,中国旅游出版社,2012 年版。

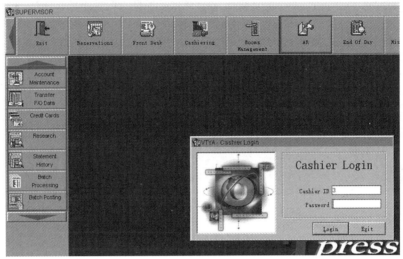

图 7-1　登录 AR 界面

第一节　应收账款管理模块操作

一、应收账户查询（AR Account Search）

财务应收人员日常最常登录的功能，就是 Account Maintenance，这里显示酒店应收账户并显示每个账户的余额。可以根据应收账户的公司/旅行社名称查询，也可以根据账户号码以及类型查询。

All 默认查询所有账户，Open Balance 查询当前余额不为 0 的应收账户，No Balance 查询余额为 0 的应收账户（见图 7-2）。

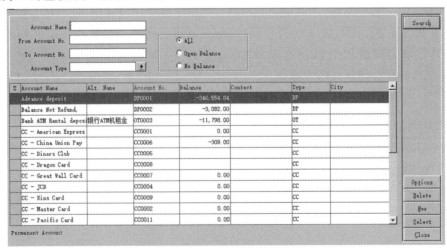

图 7-2　AR Account Search 界面

二、建立应收账户(New AR Account)

公司客户或者旅行社客户,与酒店签署挂账协议后,酒店会给予一个应收账户用来接受该公司或者旅行社未来客人在店的指定消费。这个账号会关联到客人档案中。

在 Opera 系统中,有两种途径建立应收账户,一种途径是在公司或者旅行社档案中设置,另一种途径是在应收模块中创建。

在应收账户列表页,选择"New",选择公司/旅行社档案后进入账户设置界面(见图 7-3)。

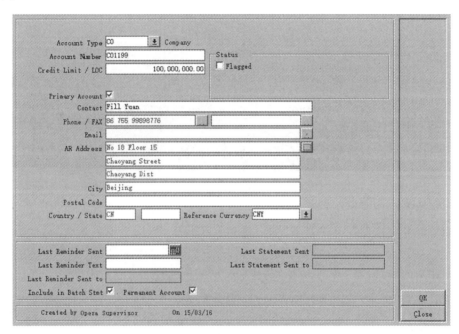

图 7-3 新建应收账户界面

Account Type:账户类型。酒店可以自定义账户类型,一般有公司应收账户、旅行社应收账户、个人应收账户、信用卡应收账户等。

Account Number:账户号码。为了保持账户的规范和连续,酒店还会在系统设置中对账户号码的格式进行设定(见图 7-4)。

图 7-4 对账户号码的格式设定

Credit Limit/LOC:信用限额,酒店会对该账户的挂账额度进行设定。当前台挂账余额超过了限额时,前台挂账会出现超额提示。

Status:账号当前状态。Normal 表示账户正常接受挂账,Restricted 表示强行限制挂账,系统会要求录入一个限制原因。

Primary Account:打钩即表示这个账号是永久账户,不可删除。

三、前台挂账审核(Transfer F/O Data)

前台转入后台的账目均会自动被缓存在此功能下,因此常把它叫作前台挂账审核区,财务部审核完毕后,再转入后台对应的应收账户中。酒店审核过程中会常常发现账目挂错了公司账户,那么财务部可以在这里更正后再转入正确的账户中(见图7-5)。

注意:Opera也支持前台挂账直接转入应收账户,但是大部分酒店为了谨慎起见,会审核后再转入应收账户。

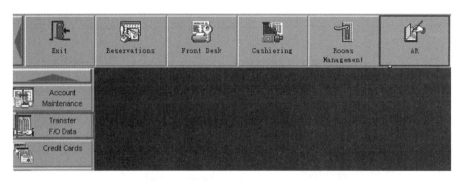

图 7-5　Transfer F/O Data 界面

在这个缓存页面上会显示前台挂入后台的账目,点击下角的"Detail"可以看见更多明细信息。如果财务审核发现某笔挂账,前台选错了应收账户,那么财务部会通过"Edit"修正过来。

审核完毕的账目,通过"Transfer"功能将其从审核区转入对应的应收账户(见图7-6)。

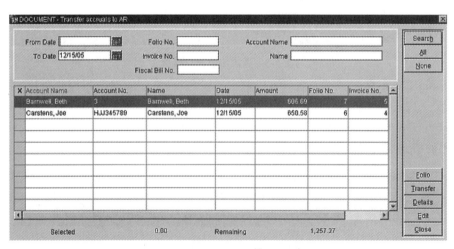

图 7-6　Transfer accruals to AR 界面

四、信用卡应收处理(Credit Card)

信用卡交易,对于酒店来说,属于应收款范畴,因为酒店需要跟银行结算后,银行再回款给酒店。因此,在 Opera 系统中会对每一类的信用卡配置对应的应收账户用来存储各种信用卡的交易,等待银行回款核对后,再进行付款冲销。

与前台挂账相似,前台以及其他第三方系统信用卡结算交易均会转入信用卡挂账审核区。

Credit Card 根据信用卡类型查询相关交易,也可以根据日期查询。

财务部会根据前台交易的具体单据,核对系统记录,包括客人名字、交易金额、信用卡类型、信用卡号等。如果准确无误,就可以把该交易转入(Transfer)相应的应收账户中,等待银行回款冲销。一般情况,财务部会对同一类型的卡,同一天的交易核对完后统一集中执行一次转入,好处是,后台应收账户中会形成每天一条汇总记录而不是分散交易记录(同时转入的信用卡交易会被合并显示成一条记录),便于财务部按天冲销回款时核对(见图 7-7)。

注意:有的酒店财务则不审核信用卡,让其直接转后对应应收账户,系统后台设置支持此类业务处理。

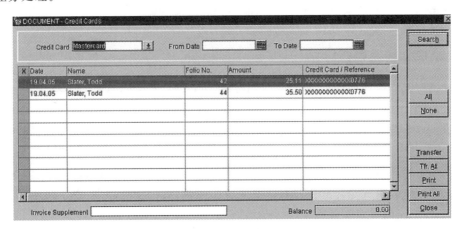

图 7-7　Credit Card 应收处理界面

第二节　应收账户处理

应收账户处理(Account Maintenance)是应收模块重要的内容,集中管理应收账款的调整、转移、付款等操作。打开一个应收账户的账面如图 7-8 所示。

下面分别对页面上的 5 个部分进行介绍。

一、查询部分

可以通过入账日期查询,或者账单号码(Folio No.)查询。

选中"ALL"查看所有应收账户,"Open"表示只查询有余额的应收账户,即该账户还未收回应收款。

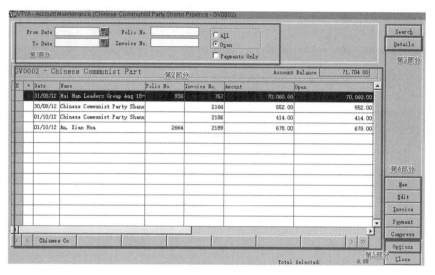

图 7-8 Account Maintenance 界面

二、账户详情及账龄分析

查看该应收账户更多信息,如所属公司地址、电话等,这里可以清晰地看到账龄分析。

什么是账龄?账龄(Account receivable age),指公司尚未收回的应收账款的时间长度,通常按照各自企业合理的周转天数将其划分为五个级别,如 30 天以内(合理的周转天数设定为 30 天)、30～60 天、60～120 天、120 天以上及呆账(120 天以上未产生销售额)。账龄在分析应收账款时是最为重要的信息,由于应收账款属于流动资产,所以,所有账龄在合理周转天数以上的应收账款都会给公司运营造成负面影响,而且账龄越高,资金效率越低,发生坏账的风险越大,财务成本越高。

酒店一般按照通用的账龄长度来设置系统应收模块的账龄。每一笔进入应收账户的账都会进入账龄分析中,Opera 提供每一个应收账户的分析报告,也提供每一类应收账户(By Account Type)的账龄分析。如在图 7-9 中,可以清晰地看到该账户的账龄分析,方便财务人员随时查询。

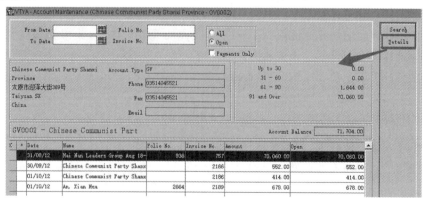

图 7-9 账户详情以及账龄分析界面

三、账面主体部分

显示每一笔账的转账日期、描述、账单号(Folio No.)、后台单据号(Invoice No.)、账目发生金额(Amount)、未支付余额(Open)。

四、New—Edit—Invoice—Payment—Compress

1. New

用来调整应收账户的账目,比如该公司有一笔消费需要直接记入账户,或者财务部对该账户的余额进行总调整。点击"New",出现入账界面(见图 7-10)。

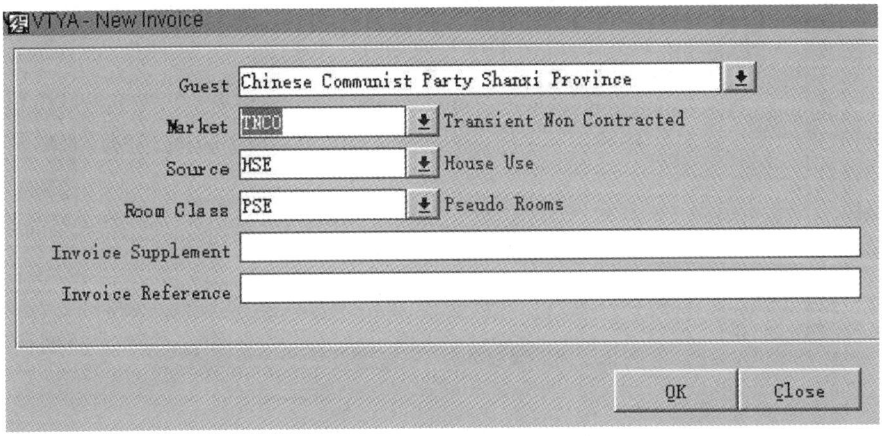

图 7-10 New invoice 界面

Guest 为该公司的名称,Market 为该公司所属的市场分类,Source 为该公司所属的市场来源,以上信息是默认该账户创建的时候录入的信息。Room Class 一般默认为是虚拟房房型,因为财务人员在此进行的调账是对整个应收账户的调整或者新增,并非对某一次入住而做的调整,所以无法指定到具体的房型。

Supplement/Reference 可以录入该笔入账的备注说明信息。

2. Edit

编辑查看信息,包括入账时间、房间号、是否被转账过、入账人、公司名字、金额、未收回余额等(见图 7-11)。

3. Invoice

可以理解为查看该账目的组成明细,选择一笔账目后,点击"Invoice"(见图 7-12)。

Invoice 里显示的是该笔账目的前台具体消费明细,包括费用组成及金额、备注、操作痕迹等。其中,主要几个功能如下。Invoice Details 界面如图 7-13 所示。

(1) Post:入账。用于录入该次消费的新费用。必要时,财务部可能对前台转入后台的客人应收账明细进行调整,例如前台少转入一步费用后来才发现,跟客人确认后,可以在后台直接录入。Post 的功能与前台 Post 功能操作一样。

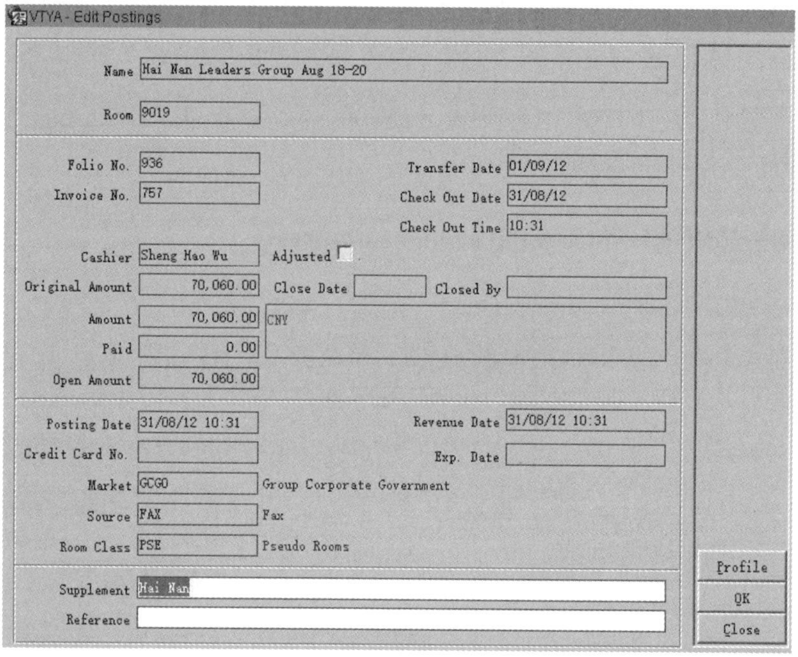

图 7-11 Edit Postings 界面

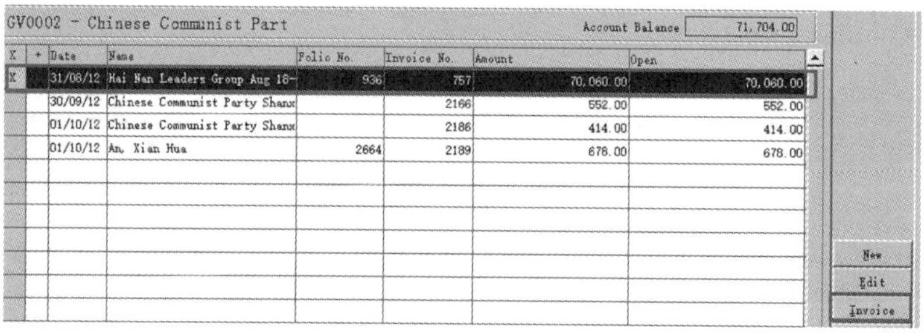

图 7-12 Invoice 界面

图 7-13 Invoice Details 界面

(2) Adjust：对已入账消费的调整，可能是折扣，也可能是减免。
(3) Folio：可以在这里直接打开前台消费账单。
(4) Profile：打开该客人档案。

4. Payment

处理应收账款的支付。公司、个人（负债人）来支付其应付款项时，选中某一笔或者多笔接受应付款冲销的账目，点击 Payment，即出现如图 7-14 所示的支付界面。

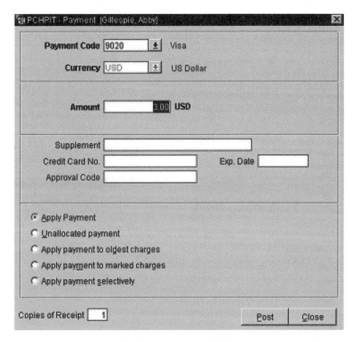

图 7-14　Payment 界面

Payment Code 付款方式，如果选中银行卡付款，则下方需要录入卡号、有效期等信息。

Currency 付款币种，一般默认为系统默认币种。

Amount 录入支付金额。

页面下方有几种处理改变付款的选项，具体如下。

Apply Payment：表示立即将这笔付款冲销已选中的账目。

Unallocated payment：带冲销付款。这种情况一般用于提前支付订金时使用。

Apply payment to oldest charges：将该笔付款按应收账目时间顺序优先冲销账龄更长的账目。

Apply payment to marked charges：将这笔付款只冲销已选中的账目，剩下的放在账户中待使用。

Apply payment selectively：与前一项类似，前一种做法是先选中要冲销的消费再执行支付，这一种操作是先直接录入支付信息以后，再选中要冲销的账目。但是用这个选项有一个好处就是，可以定义每一笔账是全额冲销还是部分冲销（见图 7-15）。

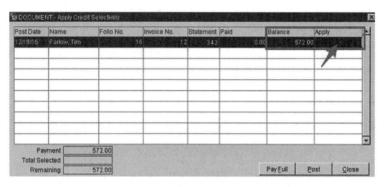

图 7-15 Apply payment selectively 界面

5.Compress

合并。通常用来合并多笔同类消费、同时期消费的账目,使应收账目更加清晰(见图 7-16)。

注意:当天转入的费用不能合并;合并过的账目不可以再进行冲减。

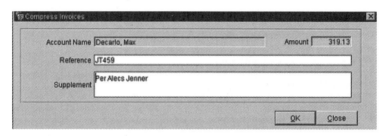

图 7-16 Compress Invoices 界面

选中相关项目合并时,系统会要求录入相关备注说明。账目合并后,会变成一条以公司名字显示的记录,前面有一个"+",点击这个符号可以打开合并的明细账目(见图 7-17)。

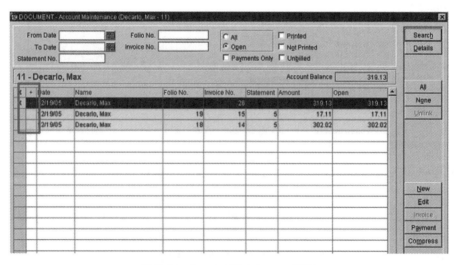

图 7-17 Account Maintenance 界面

要取消账目合并,选中这笔合并账,点击鼠标右键,可以看到"Uncompress"功能,选择即可撤销合并操作。要注意,合并后的费用过完当天夜审后不可以取消合并。

Compress 功能常用于整理信用卡明细账。财务部常常把同期银行回款的账目合并处理,既可以保持信用卡应收账户账面整洁,也可以比较有条理地管理信用卡账回款记录。

五、AR 更多功能

查看该账号更多的信息,可以点击右侧的"Options"功能(见图 7-18)。

Account Setup:在这里可以打开具体的应收账款设置查看更多账户基本信息。

Aging:账龄分析。

Future Resv.:未来预订。在这里可以看到该协议账户对应的公司未来的预订,这有利于应收人员评估该账户即将产生的负债以及付款要求情况。

History:应收付款历史记录,可以快速定位每一笔付款冲销了哪些应收账目。

Profile:应收账户所属公司、旅行社、个人档案资料。

Reminder/Statement:应收催款信和月结对账单。

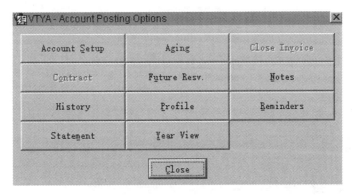

图 7-18　AR 更多功能界面

六、应收账款月结对账单/催款单(Statements)

Statements,月结对账单。一般财务部每个月末需要对应收账户进行月结处理,分析所有应收账户的应收款项以及账龄。Opera 提供月结对账单功能,即酒店可以根据需求自定义需要寄送给客人的应收账户月结报表,并从系统中直接打印出来或者直接通过邮件发送给客户,用于核对每月的消费项目以及核对应收款项余额。

月结对账单,可以通过 AR Options 打印,也可以通过单独的 Statements 界面打印(见图 7-19)。

选择需要打印的账户,点击右侧的 Preview(预览),或者 Print(打印)即可,也可通过 Fax、e-mail 直接发送给客户。

一般来说,到月底的时候,财务部常常需要批量打印月结对账单,可以使用 Opera 中的 Batch Statements 功能实现批量快速打印。

图 7-19　Statements 界面

Reminder Letter：催款单、提醒函。酒店对于账龄比较长还未支付应收款的公司，会寄送催款信。催款信可以按照未支付的时间严重程度分为 3～4 个阶段，系统中支持催款周期的设置（见图 7-20）。

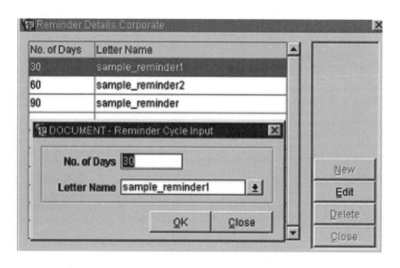

图 7-20　Reminder Letter 界面

Opera 支持按照催款周期自定义不同的催款单。不同周期的催款信，内容以及描述会有差异，一般款项拖延未付时间越长，催款内容越严肃，最后可能上升到法律条文。因此，酒店对催款信的内容是相当重视的。与 Statements 一样，Document Reminder Letters 催款信，可以通过 AR Options 打印，也可以通过单独的 Reminder 界面打印（见图 7-21）。

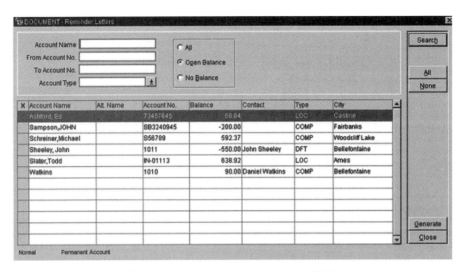

图 7-21 Document Reminder Letters 界面

本章小结

应收账款(AR)是指通过信用完成销售而导致的对酒店的食宿费用或其他费用的负债。应收账款的对象是给酒店授权挂账的公司或旅行社,余额通常由酒店会计部门按月进行结算。应收账款管理模块通过应收账户的管理,得到真实账期的详细情况。

Opera 中的应收账款模块功能包括应收账户管理、前台挂账审核、信用卡应收处理、应收账户处理(查询、账龄分析)、应收账款对账单/催款信等。

思考题

1.什么是应收账款?
2.酒店审核过程中会常常发现账目挂错了公司账号,如何进行修改?
3.什么是账龄,一般分几个级别?

第八章

杂项管理

Opera PMS 杂项管理提供许多辅助功能,是很重要的部分。杂项包括报表(Reports)、用户修改密码(Change Password)、酒店记事本、快捷键(Show Quick Keys)、数据导出、用户操作查询等内容,特别是报表功能更为重要。图 8-1 所示为 Miscellaneous 界面。

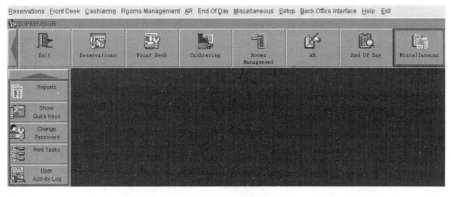

图 8-1　Miscellaneous 界面

第一节　报　　表

在酒店中前台所有生成的数据都会经过系统处理形成报表,而这些报表也是 Opera PMS 系统积攒了 10 多年的精华,几乎可以满足酒店日常统计的所有需求。每天各部门都会根据各自的需要打印出相应的报表,辅助业务执行;管理者通过统计报表,了解酒店运营数据并帮助经营决策。如失约客人(No Show)的报表,每天每月都有预订但未能来的客人,作为管理层要了解其来源。一段周期后,失约客人报表的统计数据可以给管理层提供非常有参考价值的数字,可以大约计算出各种渠道的预订数与失约客人的比率,根据这项数据,管理层就可以适当地进行超额预订管理,有效地避免因失约客人而给酒店带来损失,且可以根据数据结果,控制某一渠道的预订情况,从而有效地降低失约客人的比率。[①]

Opera PMS 的报表功能提供了超过 360 个报表,可以通过报表名字查询,也可以对报表进行分组。酒店可以根据需求调整系统固定报表设置以达到统计需求。Opera PMS 系统也提供内置报表模块,依据酒店要求,自定义创建全新格式的报表。

报表系统的主要特点有以下几点。

打开报表,可以点击主菜单的杂项按钮(Miscellaneous),点击右边的报表(Report)按钮便可进入。

可以根据报表名字查询,支持报表名字前加"%"进行模糊查询,也可以根据 Report Group 查询,这个报表组是 Opera PMS 系统预设好的,当然用户可以自定义新的用户组以及报表。

所有的报表都在 Miscellaneous 模块的 Reports 功能链接中打印(见图 8-2)。

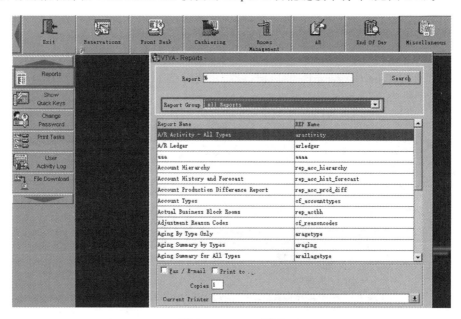

图 8-2 Reports 界面

系统预设的组包括 Profile、Arrival、Reservation、Guest In House、Block、Housekeeping、AR、Cashiering、Night Audit、Statistic 等划分,可以看到基本上是按照业务分类来区分的,便于对应用户快速查询报表。

根据用户需要,报表可以直接线上预览,也可以打印出来,还可以邮件或者发送传真。

Fax/E-mail:选中后,可以定义将指定报表发传真或者邮件给相应对象。

Print to File:选中后,表示该指定报表需要保存,可以在后面的 File Format 中选择到导出保存的文件格式,包括 PDF、EXCEL、HTML、RTF 等(见图 8-3)。

---

① 陈为新,黄崎,杨荫稚:《酒店管理信息系统教程——Opera 系统应用》,中国旅游出版社,2012 年版。

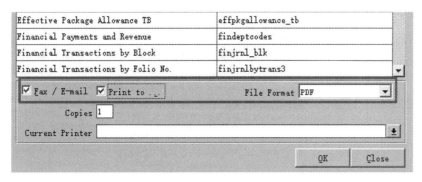

图 8-3　报表打印设置

酒店前台系统所生成的数据都会经过系统处理形成报表,管理层基于此而制定战略决策。

第二节　其他操作

一、修改用户密码(Change Password)

用户可以用此功能来修改登录密码,Opera对用户密码控制比较严格,一般要求用户定期修改密码保证交易和操作安全。点击杂项左方的更改密码(Change Password)按钮,即可完成操作(见图8-4)。

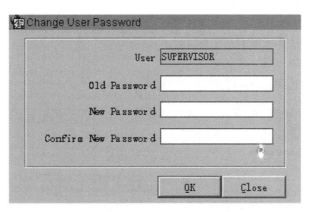

图 8-4　Change User Password 界面

特别注意:Opera PMS 系统使用结束后,用户要及时退出当时的登录状态,点击左上方的退出键(Exit)即可,以避免其他员工误操作。

二、查询用户操作(User Activity Log)

此功能记录了用户所有的操作痕迹,包括新增预订、档案、订单修改、入账记录、备注记录等,非常详细(见图8-5)。

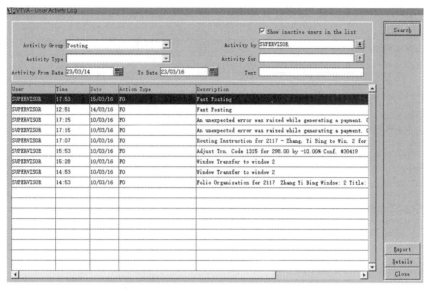

图 8-5　查询用户操作界面

Activity Group：用户操作模块分组，如预订类、入账类、档案类等，便于缩小查询范围。

Activity Type：可以选中具体操作类型，如新增预订、退房操作等。

Activity from Date to Date：定义操作的执行时间。

Activity By：选中操作用户。

Text：可以录入内容的关键字查询。

利用右下角的"Report"，可以打印出查询结果。

三、快捷键（Quick Function Keys）

（一）在线帮助（F1 Opera Help）

Opera PMS 系统说明书。在此可以找到系统各个功能的详细说明，在系统任何界面下，点击"F1"，可以打开系统对应的功能介绍。

Opera PMS 根据酒店用户操作习惯和业务重点，设计了方便用户操作的快捷键（见图 8-6）。

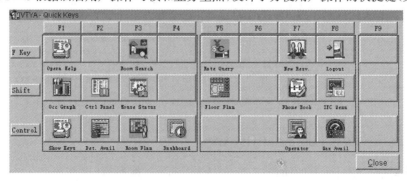

图 8-6　Quick Function Keys 快捷键界面

使用键盘的组合键,可以快速打开相应的快捷键。同时不需要退出当前使用的功能,减少重复程序而提高精度和效率。

(二)可用房查询(F3 Available Room Search)

可用房查询,是前台较常用的快捷键之一,尤其是在给客人分房间号码的时候(见图 8-7)。

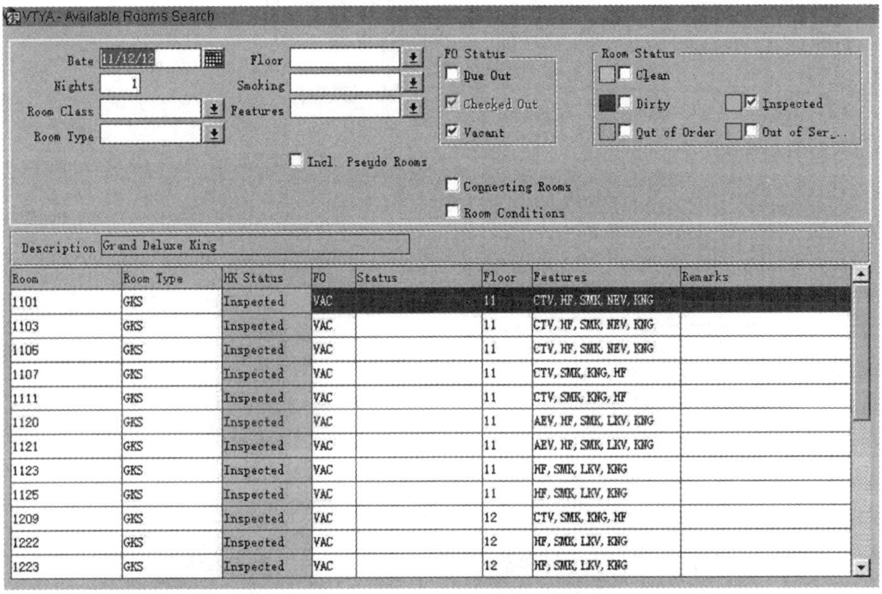

图 8-7 Available Room Search 可用房查询界面

页面提供丰富的查询选项,如房型、楼层、房间特征、客房状态等。一般来说,Clean 状态的房间认为是可以分配的房间,有的酒店则要求只有 Inspected 状态的房间才可以分配。

通过当天预抵客人界面中的"Room"点击进去,也可以打开房间查询界面,进行快速分房。

(三)房价查询(F5 Rate Query)

房价查询界面,是酒店预订部与前台员工预订时最常用的界面,是每个新预订必须操作的一个界面。这个界面直观展示了在客人既定的日期内,可供选择的房型房价以及是否还有空房等信息。如图 8-8 所示:

页面上方是客人预订日期和即将入住人数;

表格的左方显示可供选择的房价;

表格的上方是酒店的提供的可卖房型,房型下方的 2 行数字表示酒店该房型还剩余多少间(数字 Physical Inventory 表示实际剩余客房,Include Overbooking 表示该房型实际剩余房加上允许超预订的数量总和),数字变为负数,表示该房型已经超卖了,提醒员工谨慎预订;

表格的主体非常清晰明了地显示每个房价对应不同房型的价格,选择价格,即表示选择了对应入住的房型;

页面右下角显示选中的该房价的一些详细信息,如是否含早,是否含服务费等;

左下角黄色框内选项丰富,如果客人入住超过一天,则在此可以选择多种方式来显示房型报价,Average Rate 表示展示的是每天的平均价,Total Rate 表示入住期间房费总价,First Night 表示显示入住第一天的房价。

在确认房价房型后,点击"OK",即可进入新预订界面,此部分在预订模块具体阐述,不再重复。如果仅仅是查询房价,则点击"Close"退出界面即可。

图 8-8　Rate Query Details 房价查询界面

(四)出租情况图表(Shift+F1 Occupancy Graph)

出租情况图标是用柱状图的方式,直观反映酒店的客房出租情况以及分布。可以根据房型(Room Type、Room Class)、预订种类(Reservation、Block)来查看酒店的出租情况(见图 8-9)。

(五)控制台(Shift+F2 Control Panel)

这个界面非常直观地展示了未来 7 天酒店的各种预订情况,常用的包括每天可卖房、OOO 房、OOS 房、团队预订量、出租率、在店人数、离店人数等。部分数据支持点击显示详情,如 OOO、OOS。客人同事也常用这个功能键,可以直观查看接下来的酒店锁房量,指导客房人员分配工作排班(见图 8-10)。

右下角的 Details 功能可以方便员工及时掌握每一种房型各种预订类型客人的数量,如是否担保预订、是否有取消的预订等。Checked In 状态表示这个房型实际客人已在店房数(见图 8-11)。

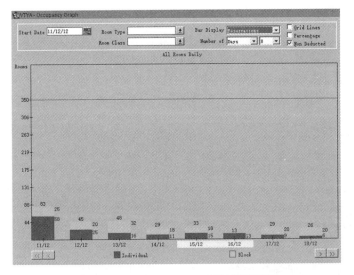

图 8-9 Occupancy Graph 出租情况图表

VTYA - Control Panel

Start Date 11/12/12 Room Class

	Tue 11/12/12	Wed 12/12/12	Thu 13/12/12	Fri 14/12/12	Sat 15/12/12	Sun 16/12/12	Mon 17/12/12
Total Physical Rooms	350	350	350	350	350	350	350
Out of Order >>	27	22	22	22	22	22	22
Inventory Rooms	323	328	328	328	328	328	328
Deducted Blk. Rooms Not P/U	5	22	39	83	38	63	33
Deducted Block Rooms P/U	25	20	32	18	18	0	20
Total Deducted Rooms	88	67	87	112	71	76	62
Non Deducted Blk. Rms Not P/U	0	0	0	0	0	0	0
Non Deducted Blk. Rooms P/U	0	0	0	0	0	0	0
Total Non Deducted Rooms	0	0	0	0	0	0	0
Out of Service >>	44	44	44	44	44	44	44
Available Physical Rooms	235	261	241	216	257	252	266
Maximum Availability	235	261	241	216	257	252	266
Minimum Availability	235	261	241	216	257	252	266
Min. Occupancy %	27.24	20.43	26.52	34.15	21.65	23.17	18.90
Max. Occupancy %	27.24	20.43	26.52	34.15	21.65	23.17	18.90
Total Rooms Reserved	83	45	48	29	33	13	29
Event >>							
Day Type >>							
Adults In-House	107	50	69	45	50	14	32
Children In-House	1	0	0	0	0	0	0
In-House Males/Females	17/0	3/0	3/0	0/0	0/0	0/0	0/0
People In-House	108	50	69	45	50	14	32
Arrival Rooms	61	26	24	8	5	2	22
Arrival Persons	75	27	41	9	6	2	24
Departure Rooms	61	64	21	27	1	22	6

Search
Blocks
Details
Close

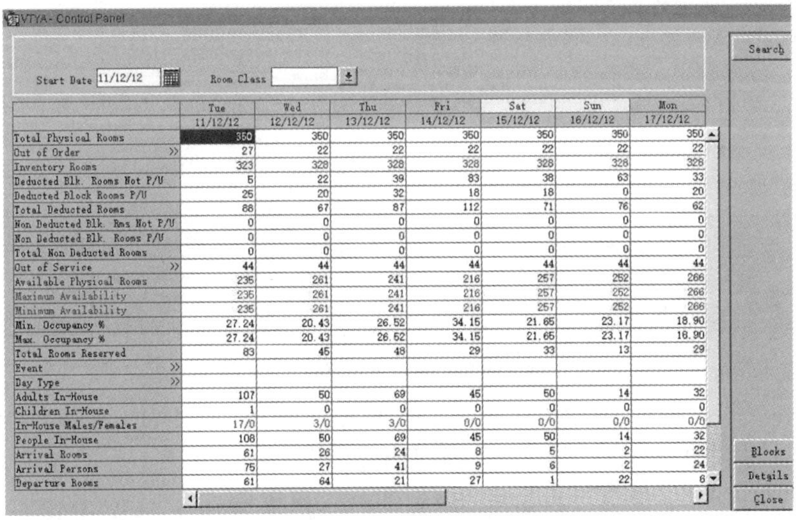

图 8-10 Control Panel 控制台界面

VTYA - Details on 11/12/12

Reservation Types	CHECKED IN	CXL	GCCG	GCOG	GDEP	N1DAY	N2PM	N4PM	N6PM	NDEP	NTEN	TR
Room Types	25	0	5	19	1	0	0	1	37	0	0	0
DTS	3	0	5	3	0	0	0	0	12	0	0	0
DKS	6	0	0	0	0	0	0	1	13	0	0	0
GTS	3	0	0	13	0	0	0	0	1	0	0	0
GKS	10	0	0	1	0	0	0	0	10	0	0	0
ETS	0	0	0	0	0	0	0	0	1	0	0	0
EKS	2	0	0	2	0	0	0	0	0	0	0	0
SKD	0	0	0	0	0	0	0	0	0	0	0	0
SKE	1	0	0	0	1	0	0	0	0	0	0	0
PST	0	0	0	0	0	0	0	0	0	0	0	0
MKD	0	0	0	0	0	0	0	0	0	0	0	0

Close

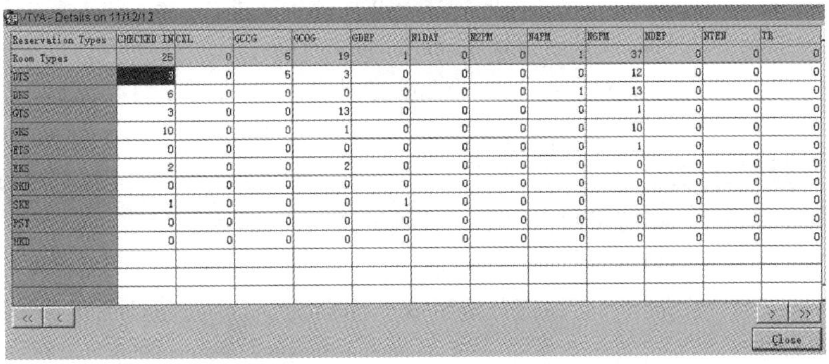

图 8-11 Details 各种房型各种预订数量

(六)酒店出租情况查询

1.酒店出租情况查询一览表(Shift+F4 House status)

该功能可以称之为酒店出租情况一览,它可以非常全面地展示当天酒店预订的各类情况(见图8-12)。

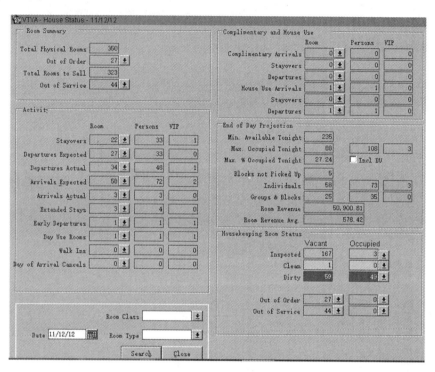

图8-12 House status 酒店出租情况界面

(1)Room Summary。显示酒店总可卖房、已经出售的房间、OOO房以及OOS房数量。凡是有小箭头选项的,均可以下拉打开房间明细。

(2)Activity。显示酒店过夜房数(Stay Over)、预离房(Departure Expected)、已离房(Departure Actual)、预到店(Arrival Expected)、已到店(Arrival Actual)、延住房数(Extend Stay)、提前离店(Early Departure)、无预订直接入住房(Walk in)等。除了显示房间数量,后面还显示每种情况的人数以及其中VIP的数量。

(3)Complimentary and House Use。免费房以及自用房的预订情况单独在此额外统计。包括这些房间的预抵、预离以及过夜房情况。

这里特别说明,免费房、自用房不是酒店单独设立的房型,而是使用免费房或者自用房特殊房价(Rate Code)入住的房间。因为此类房房价为0元,因为酒店会特别关注免费房以及自用房数量,以及入住原因等。

(4)End of Day Projection。该部分显示截至当前为止,当天预计的出租率、房价收入、平均房价、散客预订以及团队预订数量。这个数字会随着当天的预订变化而变化,直到夜审时刻。

(5) Housekeeping Room Status。该部分显示客房的状态,分空房和锁房分别展示其干净房、脏房数量。对于锁房,可以通过下箭头打开具体房间预订。

2.楼层平面图(Shift+F5 Floor Plan)

楼层平面图是直观反映酒店建筑以及房间的方位的一个界面。酒店可以根据具体的要求来画这个界面。这些小方块代表房间,颜色代表房间状态(如红色代表脏房,绿色代表干净房),还有小人图标表示占用该房的预订状态。点击方块可以打开该房间的预订信息,如果点击一个空房,则可以直接开启新预订界面进行预订(见图 8-13)。

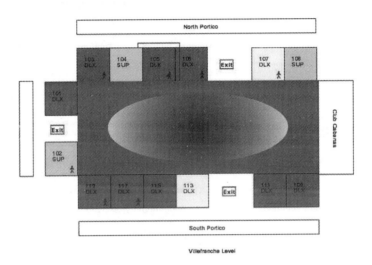

图 8-13　Floor Plan 楼层平面图

3.常用联系记录本(Shift+F7 Telephone Book)

对于酒店各部门经常需要查询的信息,可以在这里录入,方便大家快速查询。包括酒店内部信息如领导分机号,或者外部信息如周边商家信息查询等等。酒店可以根据自己的需要来使用(见图 8-14)。

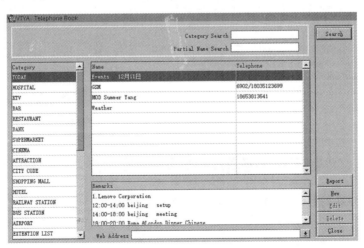

图 8-14　Telephone Book 常用联系记录本

4.可买房详情(Ctrl+F2 Detail Availability)

这个功能键可以让员工快速查看未来14天每一种房型的可卖数量以及已经卖出数量（通过Available和Occupancy切换）。负数表示该房型当天已经超预订(见图8-15)。

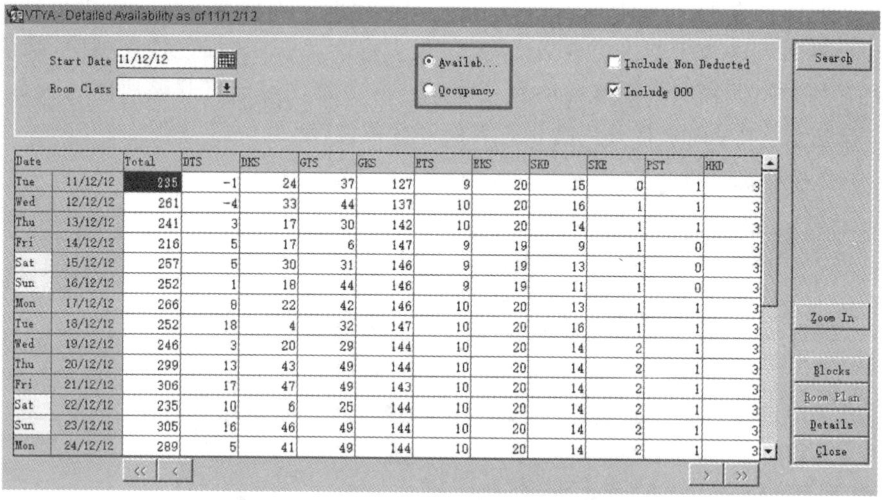

图 8-15 Detail Availability 可卖房详情

选中某个格子，点击Details功能，可以查看该天更详细的客房预订情况(见图8-16)。

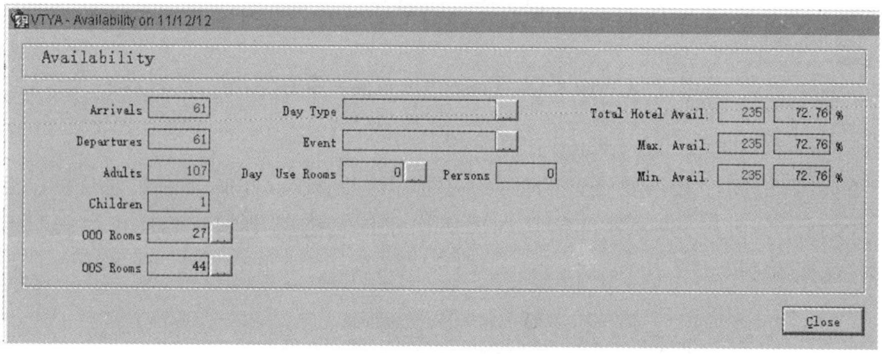

图 8-16 Availability 界面

5.房间使用情况表(Ctrl+F3 Room Plan)

该功能键可以列表式查看每个房间的预订占用情况，以及该客房的客房状态(脏房或者干净房)。预订人的名字会直接显示在列表中，以及该预订将入住到哪一天。

预订人员可以在此选中房间以及入住日期，点击右下角的"New"快速完成新客人预订。蓝色背景表示该房间该区间内被设置成OOS房，红色背景表示该房间该区间内被设置成OOO房。

这里还有很多快捷操作，如将一个已经入住的房间，按住鼠标移动至另一个空房，则自动完成换房操作；移动至另外一个已占用房间，完成合住房操作等。非常方便，不过也会增加操作失误的风险(见图8-17)。

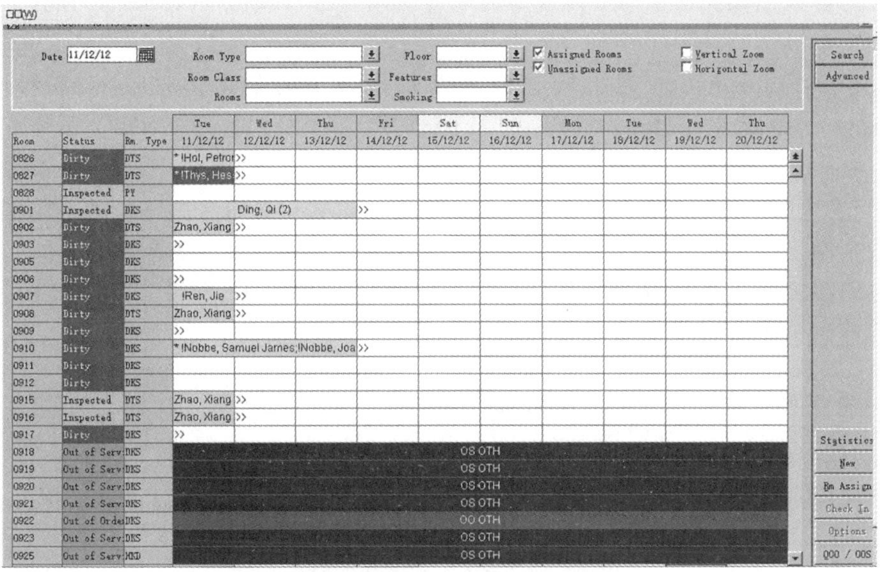

图 8-17 Room Plan 房间使用情况表界面

（七）仪表盘（Ctrl＋F4 Dashboard）

Dashboard 是一个很棒的功能，很多酒店员工愿意将其设置成登录首页面。它提供的丰富界面可以实现酒店对预订的大部分操作，如图 8-18 所示。

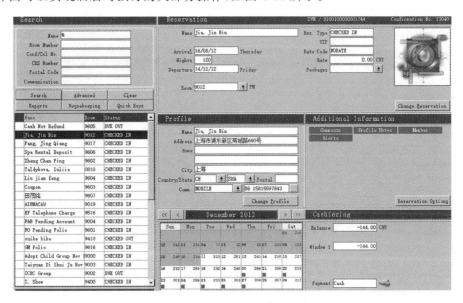

图 8-18 Dashboard 仪表盘界面

左侧丰富的查询条件，列表中是满足条件的预订，点击预订后该预订的重要信息会显示在右上半部分。右上半部分是该预订的关键信息如名字、房型房价、到离店时间、入住房间号等，查看更多预订信息可以点击"Change Reservation"打开预订界面。

下方是客人档案关键信息如地址、联系方式等,点击"Change Profile"可以打开客人档案界面。

Additional Information 列出所有档案以及预订中的附加信息(小红灯),如备注(Comments)、提醒(Alerts)、会员(Member)等。可以点击小方块打开详情,点击"Reservation Options"可以操作更多附加信息。

同样,客人账单也显示在这个页面上,如右下角落,这里显示客人账单的总余额以及每个账页的余额,点击"Billing"可以打开客人账单功能,进行账务查看或者处理。

要打印报表,点击左上角的功能键"Report";查看客房状态,点击"Housekeeping"。可见这个界面信息之丰富,尤其适合前台、礼宾部、总机等员工使用。

(八)操作员界面(Ctrl+F7 Operator)

Operator 这个功能是专门为总机接线员设计的。其实这个界面也是进行预订查询的,只是它把接线员最常用的功能如 Message、Trace 等放在了右下角,可以让员工快速操作(见图 8-19)。

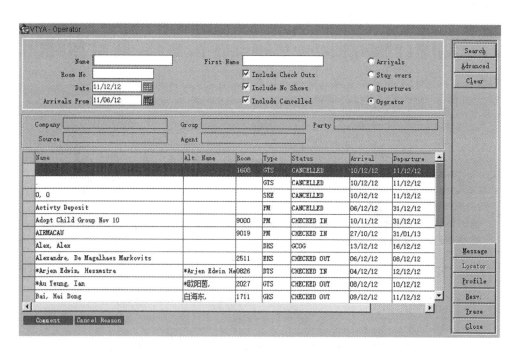

图 8-19　Operator 操作员界面

另外这个界面根据房间号、到店时间,结合预订状态查询更多预订。例如,可以查询 1001 房,从 2016 年 1 月 1 日起的所有订单,不管是已经离店的还是正在入住的,还是未来预订。这个查询在预订模块也可以查询到,只是没有这个功能那么便捷,这就是 Opera 的人性之处。

本章小结

酒店中前台所有生成的数据都会经过系统处理形成报表,而这些报表也是Opera系统积攒了10多年的精华,几乎可以满足酒店日常统计的所有需求。Opera PMS的报表功能提供了超过360个报表。Opera PMS系统也提供内置报表模块,依据酒店要求,自定义创建全新格式的报表。报表系统的主要特点是打开报表,根据报表名字查义,打印所有的报表。

用户可以用此功能来修改登录密码。系统记录了用户所有的操作痕迹,因此,可以查询用户操作。根据酒店用户操作习惯和业务重点,Opera PMS设计了方便用户操作的快捷键。

思考题

1. 简述报表的作用及特点。
2. 浏览某位前台用户的操作记录,在其中查找当天收支信息。
3. 核查某一前台工作人员某一时段的预订、收银操作记录。
4. 如何设置酒店的报表体系?
5. 如何认识佣金对酒店经营的作用?

第九章 综合案例操作示范

第一节 国际 Opera PMS 案例操作示范

1)Xiao Ding。
1930 年 8 月 5 日生于美国俄亥俄州(Ohio),建立个人客史档案。
住址:NO.12 Victoria Avenue ×××city Ohio USA。
电话:12345678。
护照号为:12345678。
办理预订时需要通知总经理。
其余的两位客人分别是 Zhong Ding 和 Da Ding,Zhong Ding 习惯住无烟房。
[提示] 练习中,会用到 Preferen 功能按钮。
[操作步骤]

(1)在 Reservation 界面中选择 Profiles 并点击 New,选择 Individual,建立新的 Individual Profile(见图 9-1)。

(2)点击 OK,出现如图 9-2 所示界面,输入客人信息。信息输入完毕后,Save 并 Close。
注意:务必在 History 后点击"√",保证客人的入住信息可以保存。

(3)添加 ID Number。点击 More Fields,直接编辑 ID Number,并保存(见图 9-3)。

(4)建立 Individual Profile 同上。选择居住无烟房。在 Individual Profile 界面,点击右侧 Options 按键,弹出如图 9-4 所示对话框。

(5)点击 Preferences,并点击按键 New 新建偏好。选择 Smoking 选项。OK 确定弹出对房间的选择(见图 9-5)。

(6)选择 No Smoking,在 NS 前选择 X,点击 OK 确认即可(见图 9-6)。

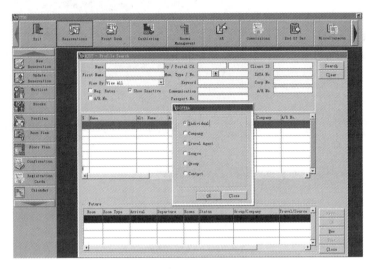

图 9-1 Reservation 界面

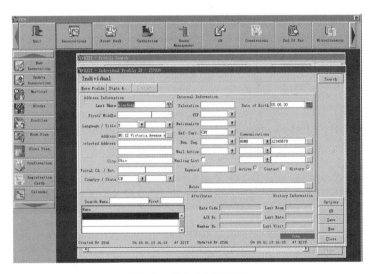

图 9-2 点击 OK 后界面

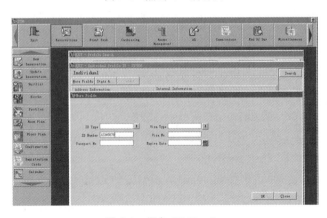

图 9-3 添加 ID Number

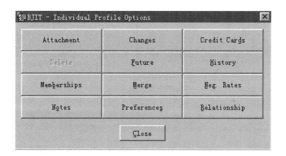

图 9-4 建立 Individual Profile

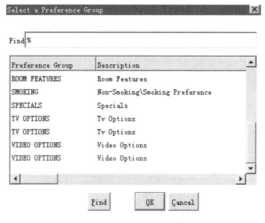

图 9-5 新建偏好

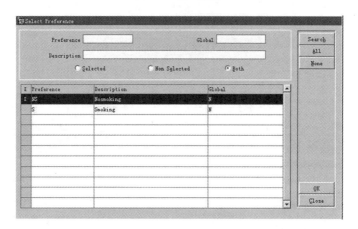

图 9-6 选择 No Smoking

2)为首都师范大学(CNU)建立档案,并建立该校 Xiao Ding、Zhong Ding 和 Da Ding 与首都师范大学的关联,3 名学生保留入住信息。

地址:北京市海淀区。

协议价:×××元。

(1)在 Reservation 界面中选择 Profiles 并点击 New,选择 Company(公司),建立新的 Company Profile(见图 9-7)。

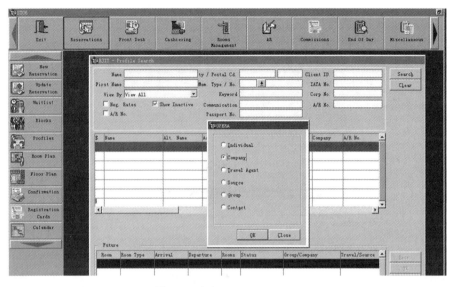

图 9-7 建立 Company Profile

(2)在 Account(账目)中输入 CNU,点击地球图标,可以在 Alt.Name 处输入中文备注"首都师范大学"(见图 9-8)。

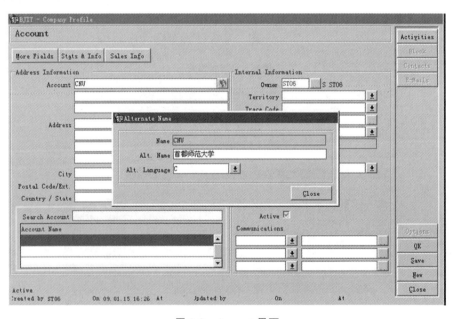

图 9-8 Account 界面

(3)点击 Address 后的更多选项按键,选择 Business Address,点击 OK 进行编辑,输入"北京市海淀区",保存即可(见图 9-9、图 9-10)。

(4)建立协议价。返回 Account 界面,单击右侧 Options 中 Neg.Rates(协议价),完成设置(见图 9-11)。

第九章
综合案例操作示范

图 9-9 Address Types 界面

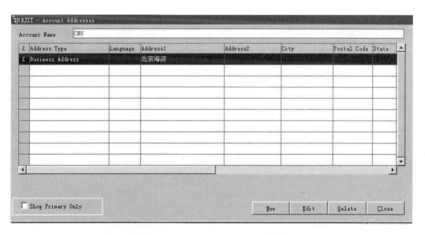

图 9-10 Account Address 界面

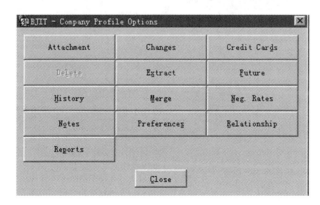

图 9-11 返回 Account 界面

点击 New，在 Rate Code(价格代码)中选择公司协议价，设置协议的 Start Date(起始时间)、End Date(终止时间)等信息(见图 9-12)。

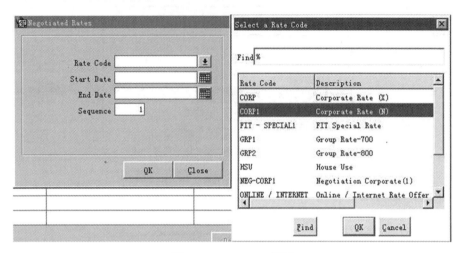

图 9-12 Rate Code 界面

(5)如图 9-13 所示，代表协议价已经建立成功。

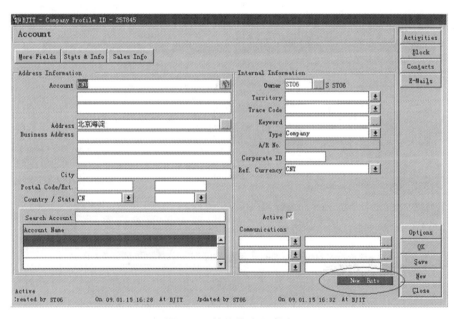

图 9-13 协议价建立成功

(6)在 Profiles 中找到客人信息，如"Xiao Ding"，选择 Options 中的 Relationship 和 CNU 建立联系(见图 9-14)。

(7)点击 New，选择 Company，确定。选择 Employee(雇员、职工)，Relationship To 意思是与……建立关联，点击 OK 确认(见图 9-15)。

在黄色的检索框中找到 CNU，确认 Xiao Ding 与该 CNU 建立联系(见图 9-16)。

第九章
综合案例操作示范

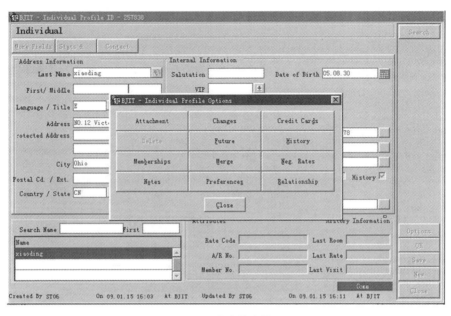

图 9-14 客人信息界面

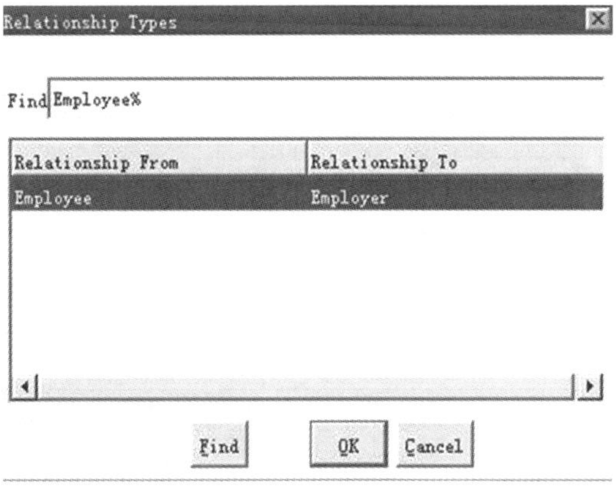

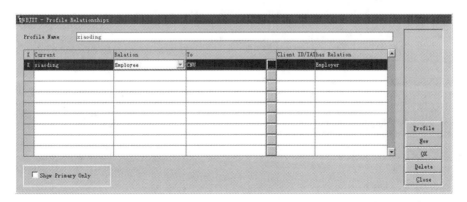

图 9-15 建立关联

图 9-16 确认建立联系

(8)如图 9-16 所示,关系已经建立。其余两位同学 Zhong Ding 和 Da Ding 与 CNU 建立关联的操作过程同上。

3)Mike Ding 初次来到××酒店,没有经过预订直接来到前台议价,结果以酒店的门市价(RACK)入住。房型为:×××,以现金方式结账,在酒店入住两晚。在入住的同时接待员向 Mike 收取了 500 元的入住押金。

[提示]练习中,会用到 Reservation 功能按钮。

[操作步骤]

(1)点击 Front Desk 中的 Arrivals,如图 9-17 所示。

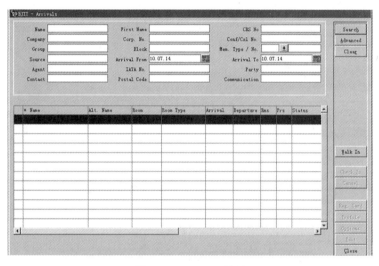

图 9-17　Arrivals 界面

(2)点击 Walk In,出现如图 9-18 所示界面,输入 Name(姓名)、Arrival(到店日期)、Departure(离店日期)等,点击 OK。选择相应 Room Class(房型)。

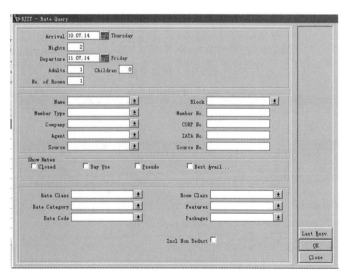

图 9-18　点击 Walk In 后的界面

(3)点击 OK,在如图 9-19 所示界面中输入姓名、来源、类型、付款方式等信息,点击 OK,即完成入住。

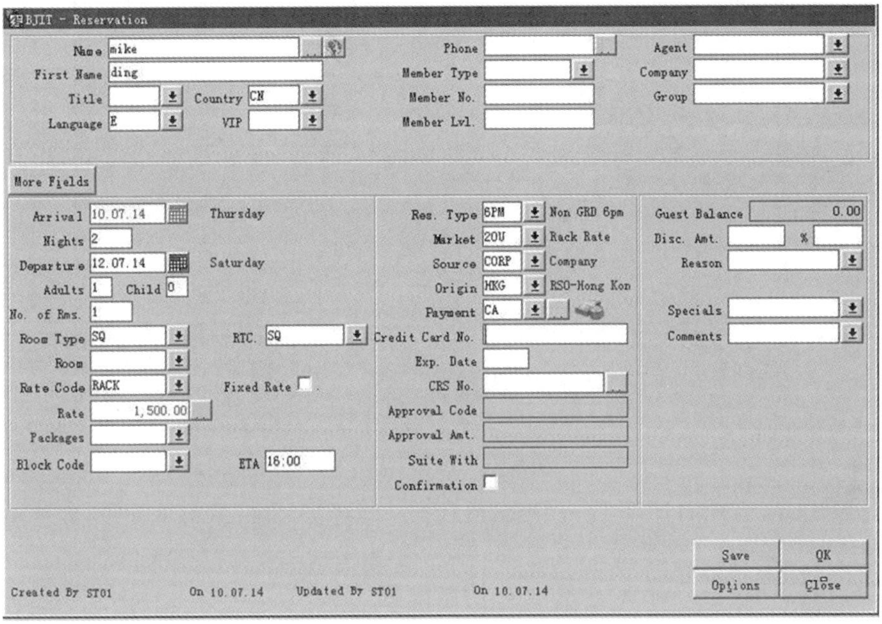

图 9-19 Reservation 界面

(4)在 In House Guests 中找到 Mike Ding,并双击进入,点击 Options(见图 9-20)。

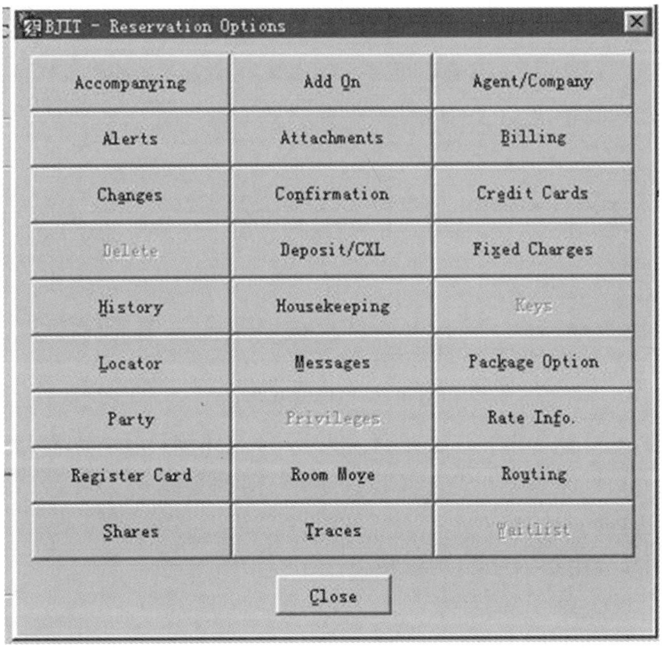

图 9-20 Reservation Options 界面

(5)点击 Billing 中的 Payment(见图 9-21)。

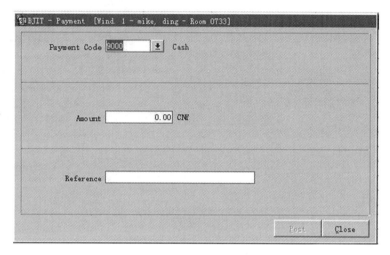

图 9-21　Payment 界面

4)Mike Ding 为他的兄弟 Tom Ding 预订了一间客房,价格 RACK 和房型×××,但由于酒店房间紧张,前台人员只能将其放入等候名单当中。

[提示] 练习中,会用到 Waiting List 功能按钮。

[操作步骤]

在 Arrivals 中找到 Tom Ding 的预订信息并双击,点击 Options 中的 Waitlist,出现如图 9-22 所示界面,选择 Reasons(理由)、Priority(优先级别)以及 Telephone No.(联系电话)内容。

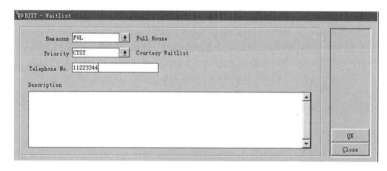

图 9-22　Waitlist 界面

5)前台人员通知 Mike,现在已经有空余的房间办理预订了,要求 Mike Ding 预交 500元的订金,Mike Ding 只好照办。Tom Ding 的入住时间预计是 11:00,Mike Ding 要求前台在 Tom Ding 入住时通知他。

[提示] 练习中,会用到 Alerts 功能按钮。

[操作步骤]

(1)在 Waitlist 中找到 Tom Ding 的信息并选中,点击右边界面中的 Accept Reservation,点击 Yes,再点击 OK 即可。此时,Tom Ding 重新回到预订名单之中,在 Arrival 中找到 Tom Ding 的信息并双击,选择 Options 中的 Deposit,出现如图 9-23 所示界面。

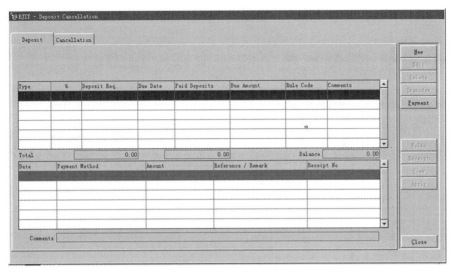

图 9-23 Deposit 界面

(2)点击 Payment(付款方式)。在 Amount(数量、总额)中输入 500,点击 OK,即 Tom Ding 的押金完成支付(见图 9-24)。

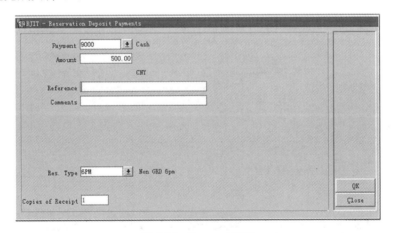

图 9-24 Payment 界面

(3)在 Tom Ding 的 Reservation 中,选择 Arrival 中的预计到店时间(见图 9-25)。

(4)在 Options 中选择 Alerts。在 Area 中选择 Check In,点击 OK 即可。Tom Ding 到店后,前台经理会得到通知(见图 9-26)。

6)刚刚过了一会儿天空突降大雨,Tom 通知 Mike 取消此次行程,Mike 急忙来到前台与前台人员商议希望能够返还押金,并取消此次预订,好在时间不长,前台人员同意了他的请求。

［提示］练习中,会用到 Deposit、Cancel 功能按钮。

［操作步骤］

(1)在 Tom Ding 的 Deposit (预付押金)中点击 Payment(付款方式),出现如图 9-27 所示界面,在 Amount 中输入－500,点击 OK,即酒店将预付押金返还给了 Tom Ding。

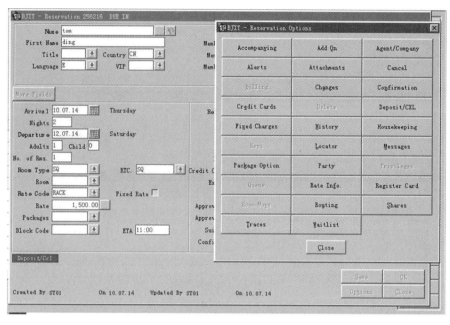

图 9-25　Arrival 中的预计到店时间

图 9-26　Alert 界面

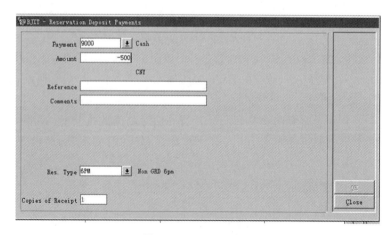

图 9-27　Deposit 返还

(2)在 Updated Reservation 中选中 Tom Ding,并点击右侧的 Cancel,Tom Ding 的预订被取消(见图 9-28)。

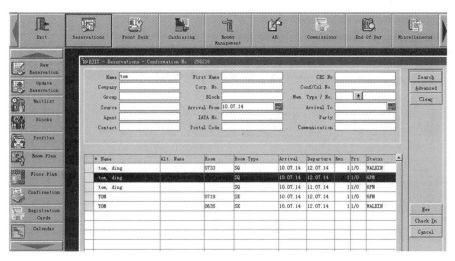

图 9-28　取消预订

7)Tom 出现在前台,在输入入住时发现他的哥哥 Mike Ding 是按照门市价帮他预订的客房。感觉吃了亏,于是 Tom 找前台经理理论,要求酒店为自己打折。无奈,前台经理承诺给其 10 元的折扣,并为 Tom 办理入住。

［提示］练习中,会用到 Disc.Amt 功能按钮。

［操作步骤］

在 Updated Reservation 中找到 Tom Ding 的预订信息并选中,点击右侧的 Reinstate,即 Tom Ding 又重新入住。打开 Tom Ding 的预订信息,并在 Discount 中输入相应 Disc.Amt(折扣金额)以及 Reason(折扣理由),出现如图 9-29 所示界面即可。

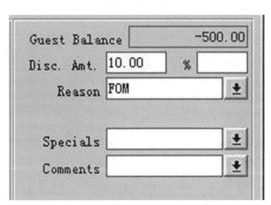

图 9-29　折扣界面

8)Mike Ding 一家是来度假的,由于工作的原因 Mike 的妻子 Rose 带着他们的孩子(小 George)刚刚到达酒店,她们与 Mike 同住一个房间,房费由 Mike 支付,同时要求酒店加一张婴儿床。

［提示］练习中,会用到 Share 功能按钮。

[操作步骤]

(1)在 In House 中找到 Mike Ding 的信息并打开,在 Options 中选择 Shares(合住),出现如图 9-30 所示的界面,点击右侧 Combine。

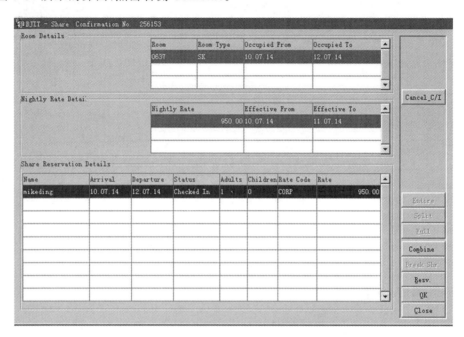

图 9-30 Share Confirmation 界面

(2)为 Rose Ding 建立客史档案。点击 Name 后的下拉箭头,再点击右侧的 New,出现如图 9-31 所示界面,输入 Rose Ding 的信息。

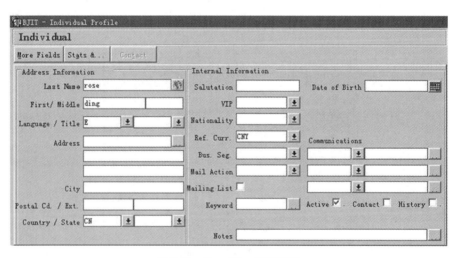

图 9-31 Rose Ding 信息界面

(3)点击 OK,出现如图 9-32 所示界面,点击右侧的 Payment(付款方式),点击 OK 即可。

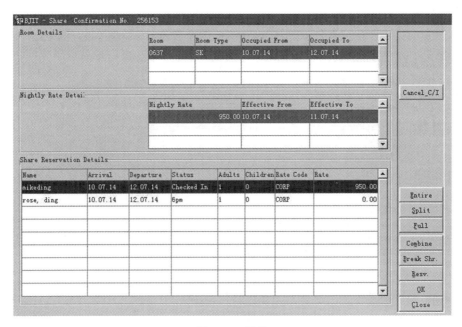

图 9-32 付款

（4）为陪同人员建立客史。在 Mike Ding 的预订信息的 Options 中,选择 Accompanying(陪同人员),输入小 George 的信息(姓名为必填),点击 OK(见图 9-33)。

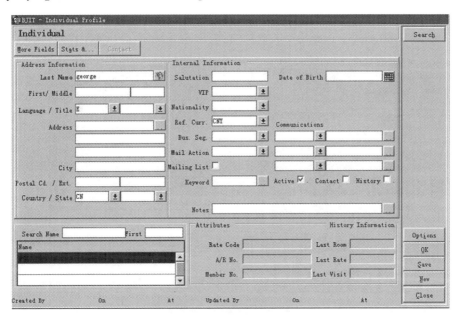

图 9-33 George 信息界面

9)Mike Ding 的妻子 Rose 到了酒店之后,发现 Mike 并不在房间,于是她向前台询问,好在 Mike 早已告诉前台他在××:××至××:××的期间在游泳池。

[提示] 练习中,会用到 Locator 功能按钮。

[操作步骤]

从 Mike Ding 的 Reservation 中的 Options,选择 Locators,输入时间段以及备注,如图 9-34 所示,即客人将信息留给前台。

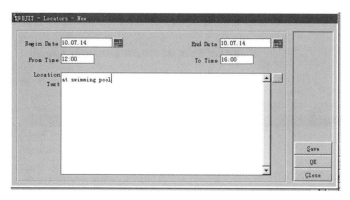

图 9-34 留言

10)Tom 的房间又出现了状况,Tom 说房间打扫得不干净要求换房,并且要求再次打折。经过协商,酒店为 Tom 换房并赠送一个果篮。由于 Tom 的举动引起了酒店的重视,前厅经理要求前台人员在 Tom 办理离店的时候通知他。

[提示]练习中,会用到 Move to Room 功能按钮。

[操作步骤]

(1)在 In House Guests 中找到 Tom Ding 的信息并打开,点击 Options 中的 Room Move,在 Move to Room 中选择另一间房,并在 Reason 一栏中选择换房理由(见图 9-35)。

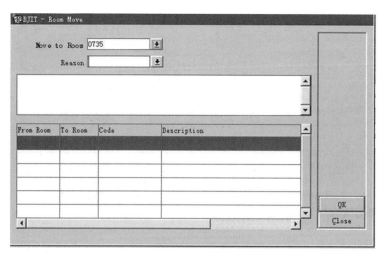

图 9-35 Room Move 界面

(2)在 Tom Ding 的预订信息中的 Special 中选中相应项目,点击 OK,如图 9-36 所示即可。

(3)在 Tom Ding 的 Reservation 中,从 Options 中选择 Alerts(提示)(见图 9-37)。

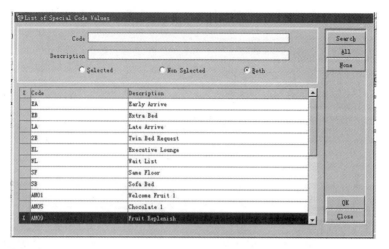

图 9-36 Specials 中的项目

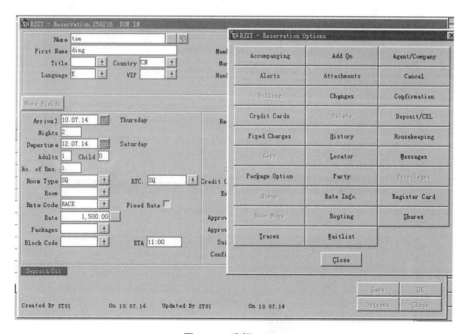

图 9-37 选择 Alerts

(4)从 Area 中选择 Check Out(退房),这样 Tom Ding 离店后,前台员工会及时通知前台经理(见图 9-38)。

11)Xiao Ding 为他的朋友 Zhong Ding 和 Da Ding 一起预订了 3 间房,次日入住,入住 1 晚。

[提示]练习中,会用到 Party 功能按钮。

[操作步骤]

(1)建立 New Reservation,选择 Nights 为 1,No.of Rooms 为 3。点击 OK 确认(见图 9-39)。

(2)选择 Room Types(房型),双击确认(见图 9-40)。

图 9-38　Check Out(退房)

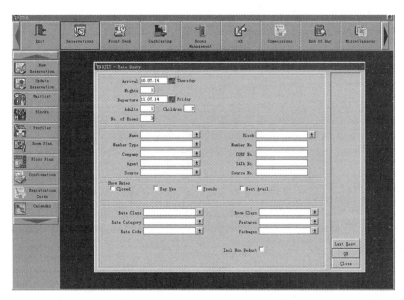

图 9-39　建立 New Reservation

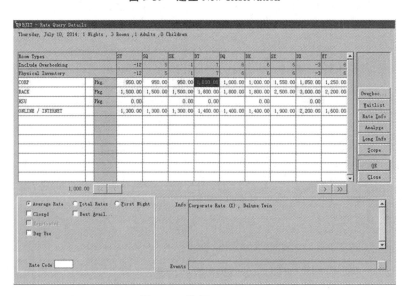

图 9-40　选择 Room Types

(3)点击 Name 后的更多选项按键,检索并选择 Xiao Ding 的 Profile(见图 9-41)。

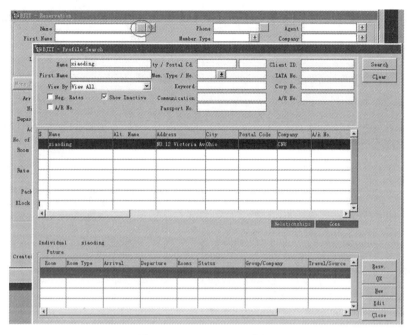

图 9-41　Profile Search 界面

(4)保存后,在 Update Reservation 中检索 Xiao Ding 的预订,点击 Options,选择 Party 功能(见图 9-42)。

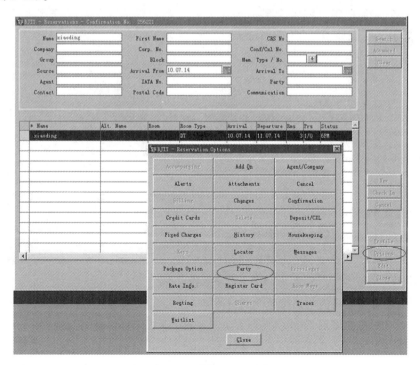

图 9-42　选择 Party 功能

(5)点击 Split All,并依此更改客人姓名,点击 Save 即可(见图 9-43、图 9-44)。

图 9-43 选择 Split All

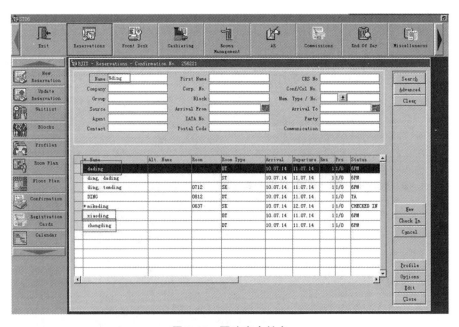

图 9-44 更改客人姓名

12)Tom 接到了公司的电话要求他停止假期,无奈 Tom 只得提前办理离店手续。

[提示]练习中,会用到 Early Department 功能按钮。

[操作步骤]

在 Front Desk 下的 In House Guests 中找到 Tom Ding 的信息,点击 Options 中的

Billing,点击 Settlement(结账),出现如图 9-45 所示界面,选择 Early Department(提前离厅),点击 OK。

注意:若该客人还有账未结,则需要先将账款付清。

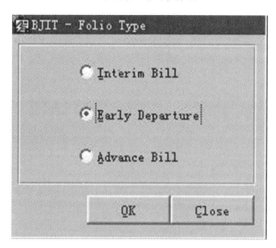

图 9-45 提前离厅

13)在电话中 Tom 和他的上司发生了争吵,决定辞去工作继续假期,好在他的房间还没有被别人占有,酒店前厅经理想起自己年轻时也曾莽撞,走过不少弯路,出于同情和感化 Tom,经理答应了他的要求让他继续住下去。

[提示] 练习中,会用到 Reinstate 功能按钮。

[操作步骤]

在 Updated Reservation 中找到 Tom Ding 的信息并点击进入,点击 Options 中的 Billing,出现如图 9-46 所示界面,点击 Reinstate,点击 OK 即 Tom Ding 重新入住。

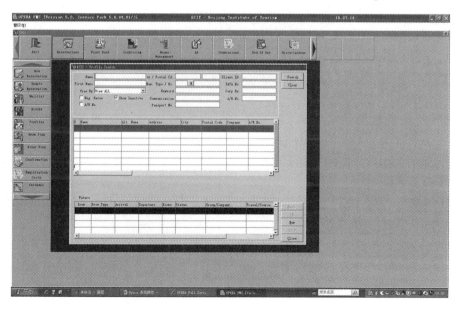

图 9-46 重新入住

14)冠鲁旅行社在××酒店为 Shoushi 旅行团预订了 4 间客房,住 1 夜。请为这个团队办理入住,费用由冠鲁公司结算。

[提示]练习中,会用到 Block 功能按钮。

[操作步骤]

(1)在 Reservation 中点击 Block,相当于建立一个团队的 Profile。点击 New,填写公司的基本信息,如 Shoushi,这里须填写公司名称、入住时间、住几晚、团队代码、价格代码,点击 Save(见图 9-47)。

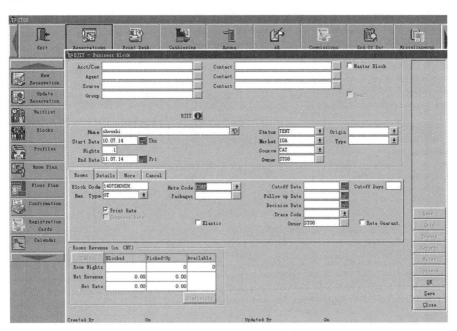

图 9-47 团队入住

(2)为团队锁房:点击 Grid,在相应的房型下输入房间数。如预订了 4 间,则在 Original 中输入 2,点击 Rates,同样在相应房型下输入数字(同 Sinfonia 中一样,如果有房间的话,就可以直接输入;房间不够的话就应点击 Rates,相当于强行锁房),点击 Close(见图 9-48、图 9-49)。

(3)当团队抵达酒店的时候,修改房态。即将团队 Profile 中的 Status 由 TENT.(Tentative)改为 DEF.(Definite)状态,点击 Save(见图 9-50)。

(4)为团队做预订。在原页面上点击 Resv.(Reservation)连续点击 Yes 和 OK,出现如图 9-51 所示界面。

(5)点击右面的 Group Opt.按键,点击 Rooming List(分房名单),点击右面的 Quick 按键,点击 Split,完成分房(见图 9-52)。

(6)点击 Close 出现如图 9-53 所示界面(最上面不带数字的表示假房)。

(7)做团队成员与假房之间的 Routing(分账)。在上一个界面图 9-53 中,任选一个成员,双击,点击右下角的 Options,点击其中的 Routing,出现如图 9-54 所示界面。

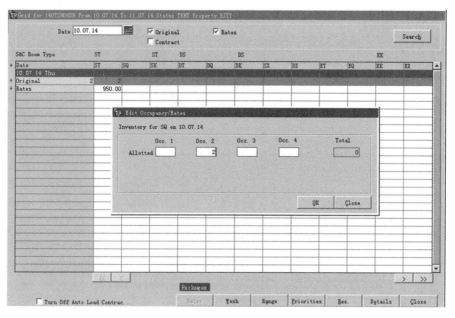

图 9-48 为团队锁房(1)

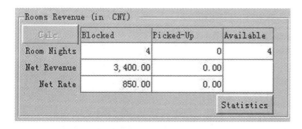

图 9-49 为团队锁房(2)

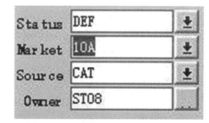

图 9-50 修改房态

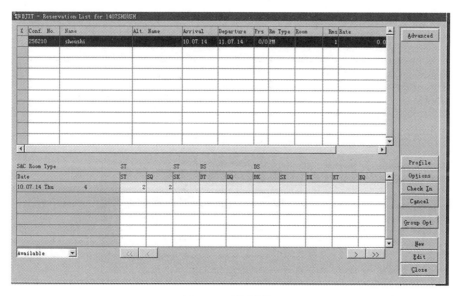

图 9-51 团队预订

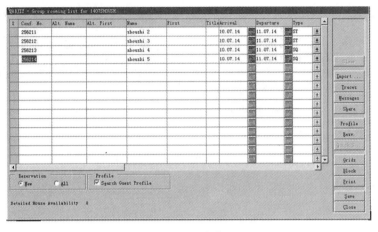

图 9-52 分房

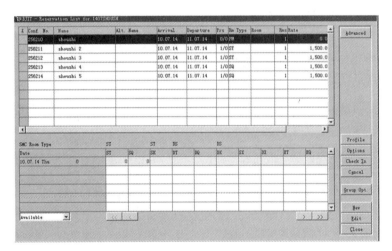

图 9-53 分房完成后关闭状态

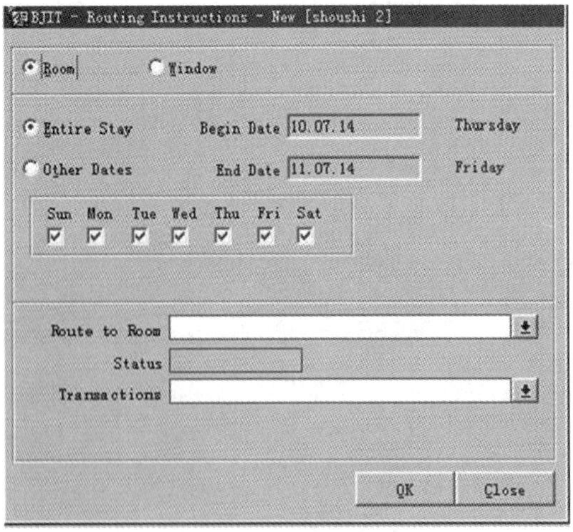

图 9-54 分账

(8)选择房间。点击 Route to Room,找到之前建立的团队名称 Shoushi,点击 OK,点击 Transactions,分别点击 All 和 Add 按键(见图 9-55)。

图 9-55　选择房间

(9)继续点击 OK,点击 Close,出现如图 9-56 所示界面,从中选择第二项 All Guests in the Group,然后点击 OK,至此,完成团队成员到假房的 Routing 工作。

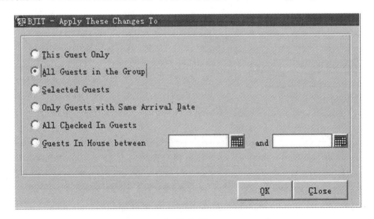

图 9-56　完成假房的 Routing 工作

(10)建立假房到公司应收账户的 Routing。事先应建立公司的应收账户。在完成两个 Routing 后,就可以进行批量分房,然后为团队办理入住。

第二节　国内酒店管理软件案例操作示范

1)建立 3 个 Individual Profile,第一个客人的信息如下。

Neil Alden Armstrong:1930 年 8 月 5 日生于美国俄亥俄州(Ohio)。

住址：NO.12 Victoria Avenue ××× city Ohio USA。

电话：12345678。

护照号为：12345678。

备注信息：此人办理预订时需要通知总经理。

［提示］练习中，注意预订宾客信息具体内容的登录操作。

［操作步骤］

根据以上信息录入客人基本信息。此操作是一个基本的用户信息登录处理。通过身份证阅读设备，瑞通系统可以快速准确地获取宾客的证件信息，提高前台工作效率。目前瑞通系统支持二代身份证、驾驶证、护照等通用的证件信息提取（见图9-57）。

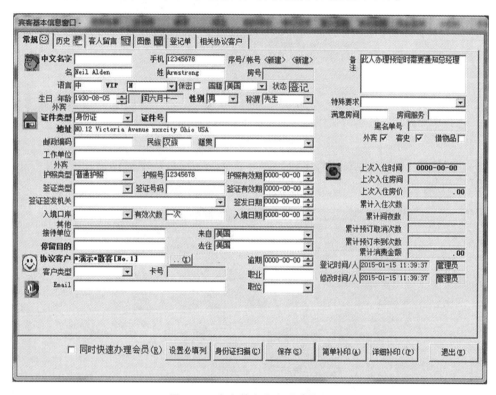

图 9-57 宾客基本信息登录窗口

2）其余的两位客人分别是 Buzz Aldrin 和 Michael John Collins，其中 Buzz Aldrin 要求住无烟房。

［提示］练习中，注意满意房间的过滤操作。

［操作步骤］

此操作是一个基本的用户信息登录处理。注意根据用户的特殊需求进行选择（见图9-58）。

开房时可以根据客人特殊要求选房（见图9-59）。

选房完毕，点击确定按钮，开房完毕，系统自动提示收取预收款，制作电子房卡，打印宾客入住登记单、宾客预收款单，即可完成入住操作（见图9-60）。

第九章
综合案例操作示范

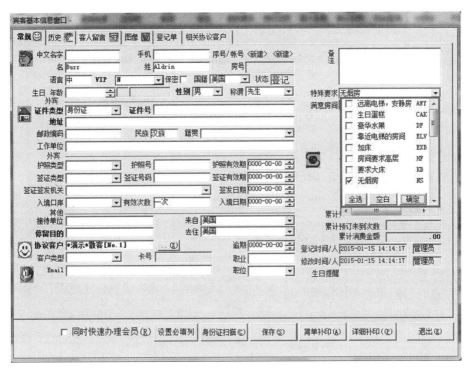

图 9-58 特殊要求

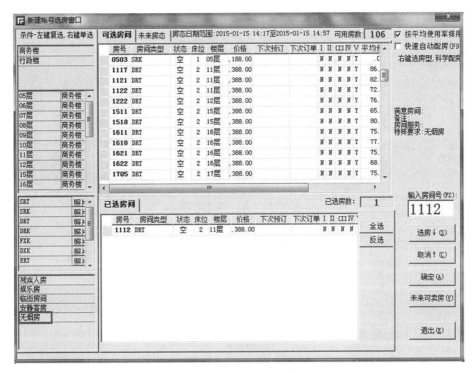

图 9-59 选房

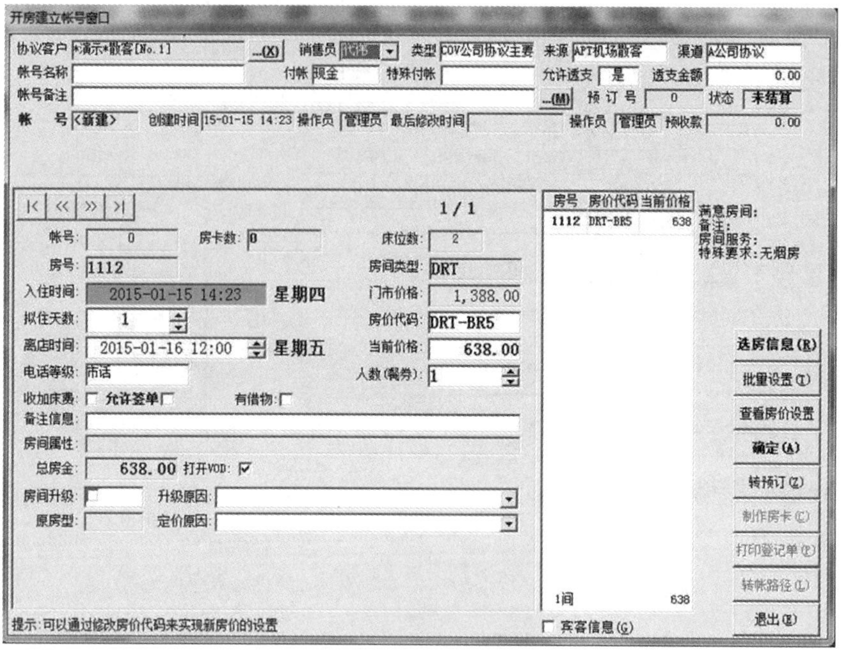

图 9-60 开房

3）建立 Company Profile。

NASA（中文名称：美国宇航局）。

地址：得克萨斯州的休斯敦。

为 NASA 提供的价格是×××元，这三名宇航员都是 NASA 的员工，需要保留这三名宇航员的入住信息。

［提示］练习中，注意协议价格的使用方法。

［操作步骤］

根据以上信息录建立客户基本档案（见图 9-61）。

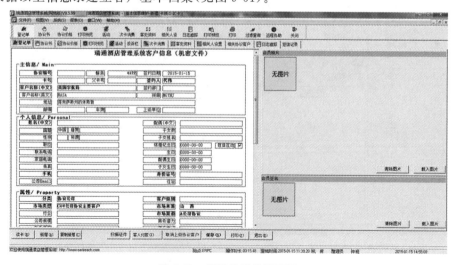

图 9-61 创建协议信息窗口

设置协议价格(见图9-62)。

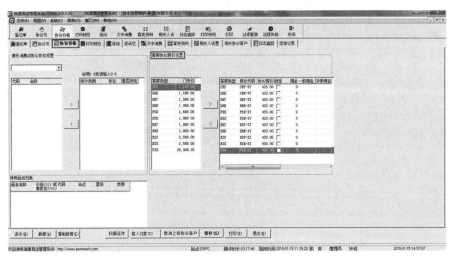

图 9-62　协议价格设置窗口

设置协议相关人或签单人(见图9-63)。开房时选择协议单为"美国宇航局"可以方便核对协议信息,系统会自动执行协议价格。

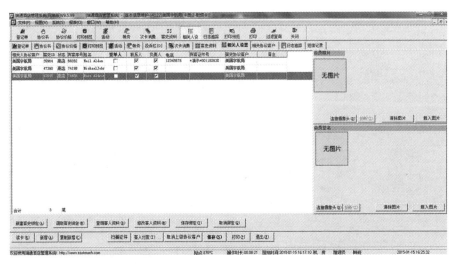

图 9-63　设置签单人

4) Walk In 入住过程。Mike Ding 初次来到本酒店,没有经过预订直接来到前台议价,结果以 RACK 价格入住,房型为:×××,以现金方式结账,在酒店入住两晚,在入住的同时接待员向客人收取了 500 元的入住押金。

［提示］练习中,注意办理客人入住流程的步骤顺序。

［操作步骤］

根据以上信息为客人快速选房。通过左侧选房条件可以根据楼区、楼层、房型、属性、房态、过滤查询条件,方便查询到客人所需的房间(见图9-64)。

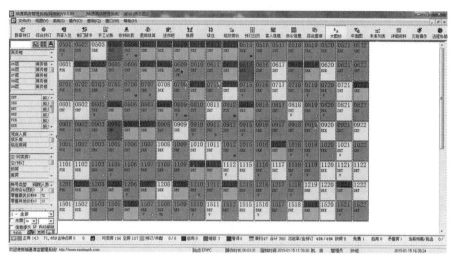

图 9-64　前台房态图

在房态图中,空房间上点击鼠标左键或双击相应的空房间,即可开房。图 9-65 所示为空房间入住登记窗口,在这个窗口中,就可以方便快捷地完成上述的所有操作。

图 9-65　开房操作

基本信息确认无误,点击确定按钮(见图 9-66)。

保存成功后,系统会自动打印宾客入住登记单和宾客预收款单。

在弹出的提示窗口中点击确定,系统会根据客人的开房信息自动制作电子房卡(支持电子门锁接口)(见图 9-67)。

注:散客开房基本流程总结。

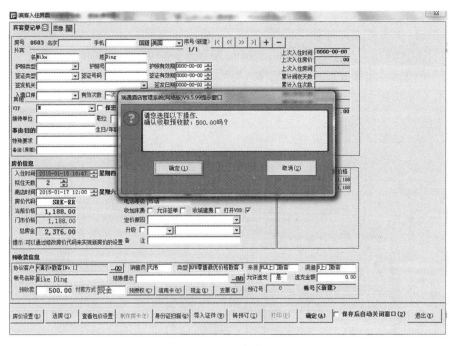

图 9-66 开房确认

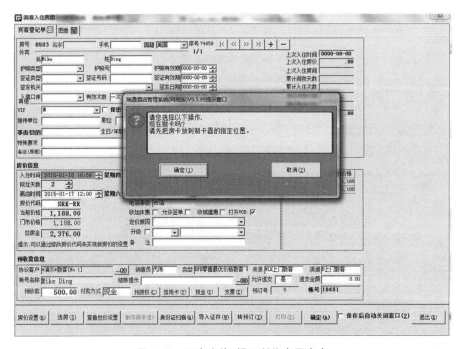

图 9-67 开房完毕,提示制作电子房卡

客史信息:根据身份证号或会员 ID 查找客史,如无客史则自动创建新客人资料信息。

房间信息:设置房价代码、入住天数、房内电话等级、早餐券数、房间特殊要求、电子房卡。

账号信息:协议客户信息、销售员、类型、来源、渠道、是否允许透支及透支金额设置。

账务信息:预收款支付种类、预收款金额。

5)随后 Mike Ding 为他的兄弟 Tom Ding 预订了一间客房,价格和房型都是一样的,但由于酒店房间紧张,前台人员只能将其放入等候名单当中。

[提示]练习中,注意散客预订的操作方法。

[操作步骤]

操作方法,散客预订不配房(见图 9-68)。

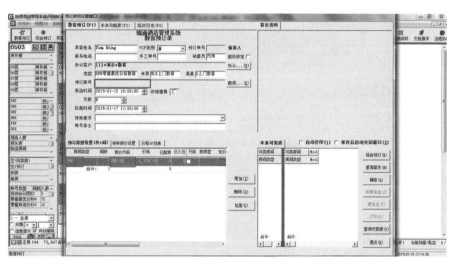

图 9-68 散客预订不配房

预订成功后,房态图下方的状态栏上会显示预订房间及未配房房间的数量,方便前台工作人员及时了解当前预订情况(见图 9-69)。

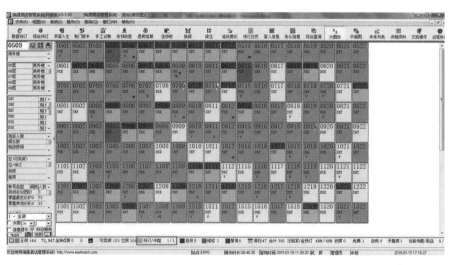

图 9-69 房态图状态

6)早上房间清扫完毕,重新报房后,前台人员通知 Mike,现在已经有空余的房间了,要求 Mike Ding 预交 500 元的订金,Mike Ding 只好照办。Tom 的入住时间预计为上午 11:00。

[提示]练习中,注意预订配房、订金缴纳的操作方法。

[操作步骤]

预订配房并缴纳订金(见图 9-70)。点击配房按钮完成预订配房操作,点击右侧的收取订金操作收取客人的订房订金。

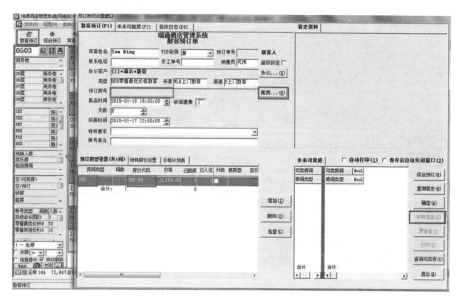

图 9-70 预订配房

7)上午 10:15,Tom 通知 Mike 因故取消此次行程,Mike 急忙与前台人员商议希望能够返还订金,并取消此次预订,前台人员同意了他的请求。

[提示]练习中,注意退订金、预订取消的操作方法。

[操作步骤]

在综合预订窗口内,查询到相应的订单,进行退订金操作。然后点击撤销对当前的预订单进行撤销处理。撤销并不是将预订单删除,而是将预订单的状态设置为撤销(Cancel)。

8)计划赶不上变化,Tom 又准备开始此次行程。于是,Mike 又联系前台人员帮他订房,因为 Tom 对房间的要求没有变,因此前台预订人员就做了预订恢复处理。Tom 如约而至,办理入住的时候他发现 Mike 是按照门市价预订的,没有任何优惠。于是他找到前台经理,要求对所住房间进行打折,无奈,前台经理同意 Tom 的房费优惠 50 元,前台为 Tom 办理预订入住。

[提示]练习中,注意恢复预订、预订入住、房价调整的操作方法。

[操作步骤]

在综合预订窗口内,在"撤销及未到"活页夹内查询到相应的订单记录,点击撤销(恢复)按钮,已做撤销处理的预订单将恢复为有效订单状态。此时,选择该订单,点击入住按钮可直接办理入住。办理预订入住,系统带入预订配房的房间,如果要对房间的价格进行调整,可在开房操作窗口内完成;如果开房完毕后,客人提出对房价进行调整,可以通过修改在住房的房价来实现。具体操作如图 9-71 至图 9-77 所示。

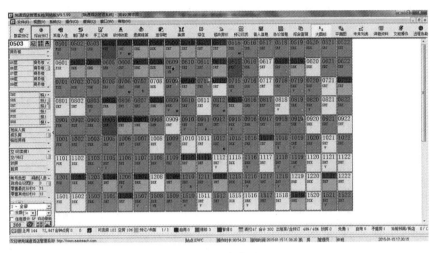

图 9-71 房态图

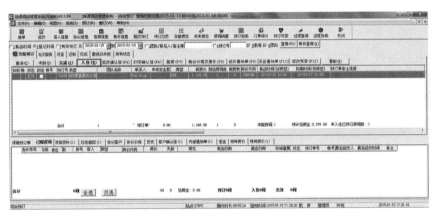

图 9-72 综合预订查询窗口

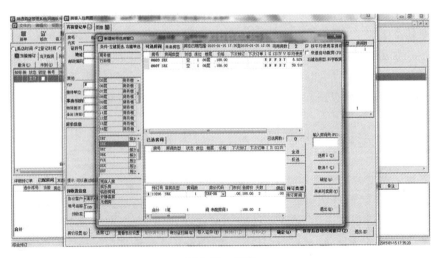

图 9-73 选房

第九章
综合案例操作示范

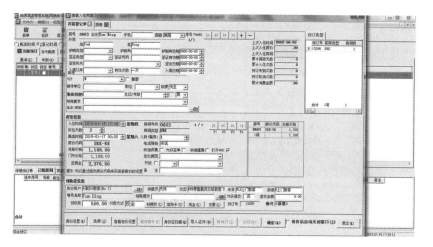

图 9-74　开房

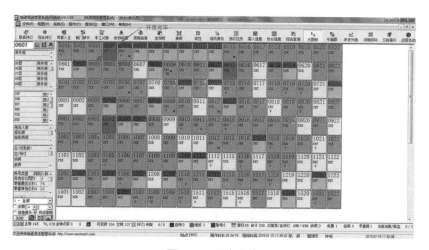

图 9-75　开房完毕

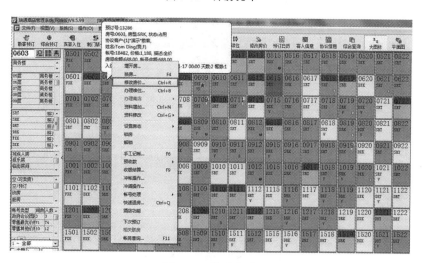

图 9-76　修改房价

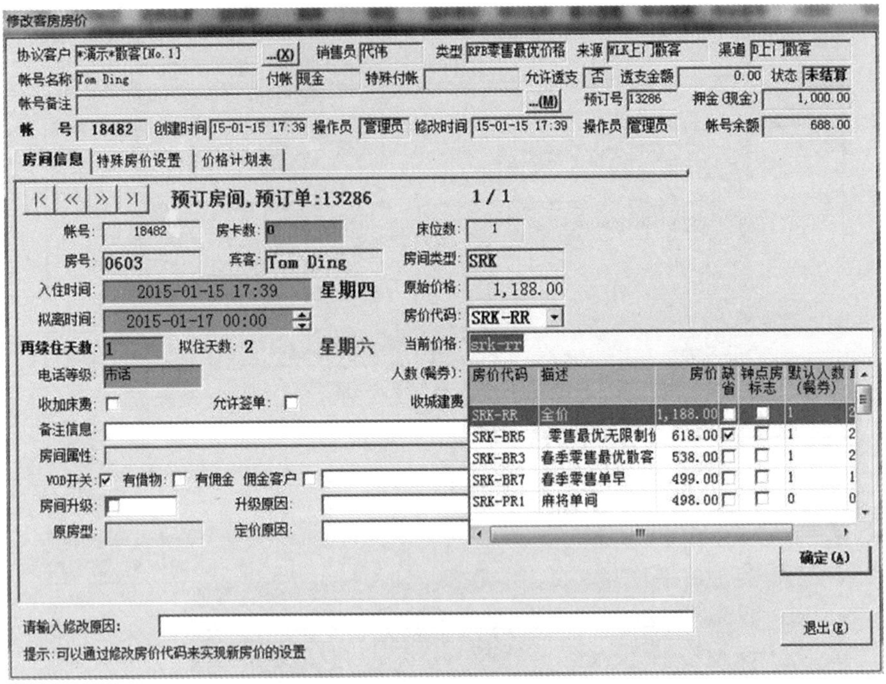

图 9-77 房价调整

9)前台人员要求 Tom 缴纳 500 元预收款,但 Tom 的信用卡被冻结,现金不足,只好找到了哥哥 Mike,可是这时 Mike 也没钱了,之前退回的 500 元订金已经为 Tom 的儿子买了礼物。兄弟两人经过协商决定 Tom 的所有住店费用由哥哥 Mike 来支付,同时 Mike 又做了一个 Visa 的 500 元的预授权,此事才得以解决。

[提示] 练习中,注意合并账号、收取预收款、预授权设置等操作方法。

[操作步骤]

账号合并操作。处理多个房间,不同客人,一起结账付款问题(见图 9-78)。

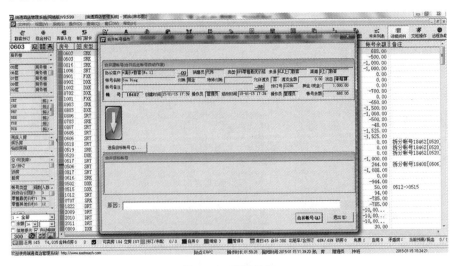

图 9-78 账号处理

收预收款,付款方式为预授权(见图 9-79)。

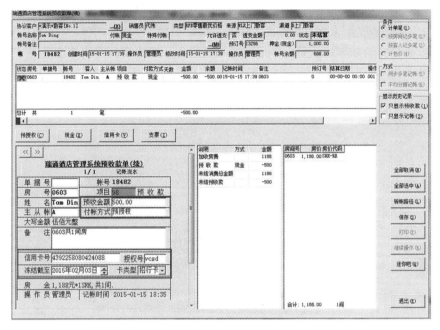

图 9-79　预授权操作

注：所谓"预授权",通俗来说就是持有(国内/外)银行卡入住酒店时,按照客人拟定入住天数及其所选房间的房价,根据酒店预交押金规定估算消费总金额,要求持有相关银行卡的客人通过 POS 刷卡做银行卡内相关金额暂冻结操作。国内卡一般预授时长是 30 天,国外卡一般预授时长是 25 天,如果超过预授时长还未进行 POS 刷卡消费,那么就会造成跑单。瑞通系统提供了专门的预授权报表,防止通过预授权超期跑单。如图 9-80 所示。

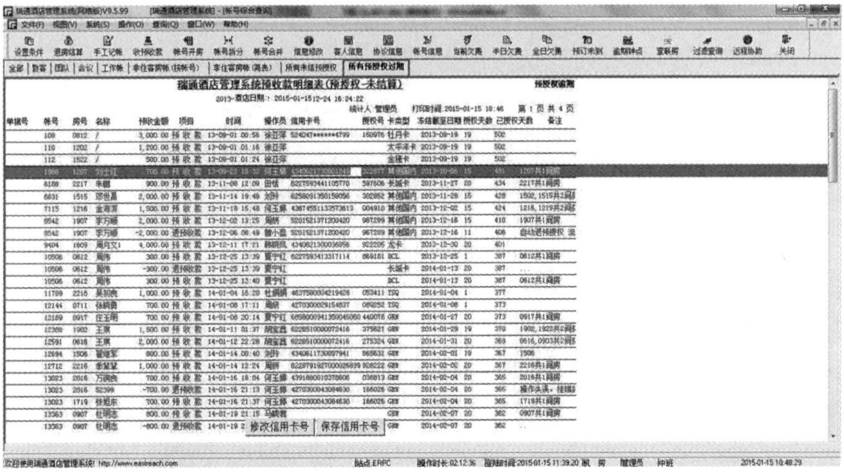

图 9-80　预授权过期报表

10)其实 Mike Ding 一家是来度假的,由于工作的原因 Mike 的妻子 Rose 带着他们的孩子(小 George)刚刚到达酒店,她们与 Mike 同住一个房间,同时要求酒店加一张婴儿床。

[提示]练习中,注意房间加床信息的设置操作。

[操作步骤]

房态中,右键修改加床信息窗口中,加收床费选项打上"√"。这样系统在夜审时,会在该房间的账务中自动加收加床费。结账时在结账单上会和房费区分开来显示消费明细。加收加床费操作如图9-81所示。

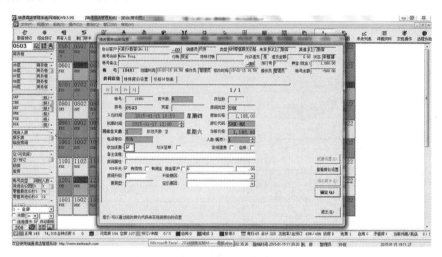

图9-81 修改加床信息

11)Tom的房间又出现了状况,他反映房间打扫得不干净要求换房,并且要求再次打折,经过协商,酒店为Tom换房并赠送一个果盘。由于Tom的举动引起了酒店的重视,前厅经理要求前台人员在Tom办理离店的时候通知他。

[提示]练习中,注意换房操作、赠送果盘处理。

[操作步骤]

(1)换房操作。房态图中,右键选择换房,在弹出的窗口中,选择相应的房间,输入换房原因,然后点击确定按钮,即可完成换房操作(见图9-82、图9-83)。

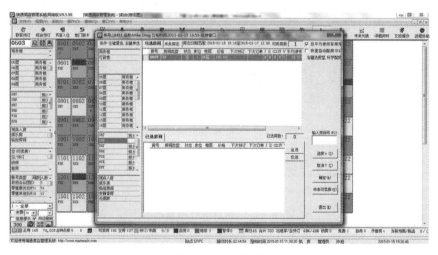

图9-82 选房操作

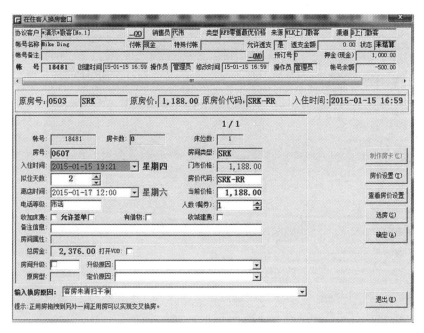

图 9-83 换房操作

(2)赠送果盘处理。通过迷你吧记账,选择果盘消费品名,然后做赠送处理,记入房间,便于酒店日后做统计分析(见图 9-84、图 9-85)。

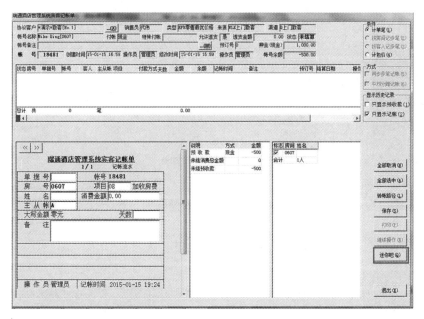

图 9-84 迷你吧记账

(3)加入黑名单处理。操作客史转储黑名单即可。下次该客人再次预订或入住时,系统会自动弹出黑名单提示信息(见图 9-86)。

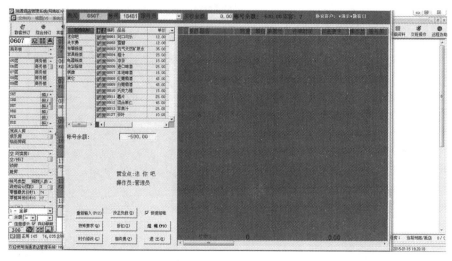

图 9-85　迷你吧记账处理

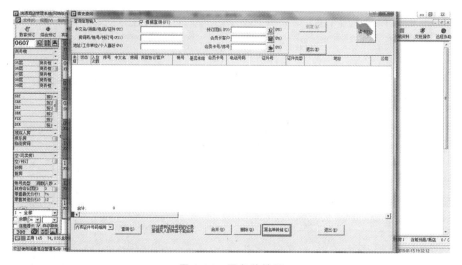

图 9-86　黑名单转储

12）经理通知所有员工若 Tom 再次入住酒店就马上通知他,Tom 是个 Trouble Guest。

［提示］练习中,注意观察黑名单自动相应弹出提醒的过程。

［操作步骤］

直接开房或预订登记信息时,如果客人信息在黑名单内有存档,系统会自动弹出相关信息提示窗口。

13）酒店恢复了以往的平静,Mike 要求酒店在他入住期间每晚都往房间送上一朵玫瑰花(价格 10 元)。

［提示］练习中,注意客史资料信息中客人特殊要求的设置操作。

［操作步骤］

房态图,右键客史资料修改,在弹出的宾客基本信息窗口里,设置客人特殊要求(见图 9-87)。

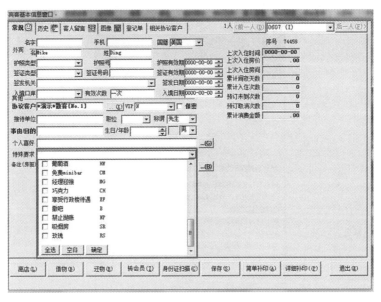

图 9-87 修改宾客特殊要求

14）Neil Alden Armstrong 通过关注酒店自有的微信公众号平台为自己及朋友 Buzz Aldrin、Michael John Collins 共预订了 3 间房,次日入住,入住 1 晚。

［提示］练习中,注意掌握微信订房的操作方法。

［操作步骤］

通过关注酒店提供的微信公众号信息,客人可以登录系统云平台预订具体酒店的具体房型信息,快捷方便,符合当下的消费特点。具体操作流程如图 9-88 至图 9-90 所示。

图 9-88 微信云平台

图 9-89 微信订房

图 9-90 微信支付

15) Mike 的朋友 Bob 来酒店找他,但得知 Mike 在度假不忍打扰,所以在前台留言让 Mike 收到信息后给 Bob 回电话。

[提示] 练习中,注意信息板留言登记操作。

[操作步骤]

前台可登记信息板留言信息,系统自动响应并弹出提示,也可以设置电话语音留言(见图 9-91、图 9-92)。

图 9-91 信息板

图 9-92 设置语音留言

16) Tom 接到了公司的电话要求他停止假期,无奈 Tom 只得提前办理离店。

[提示] 练习中,注意退房结账操作。

[操作步骤]

退房结账操作。系统会自动生成汇总消费账单(见图 9-93、图 9-94)。

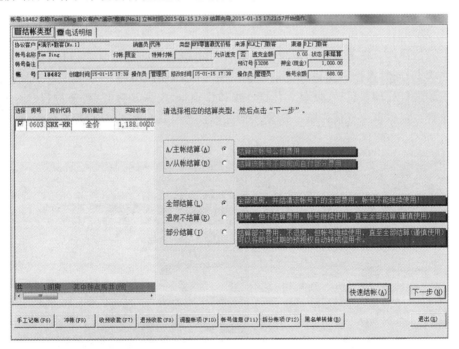

图 9-93 结账

17) 在电话中 Tom 和他的上司发生了争吵,决定辞去工作继续度假,好在他的房间还没有被别人占有,酒店前厅经理年轻时也曾莽撞,走过不少弯路,出于同情和感化 Tom,经理答应了他的要求让他继续住下去。

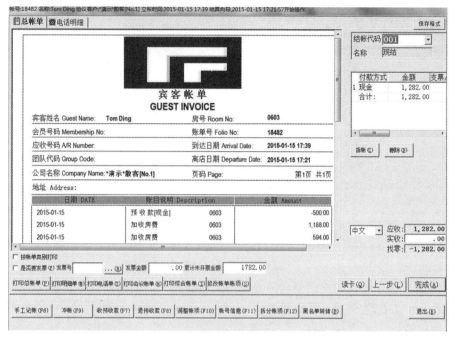

图 9-94 收银结算

［提示］练习中,注意恢复入住功能的操作方法。

［操作步骤］

恢复入住操作。恢复入住可以将已结账并且退房的房间进行复原操作,将其恢复为结账之前的状态,同时操作日志里会记录恢复入住的相关操作,方便财务审核。如果仅对已经结算的账务进行处理,可以在恢复入住操作窗口中点击"仅恢复账务"按钮进行账务复原,这样的操作对当前房态无任何影响。恢复入住操作仅对当日发生结算的账务有效(见图 9-95、图 9-96)。

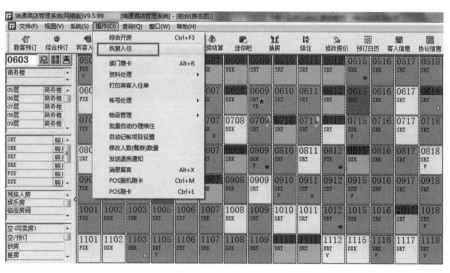

图 9-95 恢复入住

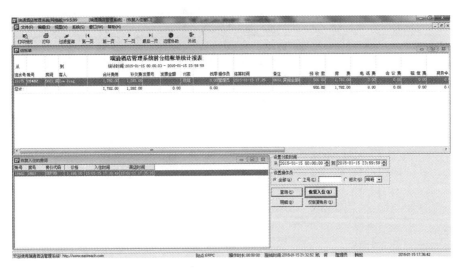

图 9-96　恢复入住窗口

18）销售部新签署了旅行社（China International Travel Agency），协议价为×××元，为 China International Travel Agency 建立应收账户。

［提示］练习中，注意协议客户的信息建立及设置操作。

［操作步骤］

（1）创建协议信息。具体流程见图 9-97 至图 9-99 所示。

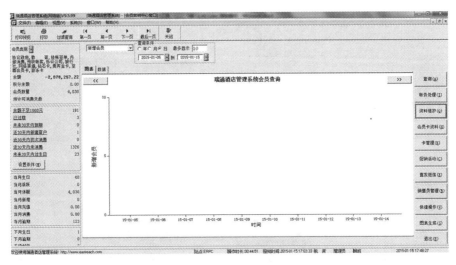

图 9-97　会员销售中心管理窗口

（2）设置协议价格（见图 9-100）。

19）China International Travel Agency 向酒店预订了一个团队房。团队名称：Shanghai Banged Group，团号：CHI-20090001，A 房型 7 间价格×××元，B 房型 3 间价格×××元，其中 4 间 A 房型住 2 晚，次日入住，3 间 A 房型住 1 晚，第三天入住，另外 2 间 B 房型住 2 晚，次日入住，1 间 B 房型住 1 晚，第三天入住，房费由旅行社支付，杂费自理。

Block 配额团队；分时段订房；房费转入应收账户；夜审对完成任务的影响。

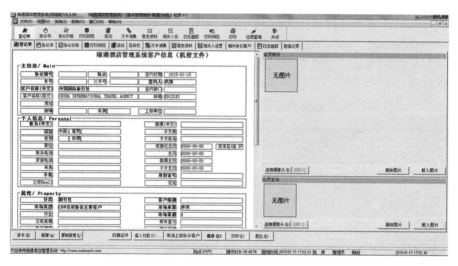

图 9-98　协议客户维护

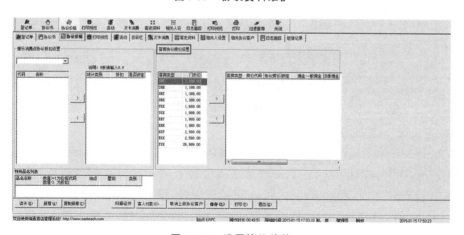

图 9-99　协议资料维护

图 9-100　设置协议价格

[提示] 练习中,注意团队预订及配房的操作方法及团队主从账务信息设置。

[操作步骤]

(1)根据以上信息,录入团队预订基本信息(见图 9-101、图 9-102)。

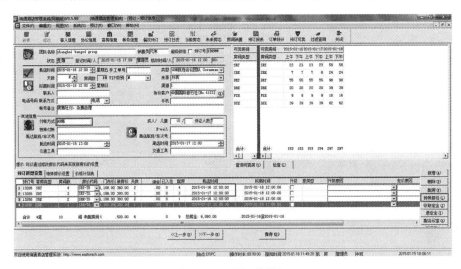

图 9-101 预订单录入

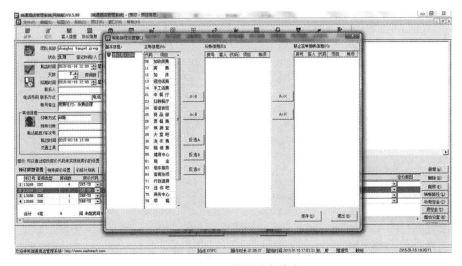

图 9-102 设置团队主从账

(2)团队配房(见图 9-103、图 9-104)。

20)如何完成夜间审计(Night Auditing)工作?

[提示] 练习中,可模拟进行手工夜审的操作。

[操作步骤]

夜间审计工作,简称夜审。目前系统可支持自动夜审模式(Automatic Night Auditing Mode)和手工夜审模式(Manual Night Auditing Mode)。通过对当日经营数据和统计参数的检查核对,并提供完备的审计工作流程日志用于存档记录。

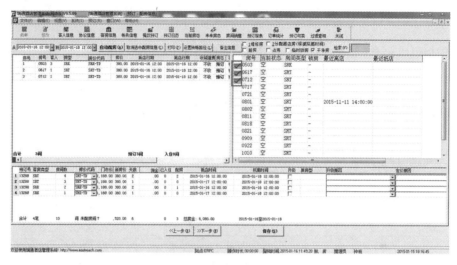

图 9-103 点选房号手工配房

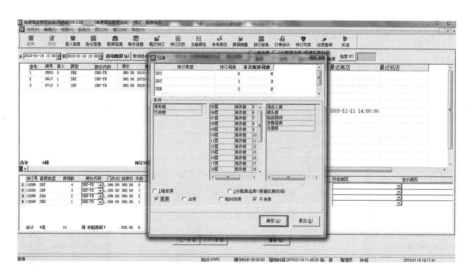

图 9-104 点"确定"实现自动分房

自动夜审是指电脑时钟时间到达用户预设的夜审起始时间后,系统即开始执行一系列的针对当日经营发生数据的判断、检查和统计工作,完成房金自动入账,生成当日客房出租日报表、客账余额报表等经营和分析报表(见图 9-105)。

手工夜审是指前台人员完成当日的所有入账及票据审核业务后,在手工夜审窗口内,按照系统设定的检查项目步骤逐项完成所有审核(见图 9-106)。

21)夜审之后,前台人员及时为商务中心的 PM 房办理 Check In。

说明:PM 房,国内也称作哑房、虚拟房号或前台工作账。它是酒店前台为非住客房设立的账户,一般用于审计账目的调整。

[提示]练习中,注意转前台工作账的处理方法。

第九章 综合案例操作示范

图 9-105 自动夜审

图 9-106 手工夜审

[操作步骤]

商务中心录单完毕后，做 201 结账操作并选择转账目标为【前台现金账】即可（见图 9-107、图 9-108）。

22）为 Buzz Aldrin 和 Michael John Collins、Neil Alden Armstrong 批量分配房号，并为他们办理入住，在入住期间 Buzz Aldrin 和 Michael John Collins 的房费由 Neil Alden Armstrong 统一支付，其他的费用还是由自己支付。

[提示] 练习中，注意账务路径设置窗口中主从账务的属性设定。

[操作步骤]

办理入住时将房费类的记账项目设置为主账信息，其他未做主账设置的费用则缺省为从账信息。未来该账号发生消费时，系统将按照既定的设置进行账务主从账信息的属性分配。结账时系统也会按照先从账结算，后主账结算的规则来进行账务清算处理（见图 9-109 至图 9-111）。

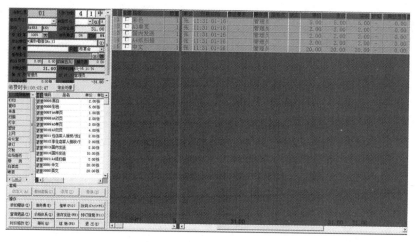

图 9-107　商务中心入账窗口

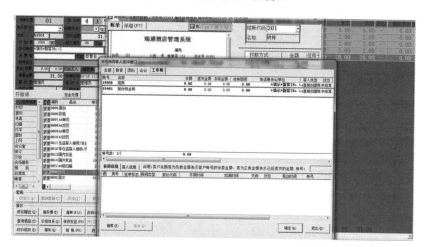

图 9-108　商务中心结算窗口

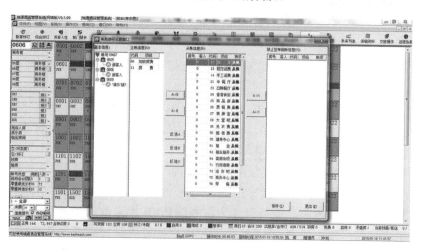

图 9-109　设置房间主从账

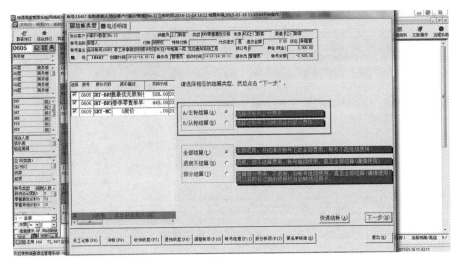

图 9-110　团队结账

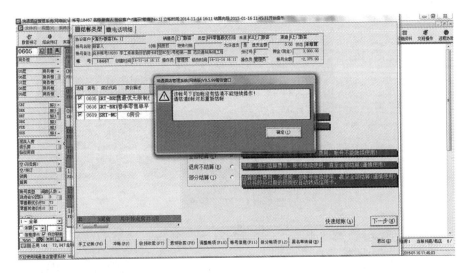

图 9-111　团队结账，先结 B 账

23）中午 Mike 在酒店内的中式餐厅就餐，结账时经 Mike 本人确认，本餐费用全部转入 Mike 的前台账户里。

［提示］练习中，注意餐饮消费记账操作和转客房账的结账处理方式。

［操作步骤］

餐厅按照就餐客人的要求进行客房转账处理时，需要客人出示相应的房卡，通过读取房卡信息，系统可以自动识别到客人的账号信息。如果账号信息允许餐费转账并且账号下的总账务未透支，则可以完成转账；如果账号信息允许餐费转账，但账号下的账务已经透支，那么系统将终止转账操作，同时弹出提示信息说明原因。客人需使用其他结账方法完成餐费结账（见图 9-112 至图 9-114）。

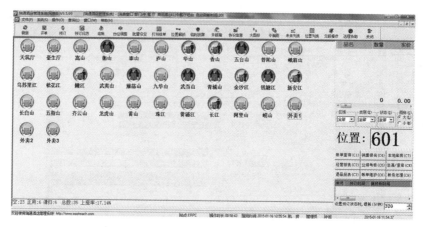

图 9-112 餐厅实时消费管理窗口

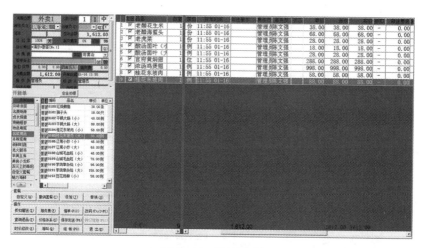

图 9-113 餐厅录单

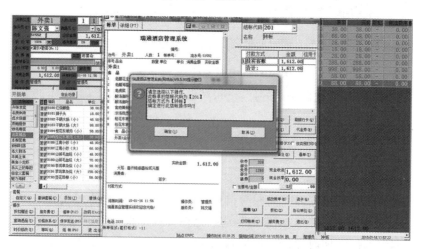

图 9-114 餐厅转房间结账

24）就餐后部分菜品的加工方法与 Mike 的要求不符，Mike 拒付此菜品费用。餐厅经理与 Mike 协商后同意对 Mike 消费账单进行 6 折优惠，餐厅收银人员按规定执行了该操作。

［提示］练习中，注意整单折扣与单品折扣的操作区别。

［操作步骤］

餐厅操作员可以根据权限进行恢复账单操作，对恢复后的账单进行折扣优惠处理并重新完成结账操作（见图 9-115、图 9-116）。

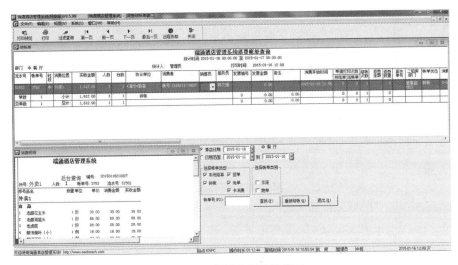

图 9-115　餐厅重新结账窗口

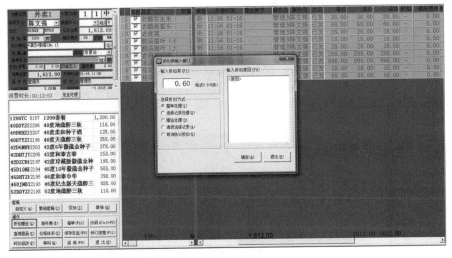

图 9-116　设置折扣处理

25）为 Buzz Aldrin、Michael John Collins 和 Neil Alden Armstrong 三人所在的房间分别提供了一瓶收费矿泉水。

［提示］练习中，注意同步记录多笔账务的快捷方法。

［操作步骤］

如果按照每间房做一次记账处理的方法，需要进行 3 次操作；如果按照房间同步多笔记账的方法,只需要进行 1 次操作。此操作也可以通过迷你吧记账功能来实现(见图 9-117)。

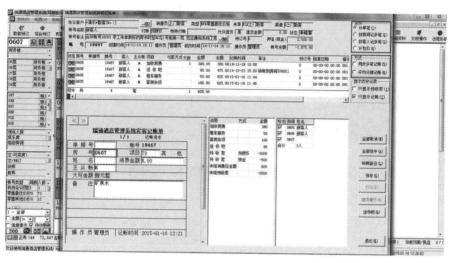

图 9-117 手工记账

26)Armstrong 对 Aldrin 和 Collins 说:"截止目前你们两个的房费由我来结账吧。"Armstrong 把 Aldrin 和 Collins 的房费结算了,三人继续入住。

[提示] 练习中,注意部分结算不退房的操作方法。

[操作步骤]

对账号进行部分结算,选择所有消费记录中属于 Aldrin 和 Collins 的房费消费部分,然后完成结账(见图 9-118)。

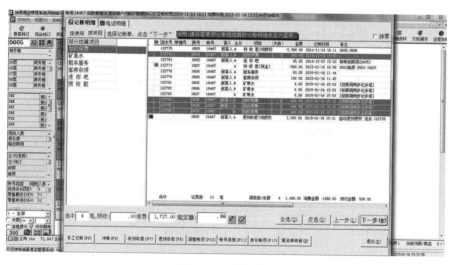

图 9-118 部分结账

部分结算的消费内容可以按消费项目自动查找选中,可以按房间自动选中,也可以手工选中需结算的消费记录,然后结清所选中的消费记录即可。部分结算可以只结算费用而不退房,也可以根据选项设置完成部分结算且同时也完成退房操作。

27) 入住前 China International Travel Agency 为酒店发放团单,其中 3 间 B 房型的预订维持不变,另外的 7 间 A 房型改为:2 间次日入住,1 间第三天入住,剩余的 4 间 A 房型返还给酒店,整个团队为 12 人(每两人住一间房),入住期间的房费由旅行社按月统一结算,杂费自付。为 2 间 A 房型和 2 间 B 房型办理入住。

[提示] 练习中,注意了解团队订单的预订信息和配房信息。

[操作步骤]

修改团队预订单,调整预订单中的房间数量,重新配房(见图 9-119、图 9-120)。

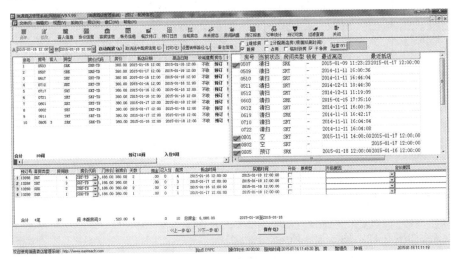

图 9-119　修改团队预订单

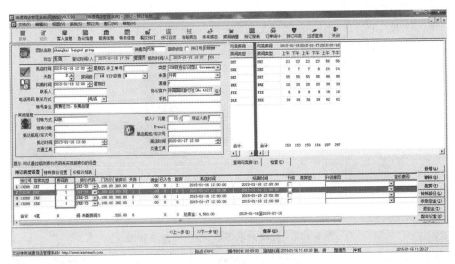

图 9-120　修改团队预订房间数

28) 前台人员检查客人余额,发现 Mike 所在的房间余额不足。前台人员及时向 Mike 发出补缴 300 元预收款的通知,并禁止 Mike 在餐厅签单转房账,Mike 补缴预收款后解除了餐厅挂账的限制。

[提示] 练习中,注意限制消费点转账抛单的功能操作。

[操作步骤]

设置此房间禁止转账抛单。操作方法如图9-121所示。

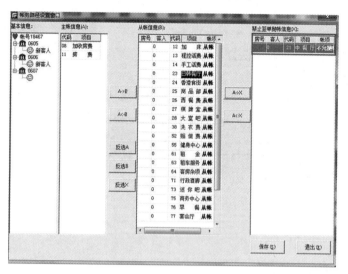

图 9-121 设置账号禁止餐厅抛单

其实,没有特殊要求,房间如果透支,瑞通系统将不允许进行转账抛单操作。对未缴纳预收款的签单用户,如果允许其进行消费抛单,可以通过对签单用户所在的账号设置透支额度进行规避,如图9-122、图9-123所示。

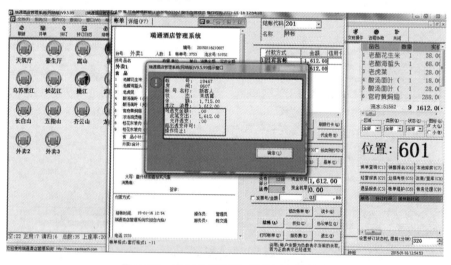

图 9-122 房间余额不够,系统不允许转账

29)为 Buzz Aldrin、Michael John Collins、Neil Alden Armstrong 办理离店手续。

[提示] 练习中,注意退房结账的操作方法和联动查房功能的使用方法。

[操作步骤]

办理退房结账即可。若开启联动查房功能,那么在退房过程中,客房部会自动收到查房通知,前台收银需在有效时间内等待客房部查房反馈结果(也是以消息通知的方式进行回传)才能完成结账操作,如图9-124至图9-127所示。

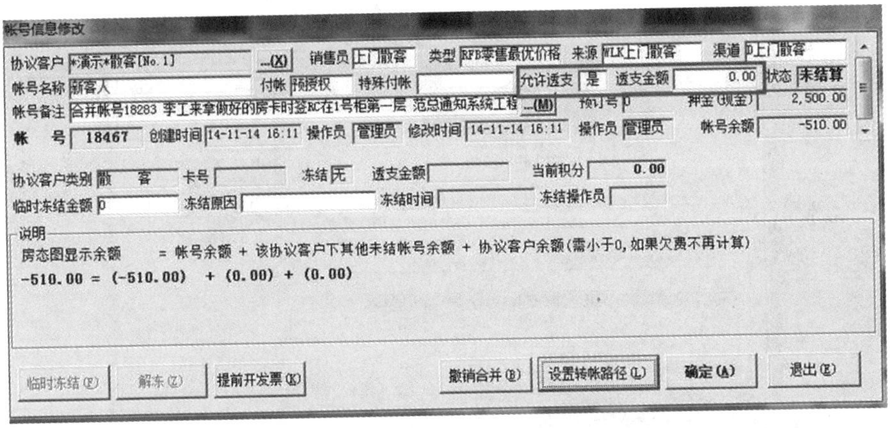

第九章 综合案例操作示范

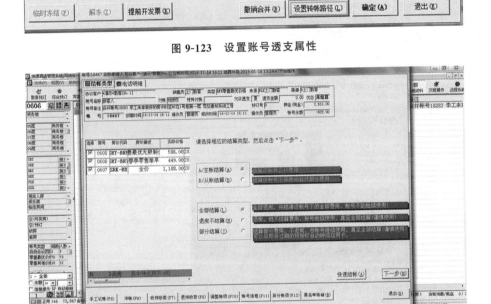

图 9-123 设置账号透支属性

图 9-124 多间房批量结账

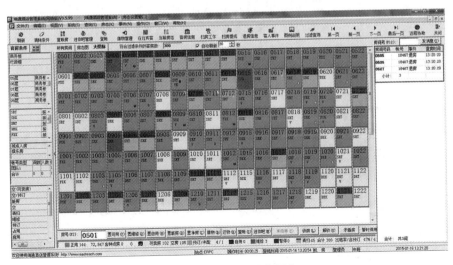

图 9-125 客房部语音报表

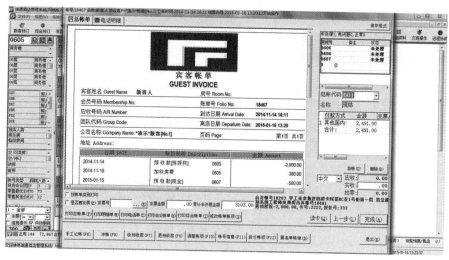

图 9-126 前台结账,等待客房部查房处理窗口

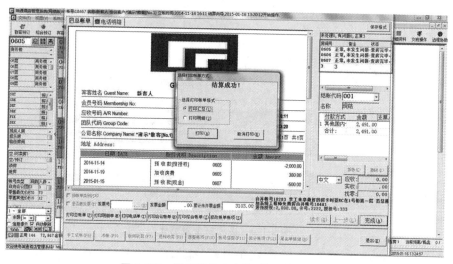

图 9-127 客房部查房完毕,前台结账完毕

30)为其余的 1 间 A 房型和 1 间 B 房型办理入住。

[提示] 练习中,注意办理预订单部分入住的操作方法。

[操作步骤]

选中相应预订房间,办理部分入住即可。如图 9-128 至图 9-130 所示。

部分入住后,如果未入住预订房间还需保留,那么点"保留预订信息"即可;如果已经预订的房间想办理退订,那么点击"预订完成"系统就会释放已预订的房间信息。

31)客房部及时清扫了离店后的房间,如何更改房态?

[提示] 练习中,注意客房部报房管理中的房态转化操作。

[操作步骤]

进入客房部管理窗口,在房态图上直接点击右键,选择菜单设置房态或点击下方的房态调整相应功能按钮,对相应房间进行房态设置(见图 9-131)。客房部可实时统计服务员扫房业绩。

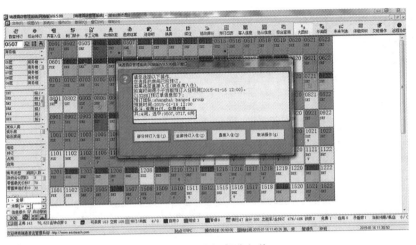

图 9-128　预订部分入住

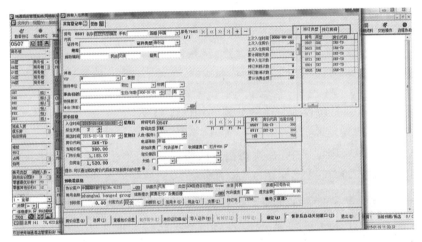

图 9-129　预订开房

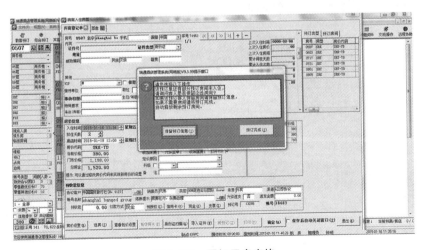

图 9-130　预订开房完毕

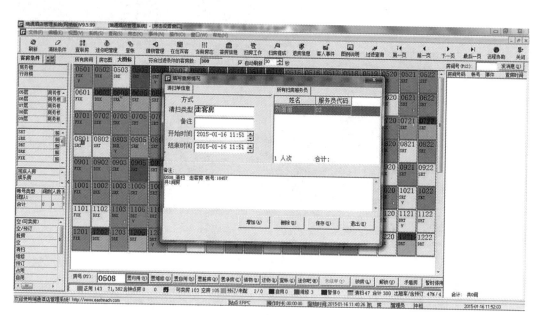

图 9-131 设置可用房

32)收到 China International Travel Agency 的支票,用于结算之前 Shanghai Banged Group 产生的费用。

[提示]练习中,注意协议客户账务处理的功能应用。

[操作步骤]

协议单位应收账管理窗口中,查找到相应的协议单位,点击"客人付款",然后结清客人的 AR 账消费。操作如图 9-132 至图 9-135 所示。

图 9-132 酒店后台管理系统

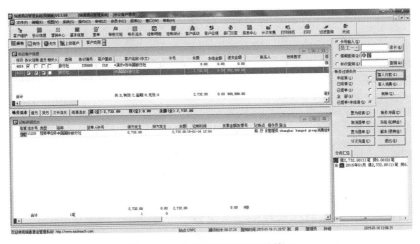

图 9-133 协议单位应收账款管理

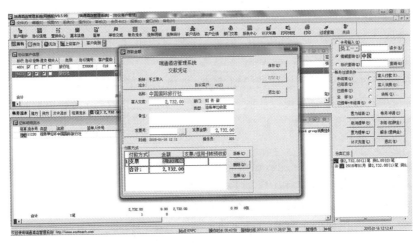

图 9-134 协议单位付款

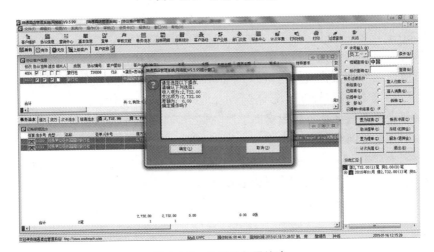

图 9-135 协议单位置结清

References 参考文献

[1] 陈为新,黄崎,杨萌稚.酒店管理信息系统教程——Opera 系统应用[M].北京:中国旅游出版社,2012.

[2] 陈为新,黄崎,杨萌稚.酒店管理信息系统教程——Opera 系统应用[M].2 版.北京:中国旅游出版社,2016.

[3] 陈卫民.也论中国旅游业的信息化问题——兼与汤书昆先生商榷[J].旅游学刊,1998(1).

[4] 陈文力,苏宁.酒店管理信息系统[M].北京:机械工业出版社,2012.

[5] 胡质健.收益管理:有效实现饭店收入的最大化[M].北京:旅游教育出版社,2009.

[6] 黎巎.旅游信息化作为旅游产业融合方式的历史背景与发展进程[J].旅游学刊,2012(7).

[7] 李京颐,陈文力,宁华.北京地区旅游企业信息化发展状况调查[J].旅游学刊,2007(5).

[8] 李君轶.数字旅游业发展探析[J].旅游学刊,2012(8).

[9] 李仁杰,路紫.旅游个性化推介服务的未来发展:时空一体化[J].旅游学刊,2011(10).

[10] 李云鹏.以信息化和电子商务促进我国旅游产业地位提升[J].旅游学刊,2007(10).

[11] 李云鹏,胡中州,黄超,等.旅游信息服务视阈下的智慧旅游概念探讨[J].旅游学刊,2014(5).

[12] 梁尧忠,罗振雄.国际旅游信息化研究[J].旅游学刊,2012(9).

[13] 刘伟.前厅与客户管理[M].2 版.北京:高等教育出版社,2007.

[14] 穆林.信息化的酒店管理[M].北京:中国轻工业出版社,2013.

[15] 石应平,冷奇君.酒店管理系统实务[M].北京:高考教育出版社,2011.

[16] 许鹏.酒店管理信息系统教程实训手册[M].北京:中国旅游出版社,2012.

[17] 余晓娟.旅游者网络社区的功能与市场意义研究[J].旅游学刊,2007(6).

[18] 张艳玲,赵宇茹,邵磊.饭店管理实验教程——Micros Fidelio 的运营实践[M].北京:清华大学出版社,北京交通大学出版社,2013.

[19] 张胜男.酒店信息化管理[M].北京:化学工业出版社,2013.

教学支持说明

普通高等学校"十四五"规划旅游管理类精品教材系华中科技大学出版社"十四五"规划重点教材。

为了改善教学效果，提高教材的使用效率，满足高校授课教师的教学需求，本套教材备有与纸质教材配套的教学课件和拓展资源。

为保证本教学课件及相关教学资料仅为教材使用者所得，我们将向使用本套教材的高校授课教师免费赠送教学课件或者相关教学资料，烦请授课教师通过电话、邮件或加入旅游专家俱乐部QQ群等方式与我们联系，获取"电子资源申请表"文档并认真准确填写后发给我们，我们的联系方式如下：

地址：湖北省武汉市东湖新技术开发区华工科技园华工园六路

邮编：430223

电话：027-81321911

E-mail：lyzjjlb@163.com

旅游专家俱乐部QQ群号：758712998

旅游专家俱乐部QQ群二维码：

群名称：旅游专家俱乐部5群
群　号：758712998

电子资源申请表

填表时间：_____年___月___日

1. 以下内容请教师按实际情况写，★为必填项。 2. 相关内容可以酌情调整提交。						
★姓名		★性别	□男 □女	出生年月	★职务	
					★职称	□教授 □副教授 □讲师 □助教
★学校				★院/系		
★教研室				★专业		
★办公电话			家庭电话		★移动电话	
★E-mail （请填写清晰）					★QQ号/微信号	
★联系地址					★邮编	
★现在主授课程情况		学生人数		教材所属出版社	教材满意度	
课程一					□满意 □一般 □不满意	
课程二					□满意 □一般 □不满意	
课程三					□满意 □一般 □不满意	
其 他					□满意 □一般 □不满意	
教 材 出 版 信 息							
方向一			□准备写 □写作中 □已成稿 □已出版待修订 □有讲义				
方向二			□准备写 □写作中 □已成稿 □已出版待修订 □有讲义				
方向三			□准备写 □写作中 □已成稿 □已出版待修订 □有讲义				

请教师认真填写表格下列内容，提供索取课件配套教材的相关信息，我社根据每位教师填表信息的完整性、授课情况与索取课件的相关性，以及教材使用的情况赠送教材的配套课件及相关教学资源。

ISBN（书号）	书名	作者	索取课件简要说明	学生人数 （如选作教材）
			□教学 □参考	
			□教学 □参考	

★您对与课件配套的纸质教材的意见和建议，希望提供哪些配套教学资源：